YUEGANG' AO DAWANQU

JIANSHE BEIJING XIA DE YUEGANG' AO JIAOYU

JIAOLIU YU HEZUO YANJIU

粤港澳大湾区建设背景下的

粤港澳教育交流与合作研究

杨小秋　曲中林　胡潇译◎编著

暨南大学出版社
JINAN UNIVERSITY PRESS

中国·广州

图书在版编目（CIP）数据

粤港澳大湾区建设背景下的粤港澳教育交流与合作研究 / 杨小秋，曲中林，胡潇译编著. -- 广州：暨南大学出版社，2025. 1. -- ISBN 978-7-5668-4022-6

Ⅰ. G527.65

中国国家版本馆 CIP 数据核字第 2024TX3462 号

粤港澳大湾区建设背景下的粤港澳教育交流与合作研究

YUEGANG'AO DAWANQU JIANSHE BEIJING XIA DE YUEGANG'AO JIAOYU JIAOLIU YU HEZUO YANJIU

编著者：杨小秋　　曲中林　　胡潇译

出　版　人：阳　翼
策划编辑：武艳飞
责任编辑：刘　蓓
责任校对：刘舜怡　陈皓琳　黄亦秋
责任印制：周一丹　郑玉婷

出版发行：暨南大学出版社（511434）
电　　话：总编室（8620）31105261
　　　　　营销部（8620）37331682　37331689
传　　真：（8620）31105289（办公室）　37331684（营销部）
网　　址：http：//www.jnupress.com
排　　版：广州尚文数码科技有限公司
印　　刷：广东信源文化科技有限公司
开　　本：787mm×1092mm　1/16
印　　张：12.625
字　　数：226 千
版　　次：2025 年 1 月第 1 版
印　　次：2025 年 1 月第 1 次
定　　价：69.80 元

（暨大版图书如有印装质量问题，请与出版社总编室联系调换）

前　言

　　2019 年 2 月，中共中央、国务院印发了《粤港澳大湾区发展规划纲要》，提出坚持以人民为中心的发展思想，积极拓展粤港澳大湾区在教育、文化、旅游、社会保障等领域的合作，共同打造公共服务优质、宜居宜业宜游的优质生活圈。《粤港澳大湾区发展规划纲要》将"打造教育和人才高地"作为建设宜居宜业宜游的优质生活圈的重要任务。

　　"湾区"通常指围绕沿海口岸分布的众多海港和城镇所构成的港口群和城镇群，而衍生的经济效应则称为"湾区经济"。放眼全球，"湾区"已然成为世界经济发展的重要增长极，更是国际竞争力尤其是创新能力的新载体。粤港澳大湾区正是在这样的背景下应运而生，是中国准确把握国际竞争新焦点的前瞻性战略。粤港澳大湾区协同发展战略是我国第一个上升到国家层面的湾区区域发展战略，意义十分重大。它是全面推进内地与香港、澳门互利合作，支持香港、澳门融入国家发展大局的重要步骤；也是推动我国建设现代化经济体系的重要举措；更是推动我国形成全面开放新格局的重要部署。粤港澳大湾区包括香港特别行政区、澳门特别行政区和广东省广州市、深圳市、珠海市、佛山市、惠州市、东莞市、中山市、江门市、肇庆市，占地面积约 5.6 万平方公里。截至 2022 年 12 月，粤港澳大湾区常住人口超过 8 600 万，已形成通信电子信息产业、新能源汽车产业、无人机产业、机器人产业等产业集群，是中国建设世界级城市群和参与全球竞争的重要空间载体。2023 年粤港澳大湾区经济总量突破 14 万亿元。

　　粤港澳大湾区建设，经济的共生合作、共赢共享是基础，社会整合是保障，心理融合是关键，文化教育融合是中介、支点和持久动力；粤港澳大湾区建设，要发展经济但不能"唯"经济，要与时俱进地从单纯以经济为中心向综合关注文化融合、社会整合及民心融通转变。只有这样，才有助于达成"凝聚人心、完善人格、开发人力、培育人才、造福人民"的教育目标。建设粤港澳大湾区，教育大有可为，教育交流合作可以提供最强动力，教育交流合作是民心工程，是构建国家（地区）间良好关系的基础性工作。从字面来看，交流是指"彼此间把自己有的提供给对方"，而合作是指"为了共同的目的一起工作或共同完成某项任务"。无论是交流还是合作，参与的两个以上主体都存在自己的利益诉求，各方追求的主要目标也许一致，也许不同，但各方在活动过程中都是为了实现自己的利益，才产生交流与合作。从实践环节来看，教育交流与合作的主要内容包括五个方面：第一，各类教育人员来往。包括学校领导的互访；互派访问学者和教师，交换学生；定期举办由双方人员参加的交流活动。第二，校际合作办学。包括合作开设办学机构或教育项目，开展学历教育、非学历教育和教师培训。第三，合作开展教育科研活动。包括合作开展课题研究；免费使用实验室以及有关的资源。第四，共享教育、教学资源。包括以合作项目为基础提供的课程体系、教材、教学方法、教学手段、管理模式以及教学信息。第五，通过网络途径提供教育服务。包括远程教育、网上图书资料服务等。教育交流与合作的主要形式划分为：合作办学、师资与学生交流、学术会议和互访活动、留学生教育等。

为打造粤港澳大湾区教育与人才高地，应从多角度、多主体切入，大力推进粤港澳大湾区教育交流与合作：

首先，以高等教育交流合作为枢纽，促进粤港澳大湾区的创新。高等教育领域的合作，是粤港澳大湾区教育合作的起点和当前工作的重点，其核心使命在于推动创新。广东高等教育国际化程度虽然整体低于香港和澳门，但更具地方性和应用性；香港高等教育国际化程度高，但本地产业结构"以金融服务业为重心"的特征，难以为香港高等教育提供产业应用基础，澳门也有类似难题。粤港澳三地满足产业需求、培养高层次人才、推进科技创新领域的交叉互补、协调合作，能在粤港澳大湾区范围内构建起完整的合作体系，为三地的大学提供广阔舞台。

　　其次，以职业教育交流合作为枢纽，促进粤港澳大湾区的发展。在中国的经济版图和"一带一路"建设中，粤港澳大湾区建设要全面覆盖世界三大湾区的所有产业。因此，既要发展高等教育以保障科技创新和现代金融产业，也要发展高水平的职业教育以保障先进制造业。粤港澳大湾区的职业教育合作最直接、最便捷的手段是师生交流；最关键的合作内容在于共建学分互认、资历框架融通等制度；最难但最具发展潜力的合作是共研职业教育标准、专业标准、教学标准等。

　　最后，以基础教育交流合作为枢纽，促进粤港澳大湾区的融合。基于师资培训，定期举办教师培训和交流活动，提升粤港澳三地教师的专业素养和教学能力；基于现代科技，共建专业课程，以课程之高深求创新与发展；基于传统文化，共建通识课程，以课程之通识求民心之相通；基于共同历史，共建地方课程，以共同的历史记忆彰显全球化背景下粤港澳三地的文化同根同源性，求人心之凝聚；基于共同的使命，共建发展课程，面向未来共筑区域命运共同体，助力"一带一路"和人类命运共同体建设。

　　在把握粤港澳大湾区建设教育合作机遇的同时，也要直面其带来的挑战：第一，粤港澳大湾区建设中的教育交流合作，要平衡短期目标与长期目标的关系。粤港澳三地的大学和学院在人才培养、科学研究领域的合作，最易立竿见影，也最易成为短期发展目标；基础教育领域的合作最难推进，但影响最为深远；职业教育领域的合作最稀缺，粤港澳职业教育亟待从零星的师生交流深化和强化为全面的教育合作。基础教育、职业教育的合作应确立为需要付出持续努力的长期发展目标。第二，粤港澳大湾区建设中的教育交流合作，要从单向输入走向双向互补。事实上，广东生源丰富、产业链条支撑强、就业市场广阔但国际学术声誉相对较低等情况，表明广东与港澳之间互有差异，但并不存在全面、绝对的高低之分，因此必须抛弃本位主义、依附主义等不当定位，通过发展战略的同频共振、教育资源的双向交流以及教育实践的协同合作，共建粤港澳教育共生、共赢、共享的互补发展平台。①

---

　　①　陈伟. 湾区建设，教育合作提供最强动力 [N]. 光明日报，2019 - 06 - 18.

　　粤港澳大湾区将做实"一点两地"全新定位，建设世界级大湾区。粤港澳三地优势互补，创新引领，携手向世界，构建开放型社会新体制，构筑新高地，加快推进国际合作和提升竞争新优势。粤港澳教育交流与合作在协同创新的新时期将不断深化，随着各类合作机制的不断完善和对创新模式的不断探索，教育的国际化、现代化水平将显著提升。三地不仅将在教育上实现深度融合，还将形成紧密的经济和文化联系，为建设更加繁荣、和谐和可持续发展的粤港澳大湾区贡献智慧和力量。

曲中林

2024 年 2 月

目　录

第 一 章 绪 论

　　党的十九大报告提出，支持香港、澳门融入国家发展大局，以粤港澳大湾区建设、粤港澳合作、泛珠三角区域合作等为重点，全面推进内地同香港、澳门互利合作。广东与香港、澳门的历史传统与文化溯源一脉相承，语言相通，教育的互通提高了彼此的认同感，推动民族的团结与融合，为中华民族谋福祉，携手推动粤港澳教育交流与合作是三地共同发展的愿景。

第一节　选题缘由及研究意义

一、选题缘由

（一）粤港澳地缘空间联系密切，合作历史悠久、领域广泛

　　从地理位置来看，广东省背靠南岭，怀拥珠江，向海而生，是东亚大陆与东南亚、印度洋的结合点。珠江三角洲处于由广东省内西江、北江、东江汇流入海时在广州附近形成的珠江三角洲冲积平原。通达的海洋为珠三角地区的经济贸易、文化交流、教育合作等各方面带来了天然的机会，使其能够及时而敏感地捕捉到世界政治、经济、教育不断变化的内容和趋势。[①] 粤港澳大湾区各地区之间有着紧密的地缘关系，粤港澳三地同属一个自然地理区域，历来有广州城、香港岛、澳门街的说法，三地山水相连，是粤港澳居民相互交流的前提。从人文历史的角度看，三地的关系是先天存在、不可分割的。正是源于一体的地缘条件，血浓于水的亲情人缘，高度互补的资源禀赋，共同支撑和推动着粤港澳经济关系向前发展，形成了

---

　　① 李臣之．粤港澳大湾区教育的开放与合作 ［J］．现代教育论丛，2019（1）：2－5，19－20.

带有浓厚区域色彩的经济融合模式，三地之间的经贸合作有着深远的历史渊源。广东与香港、澳门同根同脉，即使在改革开放以前的漫长岁月，三地间的交往和联系也从未中断过。改革开放后，三地的合作开启了新篇章。经过40多年的合作历程，粤港澳三地已逐步形成了一个在"一国两制"基本国策下颇具特色的区域合作体，取得了令世人瞩目的发展成就。

广东通过与香港、澳门的合作，不仅可以互惠互利，让香港、澳门从繁荣稳定走向持续繁荣，还可以让广东及时补齐短板，建立新的比较优势，进而辐射泛珠三角地区，推动中国改革前行。粤港澳如何在"一国两制"的框架下展开更为有效的经济社会合作，探索全方位的合作机制，值得我们进一步探索。在2009年全国两会上，粤港澳合作首次写入了政府工作报告，这证明中央对粤港澳合作十分重视，粤港澳合作应当利用《珠江三角洲地区改革发展规划纲要（2008—2020）》出台的契机，利用中央给予的先行先试的权力，联手打造世界级的经济共同体，并以此解放思想，深化改革，创新发展路径。

十七大之后，我国迎来一个历史发展的新时期。如何进一步解放思想，把粤港澳合作引向深入迎接国家新一轮的改革开放，是我们当前面临的一项紧迫任务。用世界眼光来谋划粤港澳合作，就要求我们开辟新思路，力求新突破。粤港澳合作已经走过了40多年的历程，对地区乃至国家的发展起到了巨大的推动作用，也积累了不少经验。在历史发展的新时期，我们对未来粤港澳合作的科学谋划自然脱离不了特定的历史起点，因此对改革开放以来包括粤港澳教育在内的各个领域交流与合作的发展历程进行认真回顾和总结是十分必要的。只有观往知行，摸索经验，才能进一步厘清思路，寻求新的突破。

（二）粤港澳大湾区建设的战略推进

党的十九大报告提出，创新是引领发展的第一动力，是建设现代化经济体系的战略支撑。当前，各国面临未来社会的科技革命和产业升级的重大机遇与挑战，全球科技创新格局正在逐渐重构，粤港澳大湾区在此背景下应运而生。党的十八大以来，中共中央、国务院高度重视粤港澳大湾区的发展，该概念自2015年在"一带一路"倡议中第一次被正式提出之后，《关于深化泛珠三角区域合作的指导意见》、"十三五"规划纲要和党的十九大报告中明确提出要加快建设粤港澳大湾区，有关各级政府签署了多项合作协议并颁布了多项具有建设性意义的指导性文件。2019 年 2 月 18 日，中共中央、国务院颁布了《粤港澳大湾区发展规划纲要》，涉及金融、保险、交通、通信、产业发展、知识产权等多个方面。其中专门提出，建设宜居宜业宜游的优质生活圈，打造粤港澳大湾区教育和人才高地，具体与教育相关的规划内容如下。①

1. 《粤港澳大湾区发展规划纲要》提出推动教育合作发展的规划

（1）支持粤港澳高校合作办学，鼓励联合共建优势学科、实验室和研究中心。

（2）充分发挥粤港澳高校联盟的作用，鼓励三地高校探索开展相互承认特定课程学分、实施更灵活的交换生安排、科研成果分享转化等方面的合作交流。

（3）支持大湾区建设国际教育示范区，引进世界知名大学和特色学院，推进世界一流大学和一流学科建设。

（4）鼓励港澳青年到内地学校就读，对持港澳居民来往内地通行证在内地就读的学生，实行与内地学生相同的交通、旅游门票等优惠政策。

（5）推进粤港澳职业教育在招生就业、培养培训、师生交流、技能竞赛等方面的合作，创新内地与港澳合作办学方式，支持各类职业教育实训基地交流合作，共建一批特色职业教育园区。

（6）支持澳门建设中葡双语人才培训基地，发挥澳门旅游教育培训和旅游发展经验优势，建设粤港澳大湾区旅游教育培训基地。

（7）加强基础教育交流合作，鼓励粤港澳三地中小学校结为"姊妹学校"，在广东建设港澳子弟学校或设立港澳儿童班并提供寄宿服务。

（8）研究探索三地幼儿园缔结"姊妹园"。

（9）研究开放港澳中小学教师、幼儿教师到广东考取教师资格并任教。

（10）加强学校建设，扩大学位供给，进一步完善跨区域就业人员随迁子女就学政策，推动实现平等接受学前教育、义务教育和高中阶段教育，确保符合条件的随迁子女顺利在流入地参加高考。

---

① 中华人民共和国中央人民政府. 粤港澳大湾区发展规划纲要［EB/OL］.（2019 - 02 - 18）［2021 - 09 - 21］. http://www.gov.cn/gongbao/content/2019/content_5370836.htm.

（11）研究赋予在珠三角九市工作生活并符合条件的港澳居民子女与内地居民同等接受义务教育和高中阶段教育的权利。

（12）支持各级各类教育人才培训交流。

2.《粤港澳大湾区发展规划纲要》提出建设人才高地的规划

（1）支持珠三角九市借鉴港澳吸引国际高端人才的经验和做法，创造更具吸引力的引进人才环境，实行更积极、更开放、更有效的人才引进政策，加快建设粤港澳人才合作示范区。

（2）在技术移民等方面先行先试，开展外籍创新人才创办科技型企业享受国民待遇试点。

（3）支持大湾区建立国家级人力资源服务产业园。

（4）建立紧缺人才清单制度，定期发布紧缺人才需求，拓宽国际人才招揽渠道。

（5）完善外籍高层次人才认定标准，畅通人才申请永久居留的市场化渠道，为外籍高层次人才在华工作、生活提供更多便利。

（6）完善国际化人才培养模式，加强人才国际交流合作，推进职业资格国际互认。

（7）完善人才激励机制，健全人才双向流动机制，为人才跨地区、跨行业、跨体制流动提供便利条件，充分激发人才活力。

（8）支持澳门加大创新型人才和专业服务人才引进力度，进一步优化提升人才结构。

（9）探索采用法定机构或聘任制等形式，大力引进高层次、国际化人才参与大湾区的建设和管理。

3.《粤港澳大湾区发展规划纲要》提出加强粤港澳青少年交流的规划

（1）支持"粤港澳青年文化之旅"、香港"青年内地交流资助计划"和澳门"千人计划"等重点项目实施，促进大湾区青少年交流合作。

（2）在大湾区为青年人提供创业、就业、实习和志愿工作等机会，推动青年人交往交流、交心交融，支持港澳青年融入国家、参与国家建设。

（3）强化内地和港澳青少年的爱国教育，加强宪法和基本法、国家历史、民族文化的教育宣传。

（4）开展青少年研学旅游合作，共建一批研学旅游示范基地。

（5）鼓励举办大湾区青年高峰论坛。

2020年10月14日，习近平总书记在深圳经济特区建立40周年庆祝大会上表示，粤港澳大湾区建设是国家重大发展战略，要以大湾区综合性国家科学中心先行启动区建设为抓手，加强与港澳创新资源协同配合。要继续鼓励引导港澳台同胞和海外侨胞充分发挥投资兴业、双向开放的重要作用，在经济特区发展中作出新贡献。要充分运用粤港澳重大合作平台，吸引更多港澳青少年来内地学习、就业、生活，促进粤港澳青少年广泛交往、全面交流、深度交融，增强对祖国的向心力。2023年4月，习近平总书记在广东考察时强调，要使粤港澳大湾区成为新发展格局的战略支点、高质量发展的示范地、中国式现代化的引领地。习近平总书记在多个重大会议、重要场合上，对推进粤港澳大湾区建设作出一系列重要指示，为推进粤港澳大湾区建设指明了前进方向。新发展阶段，乘着粤港澳大湾区建设的东风，粤港澳大湾区教育交流与合作正向着全面纵深的方向发展。

（三）粤港澳经济一体化发展的需要①

粤港澳大湾区的建设，可以进一步强化我国科技创新的全球竞争力，但同时面临着巨大挑战。由于粤港澳大湾区是"一个国家、两种制度和三种法律体系"共存的湾区，这种差异对粤港澳大湾区城市创新协同发展、创新要素便捷流动和形成有机整体有一定的阻碍。

粤港澳三地积极响应"一带一路"倡议，特别是广东省在全国首先发布了对接"一带一路"倡议的实施方案，香港和澳门特区政府也作出了相应的表态。此外，粤港澳大湾区"9+2"城市群建设也在粤港澳三地的政府、企业和个人中引起了广泛关注。特别是中央有关部门会同粤港澳三地政府共同编制的《粤港澳大湾区发展规划纲要》，表明香港和澳门经济正自觉且快速地并入国家战略规划的航道。然而就目前的态势来看，相比紧密的地理和经济联系，粤港澳三地的行动仍然显得孤立和分散；相比国内

---

① 王小彬. "一带一路"建设中推进粤港澳区域经济一体化问题研究 ［D］. 长春：吉林大学，2018.

其他地区积极谋求区域经济一体化、城市群抱团发展的格局，粤港澳三地的战略规划则相对滞后。事实上，在新一轮全球经济变革中，粤港澳三地都面临严峻的产业升级压力和世界范围内的城市群竞争压力。近年来，在《内地与香港关于建立更紧密经贸关系的安排》、《内地与澳门关于建立更紧密经贸关系的安排》（CEPA）的框架下，粤港澳三地的经济融合虽然取得了一定的成绩，但经济一体化进程有待提速，急需寻找加快粤港澳经济一体化进程的战略机遇和突破口，增强粤港澳三地在世界范围内的竞争力。在此背景下，只有抓住"一带一路"倡议为粤港澳三地带来的共同战略机遇，加快经济融合和产业协同发展，推动粤港澳经济一体化进程，才能发挥粤港澳大湾区独特的地理区位优势和既有的经济优势。

（四）三大全球性湾区推进教育发展的启示

回顾经济社会的发展史，一个国家、一个民族的科技发展不占优势，就难以提升综合国力，难以实现长久的繁荣昌盛。纵观全球科技创新，湾区已成为世界科技创新的风向标，湾区经济是当今世界最具竞争力、最具创新力的发展模式。从世界经济版图来看，全球沿海地区汇集了全球一半以上的人口、经济总量、工业资本以及近80%的大城市。

湾区不仅是一个广域化、城市化的空间，而且是全球对外开放程度最高的地区，著名的世界级湾区都跨越了城市之间的行政界线，相互协同整合，如一直走在全球科技创新前沿的旧金山湾区就通过统筹协调和创新联动发展，营造出良好的科技创新环境，不断地吸收全球最前沿的科技、文化、理念、制度以及最新的信息和人才资源，催生出大量的新业态，培育出大批新成果，成为新科技、新产业、新商业模式的策源地，引领全球科技产业发展方向。

当今世界三大全球性湾区指纽约湾区、旧金山湾区与东京湾区。湾区建设的格局是开放、包容和共享的。作为三大全球性湾区之首，纽约湾区是美国东部的教育重镇，湾区内便有耶鲁大学、哈佛大学、哥伦比亚大学、普林斯顿大学等8所常春藤联盟高校。此外，纽约湾区内还聚集了波士顿大学、麻省理工学院、纽约大学等多所著名学府，纽约湾区整体的教育水平极高，人才优势得天独厚，较高的教育水平为纽约湾区的发展提供了良好的人才资源及储备。

旧金山湾区是美国西海岸加利福尼亚州北部的一个大都会区，世界著名的高科技研发基地硅谷（Silicon Valley）便位于旧金山湾区南部。湾区内有 5 所世界级的研究型高校，分别是斯坦福大学、加州大学伯克利分校、加州大学戴维斯分校、加州大学旧金山分校、加州大学圣克鲁兹分校。此外，湾区内还有 5 个国家级研究实验室，分别是劳伦斯伯克利国家实验室、劳伦斯利弗莫尔国家实验室、艾姆斯（Ames）研究中心、美国农业部西部研究中心、SLAC 美国国家加速器实验室。

东京湾区拥有 274 所大学高等教育机构，注册大学生人数超过 231 万（2023 年统计），东京大学、早稻田大学、东京工业大学、横滨国立大学等知名研究型高校均坐落于此。这些机构不仅在人才输出上为产业服务，而且在研究合作上部分大学和研究所作为独立法人机构也拥有更大的能动性来分配研究资源。除了高校，企业也高度重视研究和科技创新：丰田、索尼、三菱、东芝等企业成立的研究所不胜枚举，也成为推动产学研一体化的关键力量。

二、研究意义

"一国两制"使广东与香港、澳门从"有边界"变成了开放与合作的"相容"关系①，"天地交而万物通也，上下交而其志向同也"，粤港澳教育交流与合作，具有广泛的经济与社会效益。

（一）提升港澳同胞国家认同感，增强湾区意识

教育是民心工程，粤港澳三地文化同源、人缘相亲、民俗相近，文化认同感强，优先选择教育人文领域合作，港澳居民接受程度高。同时，通过教育合作，引导港澳学生树立正确的历史观、国家观、文化价值观，可增强其国家意识和爱国精神。②

纽约湾区、旧金山湾区、东京湾区发展历史悠久，在国际经贸中占有重要一席，粤港澳大湾区如果想实现后来者居上，实现"湾"道超车，就必须着力培养人员的湾区意识，即创新意识、合作意识、人文意识，而

---

① 周红，张祥云. 粤港澳台高校德育发展趋势展望［J］. 江苏高教，2001（1）：108－111.

② 建设国际一流湾区打造"一带一路"建设重要支点研究课题组. 把教育合作作为建设粤港澳大湾区的优先领域［M］//中国国际经济交流中心. 中国智库经济观察（2017）. 北京：社会科学文献出版社，2018：305－306.

教育是培养湾区意识的重要途径。首先，教育是创新的基础，创新贯穿于教育过程中。创新并不是天马行空，它建立在知识掌握的基础上，是对知识的一种高水准的转化和应用，没有教育作为支撑的创新就是无源之水、无本之木。其次，教育即合作。教育本身是合作的产物，师生的合作意识能有效提高教育的效能。教育的对象是学生，学生的培养过程就是家庭、学校、社会合作的过程，是各种资源整合的结果；学生与教育素材、朋辈伙伴、社会资源的有效合作能提升教育效果；教育环节中的小组合作、生活教育、社会实践、研学活动等为学生提供了丰富的合作场景。最后，教育具有呼唤人文意识的功能。人文意识的核心是尊重人的价值、尊重人的独立、弘扬人的理想、发展人的事业。随着人类文明的发展，人文意识又被赋予了很多新的时代内涵，如环境友好、和谐发展、与时俱进等。教育是培养人文意识的重要载体，如师生之间的平等关系就是在尊重学生作为独立个体的价值，帮助学生树立远大理想就是在进行理想教育。①

（二）充分发挥香港的重要作用，提升大湾区国际核心竞争力

国际化的教育体系和高水平的教育质量是香港的亮丽名片。香港国际化程度高，与世界顶尖科研机构、一流科学家交流频繁，国际影响力超过内地。在世界大学排名中，有五所香港高校常年位居世界百强，而大湾区内地则没有一所高校上榜。因此，通过对接教育资源，可发挥港澳优势，补齐大湾区内地教育发展短板，推动内地快速融入国际教育体系。这既是国家所需，也是香港所愿。

国际化教育体系是国际化营商环境的重要组成部分，便于吸引高端人才和创新型人才集聚。纽约、东京和旧金山等世界级湾区能够持续繁荣，重要原因之一是拥有高水平的国际教育体系。粤港澳大湾区要建设成充满活力的世界级经济区、具有全球影响力的国际科技创新中心，需要打造国际教育高地，培养集聚一大批具有国际水平的科技人才。在教育领域，粤港澳三地不仅容易合作和理解，而且其教学内容、课程设计容易受到青少年学生的欢迎。这样的合作可以优势互补，在竞争中达到共赢。内地的相对优势是：市场庞大，生源丰富，教学成本较低，人才济济。香港和澳门的相对优势是：实用先进的课程设计、灵活的运转机制、有效的管理经验和

① 马海洋. 粤港澳大湾区民办教育举办者素养的调查研究［D］. 武汉：华中师范大学，2019.

高素质的管理队伍。只有粤港澳三地联合起来，实现资源共享、优势互补，才能加快人才培养，把教育事业做大、做强。同时要建设国际教育示范区，推进世界一流大学和一流学科建设，提升粤港澳大湾区的国际核心竞争力。

（三）探索教育领域的改革经验，有利于建设教育强国

建设教育强国是中华民族伟大复兴的基础工程，需要中国教育走向世界、融入世界，进而引领世界教育发展。教育领域因其特殊性，如何对外开放需要在特定区域内先行试验。国家推进粤港澳大湾区建设的考量之一，是将粤港澳大湾区作为改革探索的试验田，在"一国两制"框架下，利用制度差异，为全面对外开放探索经验。粤港澳大湾区内存在不同教育体系，探索合作模式和路径，可以借助香港和澳门搭起中国教育走向世界的桥梁，有利于建设教育强国。粤港澳三地在各自的教育发展过程中进行了许多有益的探索和实践，积累了丰富的办学经验，办学规模不断扩大，办学的社会效益和经济效益成倍增长。香港、澳门在发展教育过程中有自己的特色和经验，值得内地借鉴和学习，助力粤港澳三地教育的深度合作与交流。

三、研究方法和创新性

对粤港澳教育交流与合作进行研究，应采用以下方法：第一，比较研究法。通过比较研究粤港澳三地的教育制度与发展模式是了解地区教育发展状况、借鉴他国教育发展经验的基础。第二，文献研究法。无论是研究的前期准备还是研究的开展阶段都离不开大量研究文献的支撑，除国内相关文献外，国外文献亦非常重要，国内外文献是问题分析、研究的基础。文献研究法能为研究的深入开展提供丰富的素材。第三，案例研究法。案例研究是借助一个或多个案例对某一现象进行深度探究的研究方法。本书以广东、香港、澳门的教育为研究对象。第四，历史研究法。历史研究法至少应涵盖历史研究的主体、客体、中介和目标四个要素。本书梳理了粤港澳教育交流与合作的历史，通过相关史料对其教育事件及合作进程进行回溯分析，以厘清粤港澳教育交流与合作的"来龙去脉"。

本书从教育学学科视角出发，在评述国内外已有研究成果和借鉴信息科学、社会学理论、管理学理论、教育学的基础上，运用上述研究方法，通过剖析广东与香港、澳门教育交流与合作的历史、现状，论证三地教育

的互动发展，以期为推动粤港澳大湾区建设及教育发展、制定广东省教育发展战略提供学理和实证支持。

本书的特色和创新性在于：第一，在研究问题层面，基于学者关于粤港澳教育交流与合作的一些零散理论研究，试图形成一个以更系统完整的角度，进行理论与实践探索的深度研究，着眼于发展研究。第二，在研究视角层面，以粤港澳教育交流与合作平台的建设为切入点，深度研究相关地区教育的发展，是一个全新的视角。第三，在研究方法层面，在运用比较研究法、文献研究法等一些传统研究方法的基础上，更加注重案例研究。以广东和香港、澳门的教育与合作为案例进行研究，更能体现大数据时代的研究特点。

四、文献研究综述

（一）关于粤港澳合作的研究[①]

改革开放以来，我国经济取得了令人瞩目的发展成果，其中，粤港澳地区的发展对我国经济增长的贡献尤为明显。但是，随着粤港澳合作的不断推进，其面临的问题也日益突出，因此，众多学者都对粤港澳的合作与发展问题做了大量研究。

在关于粤港澳合作的历史变化研究中，任思儒等（2017）[②] 指出，改革开放以来，粤港澳地区的发展经历了从"前店后厂"的合作模式，转变为"腹地竞争"的经济关系，再发展为以"金融合作"为重点的三个主要阶段。在第一阶段，香港和澳门的企业将劳动密集型生产工序转移到珠三角及其他地区，形成了"前店后厂"的分工协作模式，此模式不仅推动了香港确立金融、贸易和航运业为中心的经济发展模式，更促使广东向"世界制造业基地"的转变。进入第二阶段，随着珠三角的崛起以及1997年金融风暴的冲击，香港的原有地位和优势受到了明显的挑战。因此，粤港澳地区开始出现了相互竞争的发展关系。主要体现为港口机场航运竞争、CBD（中央商务区）空间结构竞争和基础设施建设竞争。到了第三阶段，

---

① 欧时新. 粤港澳大湾区城市群合作能力问题研究［D］. 广州：广东外语外贸大学，2018.

② 任思儒，李郇，陈婷婷. 改革开放以来粤港澳经济关系的回顾与展望［J］，国际城市规划，2017，32（3）：21 - 27.

因广东地区生产要素价格上涨，"前店后厂"的合作模式已趋于停滞。因此，寻找新的利益共同点，推动金融合作则成为新阶段大珠江三角洲城市群发展的关键。徐江（2008）① 则从香港和珠三角地区的产业关系、资本流动等方面，阐述了香港和珠三角地区的经济关系的变化，并指出，大珠江三角洲地区目前最应该解决的问题不是某个城市的衰落，而是如何保证整个地区的整体发展。

而关于粤港澳合作存在的发展问题研究中，学者们主要从经济、制度和社会文化三个方面进行了分析：①经济方面：赵大英（2007）② 指出，香港向珠三角地区的产业转移，使香港贸易模式由加工贸易向转口贸易改变，但随着内地港口的发展，香港贸易模式也从转口贸易向离岸贸易转变，而这种贸易方式的转变，使得粤港澳"前店后厂"的合作分工模式被打破。另外，周春山、罗利佳、史晨怡等（2017）③ 通过分析粤港澳大湾区经济发展的时空演变特征，发现粤港澳地区的经济总量呈快速增长趋势，且经济的外向型特征不断加强，但其产业结构调整缓慢，区域的经济绝对差异总体上在扩大。②制度方面：罗智中（2013）④ 认为，在粤港澳区域的合作发展中面临的问题主要包括：第一，三地机制体制不对接；第二，合作各方利益诉求不一致；第三，虽然 CEPA 的确立帮助粤港澳地区建立了更为紧密的合作关系，但部分行业审批程序过于复杂、管理制度存在差异，如文化、传媒和交运等行业存在前置审批，且其审核权集中在国家有关部委。杨英、秦浩明（2014）⑤ 则指出，粤港澳三地在走向深度融合的过程中还存在着制度上的障碍，需要不断进行制度创新，并可利用横琴、南沙、前海三个典型区域，按照先行先试、错位融合、协调推进的思路进行制度创新，探索与香港、澳门先行融合的制度安排。③社会文化方面：

① 徐江. 香港与珠江三角洲空间关系的转变［J］. 国际城市规划，2008（1）：70 - 78.

② 赵大英. 香港离岸贸易发展及原因分析［J/OL］. 大珠三角论坛，2007（1）：1 - 11［2021 - 02 - 26］. https://www.sinoss.net/uploadfile/2010/1130/7579.pdf.

③ 周春山，罗利佳，史晨怡，等. 粤港澳大湾区经济发展时空演变特征及其影响因素［J］. 热带地理，2017，37（6）：802 - 813.

④ 罗智中. 粤港澳区域经济合作的成功经验及瓶颈问题研究［D］. 长春：吉林大学，2013.

⑤ 杨英，秦浩明. 粤港澳深度融合制度创新的典型区域研究：横琴、前海、南沙制度创新比较［J］. 科技进步与对策，2014，31（1）：39 - 43.

谢宝剑（2012）① 则通过研究粤港澳社会融合的问题，探讨粤港澳地区的合作发展。他认为，粤港澳合作已经从改革开放初期的经贸合作扩展到了社会文化领域；推动粤港澳社会融合，有助于解决粤港澳民生福利问题，促进粤港澳更紧密合作，更能增强港澳同胞的国家认同，提升广东社会管理服务水平。

南方日报评论员（2023）② 认为，推动港澳融入祖国发展大局，融入中国式现代化，共谋中华民族伟大复兴，我们责任重大、使命光荣；以建设大湾区为牵引，打造高质量发展"新广东"，我们机遇空前、动力空前。面向未来，既要胸怀大局、登高望远，又要脚踏实地、落细落实；既要团结一心、协作一致，又要各展所长、优势互补，让粤港澳大湾区的九个珠三角城市和两个特别行政区释放出 9 + 2 > 11 的更大能量。

（二）关于粤港澳大湾区的研究③

湾区是指围绕沿海口岸分布的众多海港和城镇组合而成的港口群和城镇群。李睿（2015）④ 指出，湾区经济不能仅从地理学角度分析，而应当将湾区经济的研究定义为都会区和产业群的叠加。湾区经济与传统的城市群经济相比，既有普通城市群的特点，还具有其因为靠近海洋而拥有的运输成本优势。沿海湾分布的城市形态也使得城市、区域间更可能依靠市场作用实现协同发展，是比简单的沿海经济和城市群经济更加高级的形态。

在对湾区经济进行定义的基础上，国内学者对于湾区经济的研究多集中在世界先进湾区经济案例的分析和成功经验的总结，以及中外湾区经济的对比。刘力、白渭林（2010）⑤ 从世界三大湾区经济发展的历史角度，提出粤港澳大湾区基本具备成为世界级湾区的三个条件：全球经济贸易市场的参与程度、区域经济结构的对外开放程度、区域科学创新技术产业的发展地位。其认为现阶段国内还没有形成真正的湾区经济，但是根据现有研究的成果表明，粤港澳大湾区已经具备了成为湾区经济的基础条件。毕

① 谢宝剑. "一国两制"背景下的粤港澳社会融合研究［J］. 中山大学学报（社会科学版），2012，52（5）：194 - 200.
② 南方日报评论员. 奋力开创粤港澳合作新局面［N］. 南方日报，2023 - 03 - 24（A04）.
③ 赵胜奇. 粤港澳大湾区创新系统协同效应的研究［D］. 广州：暨南大学，2018.
④ 李睿. 国际著名"湾区"发展经验及启示［J］. 港口经济，2015（9）：5 - 8.
⑤ 刘力，白渭淋. 区域经济一体化与行政区经济的空间效应研究：基于"泛珠三角"区域合作与广东"双转移"的政策协同效应［J］. 经济地理，2010，30（11）：1773 - 1778.

斗斗、方远平（2009）① 指出，海港地区和城市是高度集中的经济中心，并在世界经济中占有重要地位。其总结世界港口城市发展的一般规律，并以莱茵河口、鹿特丹、东京湾区、横滨和旧金山湾区为例，结合我国海港城市的发展与基础设施建设的现状，提出了一些建议。陈德宁等（2010）② 对粤港澳合作共建环珠江口湾区进行了研究，概述了湾区的经济概念，分析了珠三角作为大珠三角骨干的发展状况和发展优势，提出了建立"双核湾区模式"，总结湾区建设的经验，并提出建立合作组织和合作框架的建议。

此外，国内外湾区经济发展具有一定共同特点：首先，国内湾区与世界三大湾区经济同样具有优越的地理位置，能够使该区域的经济发展和技术水平位于领先水平；其次，纽约湾区、旧金山湾区、东京湾区都是美国和日本最早开放的地区，国内湾区发展的带头城市广州、上海、香港、天津等都是历史上重要的通商口岸，改革开放后的深圳同样成为我国对外开放的成功典型城市；最后，纽约湾区、旧金山湾区、东京湾区都是美国和日本经济增长的引领区域，作为国内发展湾区经济的粤港澳大湾区、上海—杭州湾区、环渤海湾区所覆盖的珠三角、长三角、京津冀三大增长极，都是带动我国经济发展的重要区域。

马忠新（2017）③ 将中外湾区经济在形成过程中的差异总结为三点：第一，形成原因不同，世界三大湾区的发展是历史演进的自然结果，中国湾区的形成主要是结合了区域要素禀赋进行顶层设计的结果；第二，政策机制不同，世界三大湾区基本是由自由市场通过竞争配置形成的自然形态，我国湾区经济具有明显中国特色，是在市场化的同时，政府进行引导的结果；第三，区域功能不同，我国的湾区不仅具有世界三大湾区的经济增长引擎的作用，而且是政府战略上的布局，是改革示范的先行者。

陈锐锋（2022）④ 提出通过搭建多目标、多层级政策结构，营造稳定

① 毕斗斗，方远平. 世界先进海港城市的发展经验及启示 [J]. 国际经贸探索，2009，25（5）：35–40.

② 陈德宁，郑天祥，邓春英. 粤港澳共建环珠江口"湾区"经济研究 [J]. 经济地理，2010，30（10）：1589–1594.

③ 马忠新. 我国湾区经济对外开放度的比较研究 [D]. 深圳：深圳大学，2017.

④ 陈锐锋. 粤港澳大湾区竞争政策建设一体化研究 [C] //Proceedings of the 2022 6th International Conference on Scientific and Technological Innovation and Educational Development. 香港：新世纪出版社，2022：2.

的竞争环境，通过建立复合型政策执行模式，逐步明确竞争政策一体化的目标，并完成市场定位，以此为基础，最终实现竞争产业政策的一体化创新，对粤港澳大湾区竞争政策作出合理优化和完善，加快一体化建设的进程，营造良好的发展前景。

"大湾区" 在 2015 年首次明确提出，2017 年，"粤港澳大湾区" 出现在政府工作报告中。对于粤港澳大湾区的区域划分，陈朝萌（2016）① 将粤港澳大湾区分为核心层、协同层、辐射层，其中核心层指的是靠近珠江口岸的临海区域，协同层是指粤、港、澳临海的行政区划的综合，辐射层与传统的泛珠三角区域相同。粤港澳大湾区建设是 "一国两制" 理论的新实践，也是国家发展战略的重要组成部分。新发展阶段，粤港澳大湾区已成为贯彻新发展理念、构建新发展格局的引领地。②

现有研究中大多认为粤港澳大湾区的划分是广东 9 市包括广州、佛山、肇庆、深圳、东莞、惠州、珠海、中山、江门，以及香港、澳门两个特别行政区，即上述协同层的划分区域。现阶段，对于湾区经济的本质和国内外湾区成功案例的研究成果颇丰，研究基本覆盖了经济层面、政治层面、社会层面和文化层面。研究方法包括理论研究、定性研究、定量研究等。研究内容主要是湾区经济的内涵、国内外湾区经济的特征以及湾区经济构建的经验总结，通过分析湾区经济形成机理和国内外湾区经济的对比，从而找出我国现阶段湾区经济仍存在的差异和发展政策方向。但是，已有研究对于粤港澳大湾区的城市定位尚不明确、意见不一，2017 年以前的研究多集中在国内外湾区经济的对比，较多利用宏观视角分析湾区发展问题，中观区域层面和微观企业层面的研究较少。关于湾区经济形成的分析，对于湾区经济活动的规律整理不足，比如，粤港澳大湾区内部、湾区间的产业发展剖析，大湾区创新和协调发展的测度，这些相关研究较少。

（三）关于粤港澳大湾区教育交流与合作的研究

近年来，国内学者对粤港澳教育交流与合作的研究呈增多、趋热之势，研究成果较为丰富，这或许源于人们对港澳教育发展状况的了解需要，是

---

① 陈朝萌. 粤港澳大湾区港口群定位格局实证分析 ［J］. 深圳大学学报（人文社会科学版），2016，33（4）：32－35，41.

② 冯庆想，徐海波. 粤港澳大湾区建设面临的机遇、挑战及应对策略 ［J］. 决策与信息，2023（12）：39－45.

粤港澳大湾区发展战略推进的需要。而粤港澳大湾区高等教育融合发展研究成果更为丰富，学者们主要从方向引领、战略抉择、价值审视、经验共享、学理透析和实证取向等六个方面进行了讨论。①

由中山大学陈昌贵教授主持的全国教育科学"十一五"规划教育部重点课题"粤港澳高等教育合作机制研究"就粤港澳高等教育合作的历史沿革、粤港澳高等教育合作的途径与模式、粤港澳高等教育合作的机制安排等进行了研究。② 研究认为，粤港澳三地的交流与合作历史悠久，在不同的历史时期，三地高等教育的合作有着不同的内容和形式，呈现出不同的内涵和特点。研究同时指出，未来要健全粤港澳高等教育合作的协调实施机制，建立粤港澳高等教育合作的风险防范机制，完善粤港澳高等教育合作的利益分配机制，建立健全粤港澳高等教育合作的激励机制。卢晓中（2019）③ 提出，教育合作发展是粤港澳大湾区教育建设的基本路向，也是处理粤港澳三地教育关系的基本依据。新时代粤港澳大湾区教育合作发展需要确立"湾区意识"，赋予时代新内涵。李臣之（2019）④ 认为，高等教育领域的开放协同创新发展将是粤港澳大湾区建设题中之义。欧小军（2018）⑤ 提出，高水平大学集群发展是粤港澳大湾区打造国际一流湾区、国际创新中心和现代产业体系的动力之源。与世界一流湾区相比，粤港澳大湾区高水平大学集群发展的短板明显。为实现高水平大学集群发展带来的"抱团创新"，亟待从教育管理、体制机制、法律政策等多方面采取措施，促进粤港澳大湾区高水平大学的集群发展。

粤港澳经济共同体的发展对于开展粤港澳高等教育交流与合作提供了

---

① 陶燕琴，李柯柯，赵章靖，等. 打造南方教育高地推动高等教育融合发展：2021年第三届粤港澳大湾区高等教育合作发展圆桌对话会议综述 [J]. 教育导刊，2022（1）：89 - 96.

② 全国教育科学规划领导小组办公室. "粤港澳高等教育合作机制研究"成果报告 [J]. 大学（学术版），2012（4）：78，79 - 83.

③ 卢晓中. 推动粤港澳大湾区教育合作发展的思考 [J]. 中国高教研究，2019（5）：54 - 57.

④ 李臣之. 粤港澳大湾区教育的开放与合作 [J]. 现代教育论丛，2019（1）：2 - 5，19 - 20.

⑤ 欧小军. "一国两制"背景下粤港澳大湾区高水平大学集群发展研究 [J]. 现代教育管理，2018（9）：17 - 22.

借鉴。朱建成（2010）[①] 对粤港澳经济一体化背景下如何加强高等教育一体化展开了论述。粤港澳三地相互比邻的区位、"一国两制"的交汇区、文化的同质性等为三地高等教育一体化提供了政治、经济、文化、社会方面的可行性。周红莉、冯增俊（2009）[②] 也指出，应加强区域联盟，强化粤港澳三地的教育合作。董凌波（2023）[③] 提出推进粤港澳大湾区高等教育合作路径实施：科学规划，明确纵向合作关系中的权力边界、完善政策规章，强化横向合作关系中的沟通协调、探索区域合作法治化途径，逐步形成大湾区高等教育合作法律体系。黄小燕、卢集富（2023）[④] 指出产教融合的深度取决于政府、行业企业、社会、学校等各方主体，并提出提升产教融合度的对策和建议。戴均峰（2023）[⑤] 提出粤港澳姊妹学校构建，是着力提升粤港澳大湾区基础教育质量、推动粤港澳基础教育合作交流与融合创新的重要平台。粤港澳三地要加大构建"姊妹校"的力度，始终全面坚持"一国两制"、坚守中华文化认同，发挥协作联动，做好寓文于教，改革创新，全面促进粤港澳大湾区基础教育的融合发展。

香港与澳门特殊的相似背景为高等教育合作提供了某种可能。林荣策（2008）[⑥] 指出港澳两地需建立良好的高等教育合作机制，稳定多层面的沟通机制。澳门大学横琴校区可谓高等教育区域合作的特例与开创性试验。袁宏舟（2018）[⑦] 针对香港在粤港澳大湾区建设中的作用，提出"一国两

[①] 朱建成. 粤港澳高等教育一体化是区域经济一体化的发展趋势 [J]. 广东工业大学学报（社会科学版），2010，10（2）：15 – 19.

[②] 周红莉，冯增俊. 回归十年来澳门教育发展的回顾与前瞻 [J]. 比较教育研究，2009，31（11）：17 – 20.

[③] 董凌波. 法治推进粤港澳大湾区高等教育合作：现状、缺失与实施路径 [J]. 中国人民大学教育学刊，2023（6）：98 – 109.

[④] 黄小燕，卢集富. 粤港澳大湾区产教融合度现状调研及提升研究 [J]. 大学教育，2023（18）：115 –119.

[⑤] 戴均峰. 推动"姊妹校"合作，促进粤港澳基础教育融合 [C] //中国智慧工程研究会. 2023 中西部地区教育创新与发展论坛论文集（二），2023：2.

[⑥] 林荣策. 港澳高等教育的比较与发展探析 [J]. 黑龙江教育学院学报，2008（11）：40 – 43.

[⑦] 袁宏舟. 浅析香港在粤港澳大湾区建设中的作用 [J]. 宏观经济管理，2018（2）：56 – 60.

制"下的香港在湾区发展中有不可估量的作用。谢宝剑、胡洁怡（2019）①提出粤港澳大湾区作为香港、澳门融入国家发展大局的重要平台，为港澳青年发展提供了难得的机遇。在粤港澳大湾区发展过程中，港澳青年既面临着不少机遇，也会面对一些挑战。张艺、陈杰涛、周珊珊（2023）②提出京津冀、长三角和粤港澳大湾区是我国高等教育资源集聚优势显著的三大区域，这三大区域的经济实力雄厚、创新资源丰富、国际化程度高，具备建成世界级城市群的潜力。广东省的高校数量，尤其是"双一流"建设高校数量相对缺乏，而港澳特区高校具有较好的科研实力。其中，由香港大学教育资助委员会所资助的 8 所高校拥有享誉世界的卓越实力。为此，粤港澳三地应在高等教育层面积极寻求合作，共同推进粤港澳大湾区高教科技领域深度融合发展，以更好地服务于国家发展战略需求。李鹏虎（2022）③认为粤港澳大湾区高等教育一体化发展应在以下领域重点突破：健全政策法规，缔造大湾区高等教育一体化发展的"源头活水"；创新体制机制，突破大湾区高等教育一体化发展的制度瓶颈；加强顶层设计，推进大湾区高等教育一体化发展的战略布局。

其他相关的研究还有李科浪的《十年来粤港高等教育合作的现状与思考》（2010）；冯增俊、周红莉、邹一戈的《新时期粤澳高等教育交流与合作战略思路及对策》（2011）；余育文的《粤澳高等教育交流与合作探析》（2013）；马早明的《协同创新 30 年：粤港澳教师教育合作的回顾与前瞻》（2014）；焦磊、谢安邦的《微型社会高等教育发展比较研究——兼论澳门高等教育发展策略》（2014）；邓志新的《粤港澳大湾区：珠三角发展的新引擎》（2017）；钟小波的《粤港澳大湾区高等教育发展状况及合作思考》（2018）；安冬平的《粤港澳大湾区职业教育协同发展的时代意蕴与解释框架》（2018）；李均的《整体推进粤港澳大湾区高等教育协同创新发展》（2019）；谢爱磊、李家新、刘群群的《粤港澳大湾区高等教育融合发展：背景、基础与路径》（2019）；陈先哲、陈雪芹的《多中心之下的融合创新：

① 谢宝剑，胡洁怡. 港澳青年在粤港澳大湾区发展研究 [J]. 青年探索，2019（1）：5 – 14.

② 张艺，陈杰涛，周珊珊. 京津冀、长三角和粤港澳三大高校群基础科学研究竞争力的比较分析 [J]. 中国高校科技，2023（12）：24 – 30.

③ 李鹏虎. 粤港澳大湾区高等教育一体化发展：基础、难点及突破 [J]. 世界教育信息，2022，35（9）：7 – 13.

粤港澳大湾区高等教育集群的挑战与出路》（2019）；卓泽林的《粤港澳大湾区高等教育枢纽建设：基础、困境与对策》（2019）；陈志峰、马东影的《粤港澳大湾区建设背景下澳门高等教育发展的动力、定位和走向》（2019）等。

　　进入2020年以后，关于粤港澳大湾区教育交流的相关研究逐渐成为研究热门，学术成果颇丰，如卢晓中、卓泽林的《湾区高等教育的形成与发展——基于粤港澳大湾区与旧金山湾区比较的视角高等教育研究》（2020）；李妮的《粤港澳大湾区的职业教育合作：理念、困境与多层级治理行动框架》《多层级治理框架下的粤港澳大湾区职业教育合作体系研究》（2020）；刘舟帆、夏国恩的《粤港澳高等教育一体化对中国－东盟高等教育合作的启示》（2020）；黄炳超、黄明东的《粤港澳大湾区高等教育治理现代化的"五位一体"新模式》（2020）；许长青、周丽萍的《跨境流动视域中粤港澳大湾区高等教育协同发展的政策构建》（2020）；陆春萍、李臣之的《共同体视域下粤港澳大湾区国民教育政策探析》（2020）；焦磊的《粤港澳大湾区国际高等教育示范区：意涵、态势与建设方略》（2020）；王志强的《粤港澳大湾区高等教育空间布局：框架、现实与进路》（2020）；张冬梅、张欣的《国家意志与市场逻辑：粤港澳大湾区高等教育发展探析》（2020）；卓泽林的《粤港澳大湾区教育合作发展的价值与策略》（2020）；刘复兴、惠文婕的《新时代人才培养标准与粤港澳大湾区教育创新》（2020）；李家新、谢爱磊、范冬清的《区域化发展视角下的粤港澳大湾区高等教育合作：基础、困境与展望》（2020）；施雨丹的《比较视角下粤港澳大湾区教师教育发展探析》（2020）；李晶、曾今的《粤港澳大湾区高等教育合作进路展望——来自博洛尼亚进程的启示》（2022）；张仕华、谭瑞峰、郭晓溶的《粤港澳大湾区开放高等教育合作机制的探析》（2023）等。

　　国外对粤港澳教育交流与合作的研究较少。马克·贝嘉在1989年将澳门作为一个微型地区对其教育进行了分析。然而贝嘉的研究对象是澳门的整个教育体系，未能对澳门的高等教育进行深入剖析，并且澳门高等教育自1991年后获得了迅速的发展，现实境况与当时已大不相同。国外关于粤港澳大湾区教育合作的研究较新的文献，包括关注粤港澳大湾区在全球化背景下的战略地位，认识到教育合作在促进区域一体化和经济转型升级中的重要作用；关注香港、澳门与广东高校的合作办学模式，分析了其成功因素和面临的挑战；关注粤港澳大湾区内人才流动的政策支持与实际操作，分析其对区域经济和科技发展的影响；将粤港澳大湾区的教育合作与欧盟内部合作、北美地区的合作进行比较，分析成功经验与教训。

五、理论基础

（一）"一国两制"基本国策

"一国两制"是 20 世纪 80 年代中国政府为和平统一地解决台湾问题以及恢复中国在香港、澳门的主权，在尊重历史的基础之上，提出的基本国策，即"一个国家，两种制度"。一个中国、两制并存、高度自治、和平谈判是"一国两制"的核心思想。在"一国两制"的指导下，香港和澳门分别制定了《中华人民共和国香港特别行政区基本法》和《中华人民共和国澳门特别行政区基本法》，它们是"一国两制"内容的具体化和法制化。

同样，基于"一国两制"的粤港澳教育，首先要遵循一个中国的原则，香港和澳门的教育在对外事务方面，必须在标明香港、澳门的同时，标注上中国，要坚持在一个中国的前提下，推动香港、澳门的地方性国民教育发展。香港、澳门可以依据自身的发展特点和实际需要高度自治，在招生、科技、文化交流上发挥自主权。具体来说，香港、澳门教育在人才培养、办学模式、课程设置、管理体制、经费拨款、学科发展、教师聘用等方面具有相对独立性。而且香港、澳门的高校在内地可以广泛招生，生源的数量和质量能得到保证，这也有利于加强与内地教育的交流与合作，为香港、澳门提供新的发展空间和动力。如澳门大学横琴校区是"一国两制"的实践与拓展，是对"一国两制"的深化发展。

（二）区域合作理论

改革开放以来，中国依托发展的国际政治经济环境进一步取得了综合国力的持续快速提升。在这一发展过程中，区域合作发挥了不可替代的作用。区域合作是地区之间优势互补、共赢发展、消除壁垒，为资源合理流动、利用而建立的合作关系。目前，中国正大力推进跨境、跨省份、跨城市等多个层面的区域合作，已形成长三角、珠三角、京津冀、成渝等合作区域内的相关主体，如地方政府之间、高校之间、企业实体之间等。当然，区域之间除了合作关系，也存在竞争关系。一方面，共同的利益需求推动了区域间自觉地走向合作；另一方面，作为地方利益代表，各地区都具有追求自身管辖行政范围内经济利益最大化的强烈动机，这组矛盾可能造成区域间的无序竞争、恶意竞争。因此，建构秩序、加强监管、制定法律法规是保证区域合作良性发展、双方共赢的制度保证；培养感情、心理、意识上的集体感和归属感的区域认同、区域信任，可应对突变环境和突发风险。

教育合作尤其是高等教育区域合作是教育国际化的一个重要组成部分。在区域经济发展动因基础上成立的区域高等教育系统为增强整体高等教育的实力、竞争力、吸引力开拓了广阔的前景。对于区域高等教育的发展，要把政府、高校和社会中介力量三者有机结合，实现平等互利、互通有无、区域资源共享的区域高等教育体系。中国高等教育的区域合作，已基本形成大范围、多层次的区域化发展格局：武汉、长沙、西安等城市高教发达区，苏、鲁、辽等省域高教发达区，京津冀、长三角、珠三角、成渝等省际高教发达区，还可以从更宏观的视角划分出东、中、西的高教发展区域。

广东与香港、澳门之间的教育区域合作，基于区域一体化发展，是内地和香港、澳门的共同愿望和基础，通过区域合作，内地与香港、澳门的教育都能取长补短、互利互惠，多赢共荣，从而提升中国在国际上的竞争力和凝聚力。

（三）协同理论

协同理论亦称"协同学"，是 20 世纪 70 年代在多学科研究基础上逐渐形成并发展起来的一门新兴学科，是系统科学的重要分支理论。协同理论的创立者是德国斯图加特大学教授赫尔曼·哈肯（Hermann Haken），他于 1971 年提出了"协同"的概念，1976 年系统地论述了协同理论。协同理论以系统为研究对象，解释不同系统和运动现象从无序变为有序的过程。协同理论认为，"人与人造机器相反，这些结构是自发地自组织起来的。当许多种物质从无序到有序时，它们呈现出非常相似的行为"[①]，换句话说，协同理论就是将"系统—协同—自组织"作为基本概念范畴，认为千差万别的系统，尽管其属性不同，但在整个环境中，各个系统间存在着相互影响而又相互合作的关系，可以通过系统内部的自组织将远离平衡的开放系统通过协同作用，形成时间、空间和功能上的有序结构。[②]

---

①　哈肯. 协同学导论［M］. 张纪岳，郭治安，译. 西安：西北大学出版社，1981：3.
②　陈沁. 粤港澳大湾区构建中的养老保障政策协调研究：基于积极老龄化视角的思考［D］. 广州：广州大学，2019.

对协同理论的研究也是从物理学开始的，其内容主要包括三个方面：协同效应、伺服原理和自组织原理。协同效应是指系统中大量子系统相互作用而产生的整体效应；伺服原理指的是序参量支配子系统行为；自组织原理则是指系统在没有外部指令的条件下，其内部子系统之间能够按照某种规则自动形成一定的结构或功能，具有内在性和自生性特点。随着协同理论的不断发展和应用于越来越多的研究领域，现今，协同学也被用于分析社会经济现象。① 通常解释为在社会这个大系统中，子系统之间虽然存在差异，但可以通过相互配合产生协同和合作效应，以形成一个有序的整体。以协同理论进行研究的对象，必须具备四个条件：一是被研究的系统具有复杂性；二是该系统同时具有开放性；三是系统内存在大量非线性的相互作用；四是该系统在通常状况下是不平衡的。

粤港澳大湾区地区间的教育是个复杂的系统。粤港澳大湾区地区间的教育是具有开放性、相融性的。粤港澳大湾区在构建过程中，不仅仅是地区内部的合作，也是一个开放的城市群合作，在区域间合作的过程中，也要借助政策、市场、资金、人才等来促进发展，同时，粤港澳大湾区不断向外界提供发展的成果、合作的机会以及创新的人才。粤港澳大湾区地区间处于不平衡、不协调的状态，因此可用协同理论来提出粤港澳大湾区构建过程中教育协同的推进路径。

（四）城市群空间相互作用理论

城市群空间相互作用理论是城市地理学的重要基础理论。1942 年，美国学者乔治·齐普夫（George K. Zipf）首次将万有引力定律引入城市体系与城市空间相互作用进行分析，建立了城市群空间相互作用的理论基础。之后，"空间扩散理论""空间相互作用理论""增长极"与"增长中心"理论的建立与发展，也为城市群空间联系研究提供了较为充分的理论依据。城市群空间相互作用理论认为空间的相互作用使各城市之间相互依存，既有整体的分工、合作，也有个体的优势、特色，组织有效的空间相互作用并形成合理的地域分工是城市群空间整合发展的重要途径。因此，用城市群空间相互作用理论分析粤港澳大湾区教育协调发展，具有一定的契合性。②

① 邱诗武. 珠江三角洲区域行政协同机制构建探究［D］. 广州：广州大学，2012.

② 陈沁. 粤港澳大湾区构建中的养老保障政策协调研究：基于积极老龄化视角的思考［D］. 广州：广州大学，2019.

粤港澳大湾区是基于明显的地缘关系构建而成的，这使得粤港澳大湾区城市间以地理位置为纽带，产生空间相互作用。香港、澳门与珠三角9市文化同源、人缘相亲、民俗相近、优势互补。文化、人缘、民俗之间的相互作用与交流，城市间的空间相互作用，教育的交流与合作，这些都是城市之间相互作用的结果。但是，由于体制的差异，粤港澳三地之间仍有一定的隔阂，因此，借助城市群空间相互作用理论，可实现各城市的信息相互交流，从而实现大湾区教育的协调发展。

没有孤立存在的城市，城市群空间相互作用理论对相邻城市的整合提出了要求。为了保障城市和区域之间的生产、生活的正常运行，城市之间要不断进行物质、能量、人员信息的交换。这正是构建粤港澳大湾区的重要目标。教育的交流与合作，与城市群空间的相互作用具有相辅相成的关系，城市群空间相互作用理论可实现城市群之间教育信息相互交换的要求。

第二节　粤港澳大湾区建设概况

一、粤港澳大湾区情况简介

粤港澳大湾区由香港特别行政区、澳门特别行政区和珠江三角洲9个地级市（广州、佛山、肇庆、深圳、惠州、东莞、珠海、中山、江门）组成，区域面积约5.6万平方公里，截至2022年底，常住人口超过8 600万。粤港澳三地无论是从自然地理条件看还是从人文历史层面看，都是同宗同源、一衣带水、不可分割的。但受全球政治格局和经济格局剧烈变化的影响，三地的人文关系、社会关系、空间关系、价值观念都发生了重大的历史变化。16世纪中叶，开始有葡萄牙人在澳门定居；19世纪40年代，英国人侵占香港，这种变革使得原本同宗同源的珠江口湾区逐渐变成三种制度体系分割的粤、港、澳。随着1997年香港回归、1999年澳门回归，三地看似回到了历史的起点，香港、澳门回到了祖国的怀抱，但在"一国两制"的制度框架下，粤港澳的合作发展依然未能深入。于是，整合粤港澳三地资源，为三地的深度发展搭建平台，成为各界共同关注的热点。当前，粤港澳大湾区一体化已发展为国家战略，其成立背景为全球经济一体化。粤港澳大湾区的建立既是广东省持续深化改革的需要，也是香港、澳门可持续发展的需求，还是国家重大战略的重要组成部分。

2017年3月，"粤港澳大湾区"首次出现在政府工作报告中，成为国家级战略。制订"粤港澳大湾区"的规划将加速广东9市和香港、澳门的融合。创新是推动经济社会发展的重要动力，根据《国家创新蓝皮书：中国创新发展报告（2016）》，自2009年以来，中国已进入创新能力快速发展时期，创新能力显著提升。在2022年发布的《全球创新指数报告》中，中国排名第12位，位居中等收入经济体之首。[①] 粤港澳大湾区经济总量突破14万亿元，创造了全国1/9的经济总量，展现出强劲的增长动力。

粤港澳大湾区的建设已经成为重要议题，建设目标设定为国际一流湾区和世界级城市群，粤港澳大湾区将建设成为全球经济中最具活力的地区、全球创新发展的高地、世界知名的高品质生活区、世界文化交流和国家深化改革的示范区。粤港澳大湾区将互补内地、香港、澳门发展的不足，区域的创新协调发展也将推动粤港澳大湾区成为技术创新合作区和世界级金融服务中心。

现阶段，我国经济需要新的动力源来帮助国家在应对"去全球化"的贸易保护发展模式下的新挑战，"一带一路"倡议是我国更好地实现"走出去"的发展方式，供给侧结构性改革是我国深化改革的重点，作为我国区域经济发展的领头羊，粤港澳大湾区是能够将两者融合发展的最佳选择。创新能力是国民经济持续发展的重要支柱，而区域创新就是国家创新的基础，通过区域创新带动国家创新，粤港澳大湾区必将成为全国创新发展的先行者，创新发展也将成为粤港澳大湾区的重要引擎。但是对于粤港澳大湾区来说，想要取得更好的发展，仅仅提高一个城市或几个城市的创新能力是不够的，简单整合与叠加大湾区内的创新资源无法做到最有效地开发和利用大湾区的创新资源，因此有必要提高整个地区的协同创新程度，形成完整的创新系统机制，以提升粤港澳大湾区的整体创新能力。

---

① 张亚雄. 我国在全球创新指数排名中稳步上升［N］. 光明日报，2022 – 04 – 23.

二、粤港澳大湾区发展战略定位

经济基础决定上层建筑。粤港澳大湾区的经济发展是区域教育发展的基础，粤港澳大湾区的战略定位也同样决定了区域教育发展的定位和发展方向。

（一）科技创新高地

世界一流的湾区都有一个显著的特点，就是拥有一流的科创能力。创新是经济快速发展的核心驱动力，依靠创新才能走向富强。从科技创新角度来看：第一，粤港澳大湾区有成为全球科技创新高地的基础，香港、深圳、广州向来以创新著称；第二，区域内创新氛围浓郁，拥有一大批优质高校和世界知名创新企业；第三，区域内发达的制造业为科研成果的落地提供了产业支持。

（二）世界区域性高等教育中心

粤港澳大湾区高等教育对于大湾区城市群建设、国际科技创新中心建设和国家区域发展战略等实现有着重要支撑作用。在粤港澳大湾区建设发展的历史机遇下，高等教育定位发展有着长远的战略意义。以高等教育的外部关系规律为理论支撑，从社会发展对高等教育的需求、高等教育发展现状和国际比较视野这三个维度，构建粤港澳大湾区高等教育定位的整合性框架，让高等教育成为粤港澳大湾区城市间一座沟通未来区域间社会经济、政治、文化和科技发展的桥梁，将粤港澳大湾区高等教育定位成世界区域性高等教育中心。

（三）金融服务高地

金融是经济的命脉，一流的湾区就要有一流的资本聚集能力，所以，粤港澳三地不仅要把金融合作作为经济发展的重点，还要努力把粤港澳大湾区打造成金融创新的高地。首先，粤港澳大湾区拥有扎实的金融基础。香港是亚洲的金融中心，深圳是全国的金融中心，广州是广东的金融中心。其次，区域内已经构建了一张以香港为中心，以深圳、广州为支撑，连接区域内其他城市的发达金融网络。再次，依托前海、横琴、南沙三大自贸区的优惠金融政策，积极推动金融创新。最后，利用区域多样的金融环境，积极开拓东南亚、英语系、葡语系金融市场，走向更广阔的世界金融平台。

（四）先进制造业中心

目前，粤港澳大湾区产业结构中仍存在着相当一部分低端制造业，相关企业应密切跟踪国际科技方向，掌握核心技术，培养新型产业，培育支柱产业；同时努力提升制造业水平，做好技术交流服务，提升生产协调能力，搭建高水准交易平台，促进产业转型与融合，从而提升产业链附加值。

（五）国际物流中心

粤港澳大湾区具备成为国际物流中心的基础设施条件，但距离成为国际一流水准的物流中心仍有很大进步空间。粤港澳地区是中国的南大门，拥有漫长的海岸线，背靠广阔的内陆腹地，面向开阔的南太平洋，依托区域内发达的海陆空运输体系，借助"一带一路"建设的东风，完全有能力成为立足本地、辐射亚太、沟通全球的国际一流物流中心。

（六）国际经贸中心

粤港澳大湾区区别于其他三大湾区的显著特点是区域内部的异质性：香港有英语系优势，澳门有葡语系传统，深圳和珠海是经济特区，前海、横琴、南沙为自贸区，全球约54%的华侨华人为广东籍，同时粤港澳地区又是海上丝绸之路的重要节点，加之广东自古以来就是进出口贸易大省，以 2023 年为例，广东外贸进出口总额约占全国进出口总值的 19.9%，金额达 8.3 万亿元人民币。[①] 这一系列优势都催化了粤港澳大湾区的经贸发展。

（七）优质生活圈

人才是湾区发展的第一要素，粤港澳大湾区若想集聚人才，就要把区域建设成既能享受便捷的现代化生活服务，又能领略岭南水乡特色的精品生活空间。应积极发展环境友好型经济、融合文化商旅发展，开发特色旅游项目，抢占人才高地，助力人才集聚。如定位于"一流湾区、一流生活"的粤港澳大湾区之声（简称"大湾区之声"）调频广播于 2019 年 9 月 1 日上午 7 时正式开播，重点面向粤港澳大湾区受众，及时传达中央权威声音，传递粤港澳大湾区国家战略实施进程，传播"一国两制"发展新实践。

---

① 林琳. 2023 年广东外贸规模再创历史新高 [N]. 广州日报，2024 – 01 – 17（A04）.

第三节 粤港澳大湾区教育基本概况

一、广东教育概况

广东省教育全面贯彻落实中央和省内关于教育工作的决策部署，锚定教育强省建设目标任务，振奋精神、担当作为、笃行不息，在教育、科技、人才三位一体中谋划推进教育改革发展，努力开创广东教育新局面，为全省高质量发展提供重要支撑保障。重点抓好六个方面的工作。一要着力构建优质均衡的基本公共教育服务体系、广东特色基础教育高质量发展体系、区域基础教育发展评价体系，大力推动基础教育"强基、创优、新生态"。二要加强职业院校核心能力建设，强化产学协同育人，畅通技术技能人才发展通道，积极探索省域现代职业教育体系建设新模式。三要构建分层分类发展格局，统筹不同类型学科专业发展，着力改革资源配置，加快建设特色鲜明的一流大学和优势学科。四要支撑高水平科技自立自强，提高人才自主培养质量，深化教育交流合作，全力服务地方经济社会高质量发展。五要以评价改革牵引教育领域综合改革，继续把"双减"摆在突出位置来抓，推进教育数字化，在全面深化改革中激发教育新活力、新动能。六要坚持师德师风第一标准，加强教师发展体系建设，切实提高教师工资待遇保障水平，聚力培养高素质专业化创新型教师队伍。

截至 2023 年，广东省共有各级各类学校 3.82 万所，学历教育在校生 2 817.434 万人，专任教师 166.35 万人。[①] 广东省在教育资源和人力资源方面均表现出显著的增长趋势。

在学前教育方面，广东省共有幼儿园 2.17 万所，普惠性幼儿园占比较大，达到了 86.07%。学前教育入园幼儿 139.01 万人，在园幼儿 458.62 万

---

① 广东省教育厅. 2023 年广东省教育事业发展统计公报［EB/OL］.（2024 - 04 - 30）［2024 - 09 - 20］. edu. gd. gov. cn/zwgknew/sjfb/content/post_4407184. html.

人，普惠性在园幼儿占比87.86%。^① 这表明广东省在学前教育方面注重普及和惠及更多儿童。

义务教育方面，广东省共有义务教育阶段学校1.46万所，九年义务教育巩固率为97.25%。^② 小学阶段和初中阶段的招生和在校生人数也有显著增加，特别是初中阶段的在校生人数增长明显。这反映了广东省对义务教育的重视和投入。

高等教育方面，广东省持续深化高等教育综合改革，加快建设一流大学和一流学科，广东高校进步势头强劲。据2023年统计数据，广东省有162所普通高校，有10所高校进入"全国百强"，8所高校新增14个全球前1%学科，3所高校新增3个全球前1‰学科，分别来自南方科技大学、暨南大学、深圳大学，其中前两所为新晋高校。至此，全省27所高校共有215个学科入列全球前1%，其中27个学科入列全球前1‰，且入列全国前50名的高校均拥有前1‰学科。^③

职业教育和技能人才培养方面，广东省作为制造业大省，对高素质、高水平技能型人才的需求日益增长。2023年，广东省拟向教育部新申报三所职业本科大学，均为公办市属院校，以适应制造业强省的建设需求。此外，广东省还通过职普融通、产教融合等方式，加强职业教育与产业发展的紧密结合，培养更多符合市场需求的高技能人才。

此外，广东省还积极推进中小学数学教育高质量发展示范区和示范校建设，通过资金支持和专业指导，提升基础教育质量。这些举措有助于提高基础教育的整体水平和质量。

综上所述，2023年广东省在教育领域取得了显著进展，从学前教育到高等教育，广东省在教育资源和教育质量方面均有显著提升，并采取了一系列措施促进教育公平和高质量发展。

---

① 广东省教育厅. 2023年广东省教育事业发展统计公报［EB/OL］.（2024－04－30）［2024－09－20］.edu.gd.gov.cn/zwgknew/sjfb/content/post_4407184.html.
② 广东省教育厅. 2023年广东省教育事业发展统计公报［EB/OL］.（2024－04－30）［2024－09－20］.edu.gd.gov.cn/zwgknew/sjfb/content/post_4407184.html.
③ 姚昱旸，马立敏. 我省8所高校新增14个全球前1%学科　10所高校进入"全国百强"［N］. 南方日报，2024－01－13（A05）.

二、香港教育的基本概况

香港在教育方面的投入大、国际化程度高、教育质量优异，同时面临一些挑战和机遇。

香港在教育方面的投入非常大。2023—2024 学年，香港在教育方面的预算总开支高达 1 147 亿元，占政府总开支预算的约 15%。这表明香港特区政府对教育的重视和投入。

香港的教育国际化程度高。香港是中外文化交汇的国际大都会，拥有得天独厚的地理位置和文化背景，融合东西方教育与文化精髓。香港目前共有 22 所可颁授学位的高等教育院校，这些院校包括公立大学、私立大学、专业学院等。香港的大学在各大排行榜中表现优异，例如泰晤士高等教育世界大学排名中，香港有 5 所高校进入世界百强。此外，香港大部分学校采用中、粤、英三种语言教学，英文授课程度高，这为国际学生提供了良好的学习环境。

香港的教育质量优异。香港的高等教育机构在国际合作和交流方面表现出色，例如，香港高校与国际知名大学和科研机构合作开展了许多国际交流项目，吸引了大量国际学生来港学习和研究。此外，香港的大学毕业生在就业市场上也非常受欢迎，平均年薪较高，例如香港大学的毕业生平均年薪为 37.1 万元。

然而，香港教育也面临一些挑战和机遇。随着全球化和逆全球化的影响，香港高等教育需要保持国际合作和竞争力。同时，出生率下降和移民潮持续，导致香港学生人数减少，高校需要通过扩大招生来应对这一挑战。

香港早在 1971 年就开始推行"六年免费教育"，1978 年又将义务教育的范围扩展到初中，实施"九年免费教育"。1991 年，为给经济困难的学生提供更多的资助，香港中学推行"直资计划"，加入此计划的学校（称"直资学校"）在收取学费的同时可获得政府对每名学生的资助，但收取的学费不能多于资助额的三分之二。① 为了更好地推行学前教育以及调整教育质量，香港在 2016 年正式推行 15 年免费教育（全港七至八成非营利半

---

① 李建辉，李智英. 港澳台地区义务教育均衡发展及其对祖国大陆的启示 [J]. 教育评论，2015（2）：141 – 144.

日制幼儿园学额免缴学费）。包括幼儿教育（3 年）、小学教育（6 年）、初中教育（3 年）、高中教育（3 年）。自 2020—2021 学年起实行学生津贴恒常化，以减轻家长在教育支出方面的财务负担。

三、澳门教育的基本概况

由于澳门早期居民多以捕鱼为生，一开始教育在澳门并不受重视。1535 年之后，随着外国传教士纷纷到澳门传教著书，澳门的社会文化教育才得以开展。澳门并存着两个社会：一个是葡人社会，另一个是华人社会。两个社会分别以各自的语言形成各自的中、小学教育。以葡语为葡萄牙人子女提供教育的官制学校，是教会及社区团体举办的；以中文或英文授课的私立学校，是华人社会举办的。政府对于官制学校教师有一定资格要求，即教师必须受过师范教育的培训，而对于私校教师是否受过培训不做要求。澳葡政府也只是在中葡联合声明签订后，才开始注意培训本地师资人才，教育事业相应地开始受到重视。

1991 年以前，澳葡政府对教育一直采取"自由教育"的方式，直到1991 年 8 月 29 日才正式制定了一套有关教育制度的法规，以配合本地社会的未来需求和发展。随着澳门经济的发展及人口的增加，发展教育便成为社会的迫切需求。教师是推动教育事业的主体，因此，在澳门现今的社会环境中，推行教师教育是刻不容缓的任务。澳葡政府已承担了一部分教育经费，除资助开办师资培训外，还在大学设立教育学院，使教师教育得到进一步发展。

澳门回归以来，澳门教育实现了跨越式发展，开辟了澳门教育发展的新纪元。在确立教育主体下实现了从殖民体系向主体教育、从简陋落后向现代先进水平、从放任无主向创建本澳特色教育体系的三大历史性跨越，并全力推进了澳门教育的转型升级，创立了全开放的澳门特色教育体系。澳门未来教育发展走向应以创建现代化的澳门主体性教育，创建优质、公平、和谐教育，推进全开放的国际化教育为发展战略重点。

澳门高教办提出"教育兴澳、人才建澳"的重要政策，提升澳门高教质量，澳门高等教育发展非常迅速，取得了瞩目的发展成果。澳门有 13 所大学，这些大学涵盖了公立和私立两种类型，当中包括综合性教学和研究双结合的大学，以应用教学为主的多专业理工学院，以及主力培养旅游会展人才、专业护理人员及高级管理人才等的专科学院。澳门回归以来，逐步建立起相对完善并具有一定水平的高等教育体系，办学实力与国际声誉迈向新高度。近年来在有关部门的关心指导下，澳门特区政府持续优化高等教育政策、加强院校管治水平、提升院校办学自主性。包括澳门大学在内的若干高校持续加强巩固高水平人才队伍建设，结合国家和粤港澳大湾区发展所需不断完善学科布局、课程设置。澳门高校的学术科研成果质量、国际影响力、整体办学水平以及国际声誉有效提升。澳门大学横琴新校区的建成和使用更是"一国两制"成功实践的典范，也是回归以来澳门高等教育发展最具标志性意义的事件。横琴新校区不仅为澳门大学提供了更大、更好的发展空间，也为澳门高等教育整体发展创造了坚实发展条件。

基于"提升教育质量、创造优质教育"的发展目标，2004 年以来澳门特区政府对基础教育进行了全方位的改革。改革范围涵盖从幼儿教育到高中教育整个基础教育系统，涉及教育目标、课程与教学、学制、评核制度、教学人员制度等多个领域，具体体现在以下四个方面。[①]

第一，推进课程与教学改革。澳门基础教育课程与教学的改革，既是教育本身发展的要求和课程与教学持续完善的需要，也是澳门社会发展的迫切要求。一方面是教育制度改革对课程与教学的影响，2004 年修订的第11/91/M 号法律《澳门教育制度》，对教育的基本原则、教育目标等都进行了调整，这要求学校在课程与教学上予以回应；另一方面是教育发展方向对课程与教学的影响，澳门回归以后，澳门教育的发展目标已经从"量的扩张"转变为"质的提升"，致力于通过优质教育为市民创造优质生活。因此，澳门基础教育的课程与教学进行了相应的改革，为实现优质教育提供广泛支持。

第二，改革学制。学制是各级各类学校的内部结构及相互关系，是教育制度的重要组成部分，好的学制是创造优质教育的重要基础。2007 年，时任澳门特区行政长官何厚铧作出《订定正规教育阶段的学习年限的实施日程》的批示，启动了新学制的改革，推动学制改革的深化，为实现优质教育助力。

---

① 佘永璇，马早明. 回归 20 年来澳门基础教育改革发展的成效与经验［J］. 中国教育学刊，2020（2）：21 - 26.

第三，开展学校、学生评价，建立多元评价机制。一方面，开展学校评价，协助学校持续改革与发展。澳门的私立学校广泛存在，学校自主权较大。在这样的情况下，适当加强教育质量保障机制的建设是必要的。另一方面，进行学生评价，促进学生有效学习的实现。澳门的中小学历来没有统一的考试，因此学生评价对于保障教育质量至关重要。为达到促进学生学习的目的，澳门非高等教育委员会成立"学生评核制度"专责小组，专责小组负责有序开展《本地学制正规教育学生评核制度》（以下简称《学生评核制度》）的相关工作。2018 年，《学生评核制度》法规草案已拟定并进入立法程序。2020 年 7 月，《学生评核制度》行政法规草案完成讨论。

第四，加强教师队伍建设，促进教师专业发展与职业保障。回归后，澳门特区政府加强对师资队伍的建设，并力图为教师的专业发展和职业生涯提供制度保障，为实现优质教育提供专业支持。一是订立教学人员制度框架，以法律的形式为教师发展提供制度保障。二是提高教师社会地位，加强师资队伍建设。学校通过宣传"世界教师日"等途径，弘扬尊师重道的优秀传统，尊重教育工作者的专业地位并充分肯定其专业经验的价值。

四、粤港澳大湾区高等教育发展现状

粤港澳大湾区，作为目前四大湾区中发展速度最快的地区，拥有的大学数量众多，其中也不乏世界一流大学。在大学第三方评价课题组发布的《世界大学第三方指数研究报告（2023）》中，粤港澳大湾区有 25 所高校上榜，其"世界大学第三方指数竞争力"得分为 55.06，在四大湾区中名列第二，仅次于纽约湾区。具体而言，广州、深圳不仅有多所实力雄厚的本土高校，包括中山大学、华南理工大学、南方科技大学等，其中有 2 所"985 高校"，8 所"双一流"大学。同时，也有很多国内顶尖大学开设的分校区，包括清华、北大的研究生院，也有香港科技大学（广州）、中国科学院大学广州学院等。至 2023 年，大湾区的大学中，两院院士共计 167 人，如果算上当选为其他国家院士的科学家，以及国家杰青等顶尖人才，数量就更多，这彰显了粤港澳大湾区经济发达，科技创新环境优越，基础科研水平领先，堪称人才沃土。

粤港澳大湾区高等教育合作办学取得了显著进展。根据《粤港澳大湾

区发展规划纲要》，大湾区高校合作办学得到了大力支持，目前已有超过
30 个高等教育单位推进新建高校、新建大学校区和研究生院等建设。例
如，北京师范大学 – 香港浸会大学联合国际学院（简称"北师港浸大"）、
香港中文大学（深圳）和香港科技大学（广州）等代表性机构已经成立并
开展运作。此外，广东省已建成 6 所中外、内地与港澳合作大学，数量超
过全国的一半。

在学科建设和人才培养方面，粤港澳大湾区高校注重优化学科结构和
配置，加强一流学科建设，提升人才培养质量和国际化程度。例如，中山
大学香港高等研究院的成立，旨在延揽全球顶尖人才，推动高水平创新人
才培养。同时，粤港澳大湾区高校也在积极推动学历与学位互认，促进学
生跨境流动。

五、粤港澳大湾区职业教育发展现状

职业教育是粤港澳大湾区教育体系的重要组成部分，也是打造粤港澳
大湾区产业升级和先进制造业人才高地的重要途径。相关数据显示，珠三
角内高职院校数量占广东全省比例的 81%，每年大湾区内职业教育毕业生
达数十万人。粤港澳三地的职业教育各有特点，香港在管理机制和专业认
证等方面具有国际视野，澳门在旅游教育培训方面独树一帜，广东在规模、
结构、就业市场上则更胜一筹。[1]

从某种程度上来讲，粤港澳大湾区建设与职业教育发展是经济基础与
上层建筑之间的关系。一方面，伴随着粤港澳大湾区建设，有助于改善与
推动地区社会经济的发展，而这也为职业教育的发展提供了良好的条件及
更多的可能性。另一方面，职业教育获得了发展，又能够更好地实现人才
的培养与输送，进而服务于粤港澳大湾区建设。因此，职业教育与粤港澳
大湾区建设二者之间存在潜在的互动关系。

粤港澳大湾区的职业教育发展呈现以下几个显著特点：一是多层级主
体同步推进。政府层面通过定期召开联席会议和签署备忘录来推动合作，
协会与联盟在中间层面创建交流互动机会，院校或机构在基础层面通过合

① 汪明. 积极拓展粤港澳大湾区教育合作［N］. 光明日报, 2019 – 03 – 11.

作办学和资源共享达成协作关系。二是多城区平台共同推动。深圳、广州、佛山、珠海等珠三角城市积极参与与港澳地区的职业教育合作项目和交流活动。三是面向产业发展需求确定合作重点。建议合作院校机构的资源向校企合作、学生交流和技术研发领域倾斜，以满足大湾区科技自立自强的发展需求。四是扩大港澳人才在粤的执业范围。为使联合培养的学生能驻留大湾区工作创业，需要进一步研究扩充职业种类和地域范围。五是产教融合。广东省正通过产教融合培养高素质技能人才，支持企业深度参与产教融合，在职业院校、高校办学和深化改革中发挥主体作用。

六、粤港澳大湾区民办教育的发展现状

2017年9月1日，《全国人民代表大会常务委员会关于修改〈中华人民共和国民办教育促进法〉的决定》实施，这标志着我国民办教育了一个新的阶段。自改革开放以来，我国民办教育的办学规模不断扩大，质量不断提高，法制不断完善，而被誉为我国改革开放"排头兵"的广东省，用宽容、务实的精神，在我国民办教育的发展史上创造了多个第一，成为我国民办教育的规模大省，并在民办教育办学模式、制度建设、政策倾斜、财政支持等方面行了有益的探索和尝试，代表中国民办教育的较高水准。

（一）粤港澳大湾区是中国民办教育高速发展的区域，代表中国民办教育的较高水准

民办教育是我国社会主义教育事业的重要组成部分，民办教育的受众人群主要为非户籍人口和对教育有选择性需求的户籍人口。粤港澳大湾区民办教育发展不均衡，但粤港澳大湾区内非户籍人口基数大，增长快，对民办教育需求旺盛。截至2022年底，粤港澳大湾区人口数已经超过8 600万，非户籍人口比重巨大，可以这样讲，粤港澳大湾区处于中国改革开放的前沿地带，改革开放以来，大量的非户籍人口为区域经济的发展做出了不可磨灭的贡献。非户籍人口在长期的工作生活中都能够形成"教育是改变生活第一变量"的观念，而且不同于中国第一代非户籍人口只身一人外出工作的境遇，新一代的非户籍人口在流入迁入地时通常会呈现家庭式迁入的方式，因而其子女的教育问题通常被纳入家庭的重点考虑范畴，这种教育诉求催生了民办教育尤其是学历阶段的民办教育的刚性需求。民办学

位需求旺盛，增速快，但各教育阶段的学位供给差异大。①

（二）国家层面和粤港澳大湾区不断释放关于民办教育的利好信息，民办教育发展优势明显

党的十八大以来，国家相继出台了一系列规范和促进民办教育发展的政策，同时着手对民办教育进行分类管理工作，这些法律法规的出台和修订，给民办教育吃了定心丸，也指明了发展方向。从 2016 年 1 月 1 日开始，中国全面放开二孩的人口政策将在未来持续带动教育的繁荣，2021 年 5 月 31 日，"三胎"政策正式出台。不仅国家层面关于民办教育的利好消息不断，区域内关于民办教育的扶持也提上了日程，高品质、有特色的民办教育是粤港澳大湾区吸引高素质人才的重要软实力，形成了政府重视、开拓创新、面向市场、内外合作、兼收并蓄的发展特点，并在区域发展过程中已经做了一系列的具体工作：2015 年 8 月，深圳市恢复了暂停十年的民办学校设立审批工作；2015 年 9 月，广州市教育局吸纳民间资本 50 亿元进入民办教育市场；2015—2017 年，东莞市政府每年投入 1.25 亿元作为民办教育专项资金，并从 2016 年开始新增 605 亿元作为专项资金，对民办教育实施重点帮扶；2018 年 5 月，珠海市深度解读《广东省人民政府关于鼓励社会力量兴办教育促进民办教育健康发展的实施意见》（粤府〔2018〕36 号）；2019 年春季，中山市在时隔八年后，重启民办学校的审批工作；2021 年 11 月，《广东省教育发展"十四五"规划》出炉，强调要进一步支持和规范民办教育，为民办教育提供更多的政策和资金支持。

（三）粤港澳大湾区对特色化、国际化、高品质的民办教育需求旺盛，协同发展趋势明显

经济基础决定上层建筑，2023 年，广东经济总量已连续 35 年位居全国第一，粤港澳大湾区的经济总量已远超旧金山湾区，位列全球第三，高度发达的经济催生了区域内诸多特色化、国际化、高品质的民办教育机构。当然，粤港澳大湾区还处于初步发展阶段，未来的提升空间还很大，这需要一大批高水准、高素质的建设人才，民办教育在其中承载着重要的职责。除了本土培养的高素质人才，引进的外来专业人才或外籍人才也将投身到粤港澳大湾区的建设中去，这部分人才对其子女的教育需求大多数要由国

---

① 马海洋. 粤港澳大湾区民办教育举办者素养的调查研究［D］. 武汉：华中师范大学，2019.

际化、高标准的民办教育机构来承担，所以，这部分民办教育的需求会大量增加。公办教育重点体现了教育的公平性原则，而民办教育可以为居民提供更多的选择性需求，由于民办教育机构具有较高的办学自主权，所以更容易打造高品质、国际化、特色化的教育，推进民办教育协同性发展，对教育具有多样化、特色化需求的家庭极具吸引力。

第四节　粤港澳教育交流与合作基本概况

一、粤港澳合作发展的概况①

粤港澳大湾区之香港和澳门，因其特殊的地理位置，成为较早对外开放的地区。1839 年林则徐虎门销烟，1840 年鸦片战争爆发，开启中国近代史。1842 年《南京条约》签订，清政府割香港岛给英国，沿海沿江城市被迫通商开埠，开启"被动开放"。1851 年，广东花县（现广州市花都区）人洪秀全领导发动金田起义。1888 年，广东南海人康有为到北京参加顺天乡试顺道上书光绪帝请求变法，1895 年，广东新会人梁启超追随康有为，公车上书寻求变法相继失败。1905 年，出生于广东香山（现中山市）的孙中山创立中国同盟会，他为寻求革命改造旧中国耗尽毕生的精力。1923 年，中国共产党第三次全国代表大会在广州召开。1924 年，黄埔军校在广州黄埔长洲岛成立。1926 年，广东国民革命军在广州东较场誓师出发踏上北伐征程，寻求民族解放。1978 年，东莞县（现东莞市）第二轻工业局设在虎门境内的太平服装厂与港商合作创办了全国第一家来料加工企业——太平手袋厂。同年 9 月 15 日，太平手袋厂获得了国家工商总局颁发的第一个牌照，编号为"粤字001"，标志着我国经济主动开放之起步。十一届三中全会后，我国对外开放首先从广东开始；1978 年设立经济特区，1984 年、1992 年邓小平两次视察深圳，中国改革开放进一步得到肯定。概言之，广东称得上是近代历史开端地、民主革命策源地、改革开放先行地、

① 欧时新. 粤港澳大湾区城市群合作能力问题研究［D］. 广州：广东外语外贸大学，2018.

海上丝绸路之发祥地，此四"地"均与"开放"相关。可以说，开放是粤港澳大湾区、世界湾区经济社会发展的天然基因，也必将成为湾区教育发展的基因。[①]

自1978年改革开放以来，广东与香港、澳门一直是我国改革开放的先锋和主力，与两地的经济合作不但使广东经济融入全球化浪潮，成为全球生产网络不可或缺的一环，而且使广东成为全国最先开放、开放程度最高的地区之一。与包括长三角地区在内的其他地区不同，广东早期对外开放就表现出"以港澳为特定指向"和"外资带动出口"的开放模式。从深圳和珠海设立经济特区为主线的区域经济合作，扩大到整个珠三角全面融入与港澳地区的经济合作，而后通过吸引港澳外资形成的早期"前店后厂"的合作模式，极大地带动了广东的改革发展，使得广东的市场化改革走在全国的前列。到2003年《内地与香港关于建立更紧密经贸关系的安排》《内地与澳门关于建立更紧密经贸关系的安排》（CEPA）的签署，标志着粤港澳合作的动力机制已经由早期自发的"自下而上"发展到"自上而下"政策推动阶段，为粤港澳合作赋予了国家层面的制度保障，也由早期以制造业为主的合作向以服务业为主的合作过渡，再到经济、社会全方位的融合。从2017年提出的构建粤港澳大湾区战略开始，标志着该地区将进入以共同治理为标志的深化合作的新阶段。从历史演变来看，粤港澳合作可以分为三个阶段。

（一）第一阶段：粤港澳合作起步阶段（1978—1996年）

随着1978年改革开放的推进，深圳、珠海等地开始设立面向香港、澳门的经济特区并实施对外开放，粤港澳合作的序幕也得以顺利开启。而关于粤港澳合作的初始动力，则可以用推力和拉力来解释。从"推力"上看，在20世纪六七十年代香港凭借其制造业的发展，一跃成为"亚洲四小龙"之一，但香港制造业也开始面临劳动力成本、土地成本逐步升高的问题，这导致香港本地制造业无法再依靠低成本战略来进行劳动密集型制造业的生产。因此，香港制造业产业向低成本地区转移势在必行。与此同时，随着改革开放的推进，深圳、珠海等经济特区的设立，恰巧为香港制造业的产业转移提供了历史性的机遇。因此，大量的港资企业开始向以深圳为

---

① 李臣之. 粤港澳大湾区教育的开放与合作 [J]. 现代教育论丛，2019（1）：2-5，19-20.

主的珠三角地区进行产业转移。

而从"拉力"上看,在我国改革开放的政策确立之前,广东一直以我国的"边境"地区而存在,而在计划经济的条件下,国家的大型投资就更不会落到广东地区。因此,广东的工业化进程缓慢,经济发展水平较低,而作为经济起飞阶段工业化、城市化所要求的资本积累则更为不足。按照张军等人的测算,从中华人民共和国成立到1978年,广东的物资资本存量仅占全国的3.2%,远远落后于河北、甘肃、山东、四川等内陆省份。① 因此,在该时期,广东对资本的需求,已经成为其能否实现经济起飞的关键因素,也就是说,广东对港资企业的投资需求巨大。另外,粤港澳地区地缘相邻、文化同源、人缘相亲,也是粤港澳合作的拉力之一。

因此,改革开放后,在推力和拉力的双重作用下,粤港澳地区便迅速建立起合作的关系。香港制造业开始向以深圳为主的珠三角地区北移,而珠三角地区制造业的产品则依靠香港出口到世界各地。正是这种合作关系,使粤港澳地区形成了香港提供服务,广东提供生产的"前店后厂"垂直产业链分工。"前店后厂"合作模式是在优势互补的基础上形成的区域间合作,而这种分工合作,能有效地发挥粤港澳三地各自的比较优势。通过以珠三角充足的劳动力和土地资源为制造业的生产基础,并依靠香港发达的全球贸易网络和完善的金融服务,粤港澳地区的经济都得以快速发展。可以说,"前店后厂"模式顺应了全球产业链转移趋势,在合作初始阶段就使各方获得了巨大的收益,实现共赢,从而使粤港澳合作不断地向更高级的阶段演化。改革开放后,从广东省本地生产总值和工业产值的变化可以看出,随着广东省与港澳地区合作的发展,广东省GDP及工业产业增长迅速,虽然GDP年增长率在1988年和1993年后出现回落,但总体水平仍保持在10%以上,表明广东经济增长强劲。

随着粤港澳合作的不断发展,粤港澳三地形成了以香港为龙头的"粤主制造、港主服务"分工格局。因此,粤港澳三地间形成了紧密的产业联系,其区域经济合作的增长效应也得到了充分的发挥,广东也得以成为世界制造业基地,而香港则成功实现了由出口导向型制造业基地转变为由服务业主导的经济体。香港制造业的就业占比由1980年的45.9%大幅降至

---

① 张军,吴桂英,张吉鹏. 中国省际物质资本存量估算:1952—2000 [J]. 经济研究,2004(10):35 – 44.

2001 年的 8.9%，对 GDP 的贡献由近 25%降至 5.2%，而服务业对 GDP 的贡献比重升至 90%以上。2002 年，珠三角近 1 300 万工人被香港近 5 万家企业所雇佣，香港机场和葵涌码头 70%的物流来自珠三角。① 到了 2003 年，珠三角对港澳地区出口额占其总出口额的 35.9%，港澳成为广东最大的贸易伙伴。由此可见粤港澳经济联系之紧密。

另外，在粤港澳合作的起步阶段，其主要的合作特征就是由私人资本所主导。这主要是因为在改革开放初期，我国对于经济发展的建设还处于探索阶段，因此，国家政府对于粤港澳的合作并没有清晰的、长远的战略目标；另外，香港和澳门彼时尚未回归，中央和广东省政府并没有出台具有针对性的推动粤港澳经济合作的政策。所以，粤港澳合作的动力机制主要是来自港澳企业跨境发展的利润追求和广东乡镇地方政府的招商引资，是建立在香港利用其完善的国际商业网络，负责产品的研发设计、市场销售、财务管理、原料采购等管理职能，而广东充分挖掘其劳动和土地成本低廉的比较优势基础上的，是典型的以市场化为动力、由私人资本所主导的"自下而上"的合作。

（二）第二阶段：粤港澳合作制度探索阶段（1997—2009 年）

在粤港澳合作起步阶段中，由私人资本所主导的"自下而上"的合作模式，充分发挥了市场力量和广东乡镇等地方政府对经济增长的强烈愿望，并使粤港澳地区的经济得到了快速的发展。但是，由于没有中央政府的有效制度安排和顶层设计，粤港澳合作必然遭遇发展的瓶颈。比如，基础设施的连接、人员和货物的通关便利化等问题都需要政府的制度安排予以解决。另外，1997 年亚洲金融危机对香港形成了巨大的冲击，港资企业向珠三角扩散明显放缓，香港经济对广东的辐射能力减弱。因此，由私人资本所主导的"自下而上"的合作模式，对于推动粤港澳合作的进一步发展，显得有些乏力。但是，由于粤港澳三地的合作涉及问题复杂，在香港和澳门回归初期，中央与广东省政府和港澳特别行政区政府间的合作还处于不断探索的阶段。

而这里的"问题复杂"主要包括以下四点：①从制度环境上看，粤港澳的合作涉及三个关税区、政府的行政体制也存在差异，涉及香港和澳门

---

① 黄永智. 粤港经贸合作新机遇：简析《内地与香港关于建立更紧密经贸关系的安排》[M]. 广州：中山大学出版社，2003.

的政府间协调事宜更是超出了广东省政府的事权范畴，其合作的交易成本较大；②从法律法规上看，粤港澳服务业领域尤其金融等生产性服务业的合作涉及市场准入、标准认定，甚至法律法规等超出经贸领域的深层次问题，在香港和澳门回归的初期，这些问题尚无暇顾及，这也阻碍了粤港澳的合作向更高层次发展；③从外部环境上看，香港和澳门回归的初期，国际社会对香港的发展抱有观望甚至消极态度，加之2003年"非典"危机也使香港经济遭到重创，跨国公司对香港投资大幅降低；④从香港的内部环境上看，随着香港制造业的大量转移，香港经济面临产业空心化问题，香港房地产市场、劳动力市场、资本市场失衡，泡沫经济造成价格刚性导致香港经济竞争力下降，经济向服务业转型压力巨大，此时香港在粤港澳合作中的带动作用明显减弱。

虽然粤港澳三地的政府间合作涉及复杂的问题，但三地政府已经认识到，政府间正式的制度安排和协调机制的构建对合作的深入发展具有重要的作用。因此，在中央政府授权下，粤港澳地区在1998年建立了粤港合作机制——粤港合作联席会议制度，这标志着粤港合作开始有了协调机制，也意味着粤港澳的合作由私人资本主导开始向政府合作主导逐步转变。虽然粤港、粤澳联席会议的建立，开启了粤港澳政府间合作的序幕，但是，初期会议的议题只包括沟通情况、互通信息，以及主要限于经贸领域等问题的讨论。直至2003年CEPA的签署，开启了粤港澳要素流动的大门，粤港澳地区由政府间合作所建立的制度安排，开始为粤港澳合作提供实质性的便利，也为粤港澳的合作提供了更大的拓展空间。

为了使内地与香港、澳门的经济合作更加紧密，2003年6月和10月，内地与香港、澳门分别签署了《内地与香港关于建立更紧密经贸关系的安排》、《内地与澳门关于建立更紧密经贸关系的安排》（CEPA）。CEPA从法律上保障了港澳地区与内地的经济联系，使香港、澳门与内地建立了超越WTO一般规则的更紧密的经贸关系，并通过赋予广东CEPA先试先行权，为粤港澳合作给出了特殊的制度安排。而CEPA的核心内容则包括货物贸易、服务贸易和贸易投资便利化三个方面，总体的目标是逐步减少或消除内地与香港、澳门之间实质上货物贸易的关税和非关税壁垒，逐步实现服务贸易自由化、投资便利化，减少或消除三地之间实质上所有歧视性措施。①

除了 CEPA 的签订之外，2008 年国家发改委发布了《珠江三角洲地区改革发展规划纲要（2008—2020）》，首次将珠三角 9 市与香港、澳门的紧密合作纳入规划，标志着粤港澳区域有了国家层面的总体规划，并将其作为一个区域整体实施建设和设定发展目标。按照规划要求，到 2020 年，形成粤港澳三地分工合作，优势互补、全球最具核心竞争力的大都市圈之一。为落实此纲要要求，2009 年 2 月，粤港澳三地政府在香港联合举行第一次共同推进实施该纲要的联络协调会议，明确提出粤港澳三地政府联合开展《环珠江口宜居湾区建设重点行动计划》。

这个阶段的合作的主要特征不但表现为政府推动的制度化愈加显著，合作领域不断扩大，而且合作的区域空间还扩大到包括广东、福建、江西、广西、海南、湖南、四川、云南、贵州 9 省和香港、澳门 2 个特别行政区的泛珠江三角洲地区。这一沿珠江流域的广大地区是我国规模最大、范围最广、异质性最大的区域合作地区，在 2003 年已占全国人口的 1/3，国土面积的 1/5，经济总量的 1/3，外贸出口的 2/5，显示出粤港澳经济合作在我国区域合作中的引领作用。

总体来说，从 1998 年粤港澳合作联席会议制度的确立，到 CEPA 及其补充协议的签订，再到 2008 年《珠江三角洲地区改革发展规划纲要（2008—2020）》，标志着粤港澳的合作已经由初期的私人资本为主导的合作发展模式转变为以政府合作为主导的发展模式。

（三）第三阶段：粤港澳合作国家战略阶段（2010 年至今）

1997 年后，在粤港澳的合作发展过程中，三地政府开始发挥越来越重要的作用，也积极地探索更好的合作发展路径，并获得了较好的发展成果。但是，从外部环境看，2008 年金融危机爆发后，全球经济长期在低位徘徊，以高度国际化为特征的粤港澳地区面临严峻挑战。从内部环境看，经过改革开放 40 余年的发展，粤港澳的区域合作也面临挑战，比如：由市场力量推动的合作潜能已经释放，需要新的制度红利激发合作活力；粤港澳之间的互补性下降，经济关系开始由合作转变为竞争；原有的合作机制和

① 欧时新. 粤港澳大湾区城市群合作能力问题研究［D］. 广州：广东外语外贸大学，2018.

组织架构表现出的局限性需要进一步整合等。因此，内外部环境所造成的问题，使得粤港澳政府间的制度合作已难以支撑粤港澳的进一步深化融合发展，粤港澳合作发展陷入瓶颈。因此，只有在更高层面上进行顶层的制度安排和总体的目标设计，才能帮助粤港澳突破发展的瓶颈，而由此则开启了粤港澳新的合作发展阶段——粤港澳合作上升为国家战略安排，并以区域共同治理为主导。

2010 年 4 月，广东省人民政府与香港特别行政区政府签署《粤港合作框架协议》，首次明确粤港合作的发展定位，提出推动粤港经济社会共同发展，建设世界级新经济区，提升香港国际金融中心地位，加快广东金融服务业发展，发挥香港服务业和广东制造业优势，打造世界先进制造业和现代服务业基地、现代流通经济圈、优质生活圈和世界级城市群等目标。

随着 2015 年 3 月国家发改委、外交部、商务部联合发布了《推动共建丝绸之路经济带和 21 世纪海上丝绸之路的愿景与行动》，"充分发挥深圳前海、广州南沙、珠海横琴、福建平潭等开放合作区作用，深化与港澳台合作，打造粤港澳大湾区"相继提出，标志着粤港澳的合作已经正式成为国家发展的战略布局之一，而粤港澳大湾区的建设，也意味着粤港澳的合作已经由最初的产业合作到政府间合作，发展到了区域共同治理阶段。因此，2015 年以来，在广东、香港、澳门乃至国家的各类发展规划中，粤港澳大湾区建设均被视为我国区域发展战略的重要支点。如 2015 年 11 月，广东省"十三五"规划建议中将"创新粤港澳合作机制，打造粤港澳大湾区，形成最具发展空间和增长潜力的世界级经济区域"作为广东省"十三五"期间的重要任务。

2016 年 3 月，国家"十三五"规划纲要提出"支持港澳在泛珠三角区域合作中发挥重要作用，推动粤港澳大湾区和跨省区重大合作平台建设"。同月，《国务院关于深化泛珠三角区域合作的指导意见》（国发〔2016〕18号）指出，"优化区域经济发展格局，充分发挥广州、深圳在管理创新、科技进步、产业升级、绿色发展等方面的辐射带动和示范作用，携手香港、澳门共同打造粤港澳大湾区，建设世界级城市群。构建以粤港澳大湾区为龙头、以珠江—西江经济带为腹地，带动中南、西南地区发展，辐射东南亚、南亚的重要经济支撑带"。

2016 年 12 月，粤港澳大湾区城市群规划的编制被提上日程，国家发改委提出启动包括粤港澳大湾区等"跨省级行政区域城市群"在内的规划编制,将香港、澳门与珠三角9市(广州、深圳、珠海、佛山、江门、东莞、中山、惠州、肇庆)作为一个整体进行规划,由国家发改委牵头,会同广东及港澳地区共同编制。2017年3月,全国两会的政府工作报告中提及,"要推动内地与港澳深化合作,研究制定粤港澳大湾区城市群发展规划,发挥港澳独特优势,提升在国家经济发展和对外开放中的地位与功能"。以上协议和规划均标志着粤港澳合作已经上升到国家战略规划层面。①

2017年7月,在习近平总书记的见证下,国家发改委、广东省人民政府、香港特别行政区政府、澳门特别行政区政府联合签署《深化粤港澳合作 推进大湾区建设框架协议》;2017年10月党的十九大报告和2018年3月政府工作报告都将粤港澳大湾区建设上升到国家重大战略的高度。2018年10月25日,习近平总书记在广东考察时强调,"把粤港澳大湾区建设作为广东改革开放的大机遇、大文章,抓紧抓实办好"②。这些战略机遇和顶层设计关照,为粤港澳大湾区经济社会发展和教育发展都带来了巨大且丰富的可能性。

2021年4月,随着《广东省国民经济和社会发展第十四个五年规划和2035年远景目标纲要》(以下简称《规划纲要》)正式发布,粤港澳大湾区建设首次作为国家战略写入广东省最新的五年规划。《规划纲要》提出,"广东'十四五'期间,要把粤港澳大湾区和深圳先行示范区两个国家战略的政策效应持续释放、放大"。其中,全文直接点出"粤港澳大湾区"就达100余处,涵盖科技、产业、基建、开放等重要领域。③

二、粤港澳教育交流与合作的概况

粤港澳大湾区教育是湾区独特地理形态与沿海港口城市都市圈有机结合并聚变,进而使湾区教育国际化、现代化和民族化高度融合而成的一种

---

① 蔡赤萌. 粤港澳大湾区城市群建设的战略意义和现实挑战 [J]. 广东社会科学, 2017 (4): 5-14, 254.

② 谢环驰,鞠鹏. 习近平在广东考察时强调:高举新时代改革开放旗帜 把改革开放不断推向深入 [N]. 人民日报, 2018-10-26.

③ 王彪,唐子湉,吴哲. 广东省"十四五"《规划纲要》提及"粤港澳大湾区"多达百余处 [N]. 南方日报, 2021-04-27.

独特教育形态。其显著特点是开放、合作、互惠,三者相资互益,共生于一个统一体。开放是合作的前提,合作是互惠的重要途径,互惠增进合作。交流与合作,存在于教育内外。粤港澳大湾区教育的交流与合作首先彰显于经济与教育携手共进,具体可分为以下四个发展阶段。

(一)粤港澳高等教育初步合作阶段(1949—1978 年)

这一阶段,由于特定的历史背景,粤港澳高等教育之间的交流与合作呈现出明显的单向性和形式单一性。粤港澳教育合作主要表现为大量港澳青年赴粤(以广州为主)升学,广东省、广州市有关部门对港澳学子给予了诸多的关怀和照顾。

(二)粤港澳教育合作的恢复和广泛开展阶段(1979—1996 年)

这一时期,随着社会经济的发展和交往加深,粤港澳各高等院校、教育团体和机构都表现出积极开展教育合作的愿望和姿态,并频繁地进行交流交往与合作。粤港澳教育之间的交流与合作逐步得到广泛开展,且形式多样,主要表现为:互招本科生和研究生;合作办学发展成人教育;合作科研;高校学者之间互访、参观、进修、留学、经验交流;聘请教师及邀请讲学,开展学术研讨;建立校际交流关系等。

(三)粤港澳教育合作的调整和拓展阶段(1997—2008 年)

1997 年香港回归、1999 年澳门回归,掀开了粤港澳关系史新的一页。粤港澳教育交流与合作的关系在原有基础上向更深更广发展,被赋予新的内涵,呈现出新的形式。主要表现为:相互招生力度加大;人员交流的范围和形式得以扩大和丰富;实施高校间本科交换生计划、开展校级合作办学项目以及合作成立办学机构等多种类型的合作办学活动;在实践中探索合作办刊物、共建研究中心或实验室以及科研项目合作等多种形式的科研合作;积极开展跨境产学研合作活动。

(四)粤港澳教育合作的深化阶段(2009 年至今)

这一时期在《珠江三角洲地区改革发展规划纲要(2008—2020 年)》的积极影响下,在《粤港澳大湾区发展规划纲要》的强力推动下,粤港澳各界积极努力,加强合作。其中在合作办学领域积极推动并实现新的突破成为三方努力的方向和社会关注的焦点,如澳门大学横琴校区的建设和管理成为粤澳合作办学的新模式。

这一时期粤港澳三地互招本科生、研究生,互聘教师,在学生交流合作、科研、培训、学术会议交流等方面也有了实际行动。在招生方面，广东省招收港澳学生规模持续扩大。广东高校现有在读港澳学生 1.5 万人，规模居全国首位。① 具备招生资质的广东高校达 71 所，46 所广东高校可接受专科学历香港学生来粤升读本科。② 在联合培养人才方面，支持粤港澳高校积极探索互认特定课程学分，推动粤港澳人才培养和科研资源的有效共享、深度融合。例如实施开展双学位项目合作、联合培养研究生、设立博士后科研流动站等。湾区内高等教育类型丰富、层次多样、互补性强，现代产业发展潜力巨大，为湾区建设提供了强有力的科技支撑和人才支持。粤港、粤澳分别签署了《关于加强粤港高等教育交流合作备忘录》《关于加强粤澳高等教育合作备忘录》等系列文件，并成立多个包括高校在内的合作组织，如粤港澳大湾区干细胞与精准医疗战略合作联盟、中华传统文化教育大联盟、中医药创新中心、互联网金融联盟等。粤港澳三地高校合作不断向纵深推进，既是眼下的生动实践，更是鼓舞人心、凝聚力量的壮阔蓝图。

　　此外，粤港澳教育交流与合作的学术研究不断深化。区域教育发展研究是以教育区域研究为基础，结合特定区域社会经济、文化发展需要的全局性教育谋划。③ 粤港澳大湾区区域教育研究需要集中三地团队力量，整合国际研究资源，围绕区域教育发展不平衡、区域教育发展动力及影响因素、区域教育发展战略等重大问题展开研究，从发展战略高度对区域范围内教育发展进行战略性谋划，提出区域教育发展规划，明确区域教育行动纲领，对区域范围内教育事业运作进行总体部署，系统筹划粤港澳大湾区区域教育水平、教育规模、教育结构、资源配置等，提出战略设想及具体步骤。同时，要围绕体现湾区教育战略部署背后的教育思想、教育观念、教育体制等，携手合作开展深度研究。

　　在粤港澳教育交流与合作的深化阶段，三地建立了系列教育交流平台，建成了系列教育交流合作品牌项目。其中，部分粤港澳教育交流与合作平台如下（见表 1－1）：

　　① 姚瑶. 粤港澳大湾区高等教育合作交流工作情况报告出炉　粤高校在读港澳生 1.5 万［N］. 南方日报，2024－05－29（A02）.
　　② 程景伟，许青青. 广东 46 所高校接受香港学生"专升本"［EB/OL］.（2024－05－28）［2024－08－09］. chinanews. com. cn/dwq/2024/05－28/10224738. shtml.
　　③ 罗明东. 教育地理学的研究内容与学科体系［J］. 云南师范大学学报（教育科学版），2001（5）：21－24.

表 1 - 1　粤港澳教育交流合作平台一览

联盟名称	牵头单位
粤港澳高校创新创业联盟	香港科技大学、华南理工大学等
粤港澳大湾区高校在线开放课程联盟	暨南大学、中山大学等
粤港澳大湾区教师联合会	华南师范大学、香港教育大学、澳门大学
粤港澳大湾区音乐教育与艺术发展联盟	星海音乐学院
粤港澳中小学音乐教育联盟	星海音乐学院附中等
粤港澳大湾区体育教育与发展联盟	广州体育学院
粤港澳大湾区美术与设计教育发展联盟	广州美术学院
粤港澳大湾区职业教育产教联盟	深圳信息职业技术学院
粤港澳大湾区职业教育教师发展联盟	广东技术师范大学
粤港澳大湾区西岸科技创新和人才培养合作联盟	澳门大学、五邑大学、北京师范大学 - 香港浸会大学联合国际学院
粤港澳大湾区科技协同创新联盟	广东省科学技术协会等
粤港澳大湾区产教融合技能人才培养联盟	广州市人力资源和社会保障局
粤港澳高校能源科学与技术专业联盟	澳门大学、南方科技大学、香港科技大学、中山大学
粤港澳大湾区新闻传播教育联盟	澳门科技大学人文艺术学院、澳门传媒研究中心
粤港澳高校中文联盟	香港中文大学、中山大学、澳门大学
粤港澳大湾区院士联盟	香港科技大学等
粤港澳大湾区孔子学院合作大学联盟	广东外语外贸大学

　　粤港澳教育交流合作品牌项目包括：粤港澳姊妹学校缔结计划、粤港澳高校联盟校长高峰论坛、粤港澳联合培养研究生专项计划、粤港澳大湾区学生体育节、粤港澳大湾区学生音乐节、粤港澳大湾区学生优秀艺术作品展、粤港澳大湾区大学生创新创业对接活动、粤港澳大湾区国际组织青年人才训练营等。

　　在科研合作方面，粤港澳大湾区积极支持高校参与粤港澳联合实验室建设，在 2019 年、2020 年、2023 年，分 3 批启动建设粤港澳联合实验室 31 家，其中 22 家依托广东省高校建立。这些实验室充分发挥粤港澳科技和产业优势，结合国家战略及粤港澳大湾区科技创新及产业发展实际需求，围绕人工智能、新一代信息技术、新材料、先进制造、生物医药、环境科技、纳米科学与技术、土木工程等重点领域集智攻关。此外，粤港澳大湾区还持续推动高校共享科技资源和成果，支持广东高校大型科研仪器设备按规定向港澳开放。例如中山大学的国家超级计算广州中心、天琴中心、精准医学科学中心等科研基础设施与科研仪器设备，均对港澳开放共享。

总之，粤港澳相关机构、团体强化合作，打造了音乐节、体育节、艺术节、美术与设计作品展、国际音乐季、中华经典美文诵读比赛等一大批规模大、水平高、影响广的品牌项目，大湾区大、中、小学生在丰富多彩的体育、文化、艺术、教育交流合作活动中，互学互鉴、同行同乐，校园内外遍开友谊之花，① 粤港澳大湾区教育交流与合作进一步加深。

三、粤港澳教育交流与合作的事件回顾

（一）鼓励粤港澳三地中小学校结为姊妹学校，拓展粤港澳大湾区基础教育合作

粤港澳大湾区基础教育合作，主要包括粤港澳三地中小学校之间、教师之间和学生之间的交流互通。从学校的交流互通看，鼓励粤港澳三地中小学校结为姊妹学校，研究探索三地幼儿园缔结"姊妹园"。广东省是最早实施姊妹学校缔结计划的内地省份之一，2005 年广东省和香港、澳门签署了缔结姊妹学校协议。2015 年广东省教育厅与香港教育局再次签署了《粤港姊妹学校合作协议》，将粤港澳姊妹学校缔结计划作为粤港澳青少年交流合作的品牌项目重点推进。截至 2018 年底，粤港澳缔结姊妹学校共850 对，涵盖了大湾区的 9 个内地城市。同时，在广东建设港澳子弟学校或设立港澳儿童班并提供寄宿服务，以解决港澳子弟在当地读书及升学问题。从教师的交流互通看，《粤港澳大湾区发展规划纲要》指出，研究开放港澳中小学教师、幼儿教师到广东考取教师资格并任教。

（二）第一届粤港澳三地中小学音乐教育论坛举办

2011 年 6 月 11 日至 13 日在广州大学城举办了"第一届粤港澳三地中小学音乐教育论坛"，以此正式拉开了三地音乐教育交流合作的序幕。由

---

① 刘盾. 唱响粤港澳大湾区教育合奏曲［N］. 中国教育报，2020 – 06 – 27.

华南师范大学音乐学院发起并主办的这次学术论坛，得到了各级教育行政部门和学术机构的大力支持，得到了三地音乐教育专家学者和一线骨干音乐教师的积极响应，共有 40 余位来自粤港澳三地的音乐教育理论和实践工作者参加了会议。①

此次活动的举办充分体现了粤港澳三地的交流与合作日趋频繁，充分体现出三地的天然地理优势和共同文化背景。然而，与活跃而富有成效的经济和文化合作交流相比，粤港澳三地在教育方面的交流与合作则显得相对迟缓和发展不平衡，具体表现为：高等教育合作已经起步，但基础教育交流尚未真正开始；高等艺术教育的交流合作日渐活跃，但中小学音乐教育却尚无实质性接触。正是在这样的背景下，为促进粤港澳三地中小学音乐教育的交流与合作，推动三地中小学音乐教育的共同发展，华南师范大学音乐学院举办了该项活动。

（三）助力粤港澳大湾区基础教育融合，华南师范大学连续三年承担教育部赴港澳指导教师专项培训

2017 年 8 月 28 日至 9 月 1 日，教育部"2017/2018 学年赴港澳指导教师专业培训班"在华南师范大学成功举办。本项目是促进内地与港澳教育交流的高端培训项目，本年度赴港澳指导教学的教师是教育部从内地 16 个省市遴选出的中小学优秀教师（其中赴香港教师 38 名，赴澳门教师 28 名），他们肩负着加强港澳与内地文化交流，促进港澳中文、历史等学科教学质量提升，助力港澳基础教育改革与发展的责任与使命。在当前形势下，提升这批教师的专业水平和增强身份认同显得尤为重要。

（四）粤港澳大湾区深化教育合作打造人才高地

2018 年 1 月 13 日，《粤港澳六校关于加强教育交流合作的备忘录》在广州签署，来自粤港澳的六所学校在管理人员经验交流、教师教学理念与方法分享、学生交流与研讨、家长互访与观摩等方面进行深度的教育交流与合作。这六所学校包括广州的广东实验中学、执信中学，香港的神召会康乐中学、明爱屯门马登基金中学，澳门的镜平学校、教业中学。三地教育界人士还以"培养拔尖人才，打造一流湾区"为主题，共商推动三地教育合作深化，打造粤港澳大湾区人才高地。

---

① 郭声健. 谱写粤港澳音乐教育交流合作新篇章："第一届粤港澳三地中小学音乐教育论坛"综述 [J]. 人民音乐，2011（9）：70 - 71.

（五）广州举办首届"粤港澳大湾区学生体育节"

2018 年 11 月 24、25 日，首届"粤港澳大湾区学生体育节"在广州体育学院举行，"粤港澳大湾区体育教育与发展联盟"同时成立，由粤港澳三地的大学、中学以及体育机构组成，目前有 60 多个成员单位。体育节由联盟理事长单位——广州体育学院发起，所有联盟成员都参加首届"粤港澳大湾区学生体育节"。联盟以"搭建平台，促进交流，协同发展，共享成果，助力国家粤港澳大湾区整体发展"为宗旨，积极促进联盟成员单位在体育教育、体育产业、体育文化、体育竞赛、体育传播、体育科研的交流与合作，着力打造"粤港澳大湾区体育教育与发展高峰论坛""粤港澳大湾区学生体育节"品牌。①

（六）首届粤港澳大湾区发展与教育创新高端论坛举办

2018 年 11 月 30 日至 12 月 2 日，首届粤港澳大湾区发展与教育创新高端论坛暨广东教育学会粤港澳大湾区教育协同发展专业委员会成立大会在华南师范大学成功举行。来自粤港澳三地 120 多位专家与学者围绕"粤港澳大湾区发展与教育创新"这一主题展开交流研讨。本次论坛由华南师范大学教育科学学院、广州市教育治理现代化高等研究中心与华南师范大学粤港澳教师教育合作研究中心主办。论坛为粤港澳大湾区的专家学者交流互动提供了良好的平台，为粤港澳大湾区教育协同发展提供了智力支撑。

（七）粤港澳三地探索构建粤港澳资历框架

2019 年 6 月 25—26 日，广东省教育厅在珠海组织召开了粤港澳资历框架建设三方研讨活动，探索构建粤港澳资历框架，建立大湾区各级各类教育与培训学分互认机制。广东省教育厅、香港教育局、澳门教育暨青年局、澳门高等教育局分别签订《粤港资历框架合作意向书》《粤澳教育培训及人才交流合作意向书》，这意味着粤港澳教育合作进入新的阶段。会议还就如何共同推动大湾区资历框架建设、探索建立大湾区各级各类教育与培训学分互认机制、推动大湾区人才交流、打造大湾区教育深度合作示范区等重要问题进行了专题研讨。

（八）粤港澳大湾区教师联合会成立

2019 年 6 月 29 日，粤港澳大湾区教师联合会成立。在粤港澳三地教育

---

① 国际在线. 广州举办首届"粤港澳大湾区学生体育节"［EB/OL］.（2018 – 11 – 24）［2021 – 03 – 28］. https://baijiahao.baidu.com/s?id = 1618008013283932561.

部门的支持下，华南师范大学、香港教育大学和澳门大学主动牵头，共同发起成立粤港澳大湾区教师联合会，自觉承担起促进粤港澳三地教师交流、推动三地教师信息共享、专业提升和共同发展的使命。来自粤港澳三地的学者、教师积极参与粤港澳大湾区教师联合会，纷纷为推动粤港澳教师教育发展及教育协作献谋献策。大会集结了粤港澳三地教育管理部门、研究机构，以及学校的领导、专家和优秀教师，分享了粤港澳三地创新教师培养、推动教育融合、促进教师发展的新方法、新路径。当天还举行了粤港澳大湾区教师教育论坛，来自香港、澳门、广东省教育部门及大中小学的领导和教师们听取了有关专家的相关专题讲座，并交流讨论。

（九）2019 年起 21 所港澳高校在粤招生

经中华人民共和国教育部同意，2019 年香港和澳门特别行政区分别有 15 所和 6 所高校招收广东省高中毕业生。15 所香港高校分别是香港大学、香港中文大学、香港理工大学、香港科技大学、香港城市大学、香港浸会大学、岭南大学、香港教育大学、香港公开大学、香港演艺学院、香港树仁大学、香港珠海学院、东华学院、香港恒生大学和香港高等教育科技学院；6 所澳门高校分别是澳门大学、澳门科技大学、澳门城市大学、澳门理工学院、旅游学院和澳门镜湖护理学院。

（十）第三届粤港澳高校联盟年会暨校长论坛在澳门召开

2019 年 7 月 19 日，第三届粤港澳高校联盟年会暨校长论坛在澳门大学举行，约 150 名来自粤港澳大湾区高校校长、专家学者就深化高校联盟合作、推进大湾区高等教育发展进行深入探讨。同时，还举行了粤港澳高校联盟专业联盟签约仪式，涉及公共卫生、中医药、中文等领域，旨在促进三地高校在各自专业上优势互补。粤港澳高校联盟于 2016 年成立，由澳门大学、中山大学、香港中文大学发起，中山大学为联盟理事长，澳门大学、香港中文大学为副理事长。同年三地已有 37 所高校加入。联盟定期举行学术论坛及交流活动，以推动科研创新合作，共同培养三地精英人才。这次论坛的支持单位还有教育部港澳台办、广东省教育厅、澳门中联办、澳门高等教育局、香港中联办和香港教育局等。

（十一）首批港澳子弟班学生迎来"开学第一课"

2019 年上半年，广州多区出台了港澳居民随迁子女入学细则，越秀、天河、黄埔等区专门开设了港澳子弟班。开学第一天，首批港澳子弟班新生前来报到，设立了港澳子弟班的学校表示，港澳子弟班会增设港澳文化特色课程，让港澳学生和其他学生一起学习。2019 年，广东华侨中学已在高一年级和初一年级各开设一个港澳子弟班，总共录取了 27 人。

广州市南国学校已开设小学一年级和初中一年级两个港澳子弟班，共有 40 个名额。在学校的开学典礼上，南国学校港澳子弟们表演了原创朗诵节目《少年心 湾区情 中国梦》，港澳子弟们声情并茂的朗诵，表达了共同的心声——"粤港澳，共繁荣，相连相通一家亲"。

华南师范大学附属外国语学校首届港澳子弟班 20 多名港澳籍一年级新生在老师的带领下上了"开学第一课"，师生一起拼地图、看视频，进行趣味小游戏"祖国知识知多少"，开始了一场美妙的祖国之旅。①

（十二）广州首个市属公办港澳子弟班开课

广东华侨中学首届港澳子弟班于 2019 年 9 月 2 日开课。高一年级港澳子弟班共有 12 名学生，其中香港学生 8 人、澳门学生 1 人、台湾学生 3 人。这是广州市教育局试点设立的首个市属公办性质港澳子弟班，为港澳籍适龄学童在广州市就读提供多元化且有质量的基础教育公共服务。该班招生对象为持有港澳台居民居住证的港澳学童、适量台湾学童和华侨，以及符合上述条件的转学生。该班按照教育部关于普通高校联合招收港澳台侨学生统一考试大纲和考试科目要求开设课程，同时开设兼顾粤港澳特色的相关课程，如岭南特色课程、国学课程、国际理解课程等。②

（十三）首届粤港澳大湾区师德论坛举办，搭建三地合作平台

2019 年 9 月 16 日，首届粤港澳大湾区师德论坛暨教育部教师工作司与《中小学德育》杂志共建"师德研究与实践"栏目首发仪式在华南师范大学召开。本次会议由教育部教师工作司、广东省教育厅指导，华南师范大学主办，华南师范大学教师教育学部、《中小学德育》杂志社等单位承办，粤港澳大湾区教师联合会等联合协办。来自全国各省市、香港、澳门地区，以及新加坡的专家学者、中小学校长等 300 余人参加了会议，多位专家学者进行了发言，共同探讨新时代背景下师德师风建设的长效机制，

① 广东教育. 开学啦！来看看首批港澳子弟班学生的"开学第一课"[EB/OL].（2019 - 09 - 03）[2021 - 03 - 28]. https://mp. weixin. qq. com/s/ojoYqIcABnIYcflneMShzA.
② 广东华侨中学. 学年伊始，千里鹏程始展翼 尽善自我，万象更新自奋蹄！[EB/OL].（2019 - 09 - 03）[2021 - 03 - 28]. https://mp. weixin. qq. com/s/FS0gMnPP57IxdEkA4_ nYVw.

创新教师队伍建设与师德培训模式,搭建粤港澳大湾区师德师风建设合作平台。

(十四)首届粤港澳大湾区文化艺术节国际音乐季开幕

2019年10月8日晚,由中共广东省委宣传部、广东省教育厅指导并支持举办,粤港澳大湾区音乐教育与艺术发展联盟主办,联盟成员单位参与承办的首届粤港澳大湾区文化艺术节国际音乐季(第二届粤港澳大湾区国际音乐季,以下简称"音乐季")在广州星海音乐厅开幕,一场高水平、高规格的开幕音乐会奏响了音乐季的强音。本届音乐季正式纳入了首届粤港澳大湾区文化艺术节,是艺术节11个专项活动之一,规格更高、覆盖面更广、内容更加精彩、影响力更大。从6月至12月,为期半年内,音乐季邀约了世界优秀音乐家、国际顶尖艺术团体、知名音乐院校,同时还吸纳了中国本土优秀音乐团体和新锐艺术家加盟,陆续在粤港澳三地上演31场精彩丰富的高水平音乐会。

作为首届粤港澳大湾区文化艺术节音乐类的代表性活动,音乐季时间跨度大,演出水平高,来自世界各地的艺术高校、乐团强强联手,组织和演出阵容强大,实力雄厚。作为音乐季的主办单位,成立于2017年的"粤港澳大湾区音乐教育与艺术发展联盟"发挥了重要作用。联盟由星海音乐学院牵头,联合粤港澳三地的音乐艺术院校、交响乐团、中乐团、音乐剧场等单位组成。

(十五)第二届粤港澳大湾区学校美术与设计作品展暨第四届广东省高校设计作品学院奖双年展开幕

2019年10月15日,由广东省教育厅和广东省美术家协会联合主办,广州美术学院、粤港澳大湾区美术与设计教育发展联盟、广东高校美术与设计教育专业委员会、广东省美术家协会设计艺术委员会承办的"第二届粤港澳大湾区学校美术与设计作品展暨第四届广东省高校设计作品学院奖双年展"在广州美术学院大学城美术馆开幕。来自粤港澳地区的参展师生代表,广东省人民政府港澳事务办公室、团省委、广东省文学艺术界联合会、广东省美术家协会等省直单位代表,各地级以上市教育局,各高校和中小学的领导和代表等,共计400余人参加了开幕式。[①]

---

① 广东教育. 第二届粤港澳大湾区学校美术与设计作品展暨第四届广东省高校设计作品学院奖双年展开幕 [EB/OL]. (2019-10-16) [2021-03-28]. https://mp. weixin. qq. com/s/1CvP_ CrWrhMGMH-HJwszrA.

本次展览是广东教育系统为贯彻习近平总书记关于粤港澳大湾区建设重要论述和全国教育大会精神，落实《粤港澳大湾区发展规划纲要》《广东省推进粤港澳大湾区建设三年行动计划（2018—2020 年)》《国务院办公厅关于全面加强和改进学校美育工作的意见》、教育部与广东省人民政府签署的《学校美育改革发展备忘录》等文件要求，加强粤港澳大湾区学校艺术教育交流合作与融合发展而举办的活动。

（十六）第八届广东省创意机器人大赛在广州举行，粤港澳三地 1 000 多名中小学生报名参赛

2019 年 10 月 26—27 日，第八届广东省创意机器人大赛在广东科学中心举行，本届大赛的主题为"未来都市生活——无人驾驶车"，分为基础型和编程型两种竞赛项目。来自粤港澳三地的 1 000 多名中小学生报名参赛。大赛是广东省教育厅面向广东省和港澳地区中小学校推广的科技创新类竞赛活动，由广东科学中心和广东省科技馆研究会联合主办，旨在提高广东省及港澳地区中小学生机器人创新设计制作水平，促进粤港澳大湾区科普教育交流，助力中小学阶段人工智能和编程等相关课程渗透到学校。①

（十七）2019 粤港澳大湾区中小学校长论坛在深圳举行

2019 年 11 月 23—24 日，广东省教育研究院与香港校长专业发展促进会、澳门中华教育会主办的 2019 粤港澳大湾区中小学校长论坛在深圳举行。来自粤港澳大湾区和江苏、福建等地的专家学者、中小学校长代表、教育管理和教育科研工作者等 200 多位嘉宾，围绕"新时代教育现代化与粤港澳大湾区中小学校长的使命与责任"展开热烈交流研讨。②

（十八）首届粤港澳课程与教学发展研讨会在佛山南海举行

2019 年 12 月 2 日，首届粤港澳课程与教学发展研讨会在广东实验中学南海学校举行，佛山市南海区第五届教科研周活动同步启动。来自粤港澳大湾区的专家学者、中小学校长代表、教育管理和教育科研工作者，围绕"课程与教学发展"进行了深入的交流和研讨。研讨会由广州大学教育学

---

① 王坚，吴晶平. 粤港澳学生竞逐创意机器人大赛［N］. 人民日报（海外版），2019 – 10 – 31.

② 广东教育传媒. 2019 粤港澳大湾区中小学校长论坛在深圳举行　聚谈新时代教育现代化与大湾区中小学校长的使命与责任［EB/OL］.（2019 – 11 – 26）［2021 – 03 – 28］. https://mp. weixin. qq. com/s/XWzjGqEhZD0MkVlCPJFjbg.

院和南海区教育局主办，包括 1 场专题报告会、1 场课程与教学研究成果的表述和表达交流会，以及学习方式改革、校本课程建设、课堂教学改革 3 场平行论坛。专题报告会上，来自粤港澳三地的 7 名专家学者做了报告，本次研讨会和教科研周活动能够为广东教育现代化贡献更多的智慧。①

（十九）粤港澳大湾区国际教育线上论坛成功举办

为帮助家长解决择校难题，2020 年 4 月 25 日，由国际教育网主办的"粤港澳大湾区国际教育线上论坛"再次启动。此次线上论坛汇集粤港澳大湾区众多知名国际学校、教育大咖，家长足不出户就能聆听大师讲座、轻松择校。此次论坛主题为"专注·融合·向未来"，旨在为国际教育领域的学者、从业者及家长提供一个开放自由、内容丰富的交流平台，通过一系列分享会、研讨会，深度、全面地探讨国际教育领域问题。②

（二十）粤港澳大湾区创新合作交流会——专业人才资格认可研讨会成功举办

2020 年 6 月 30 日，粤港澳大湾区创新合作交流会 2020 年第二季度活动——"专业人才资格认可研讨会"在南沙成功举办。本次活动在已有成果的基础上，进一步推动了南沙在港澳专业人才资格认可上的突破。到场的专家学者和企业代表表示，活动紧贴粤港澳专业人才资格认可主题，充分了解各界需求及障碍，对下一步推动相关领域的专业人才资格认可有着积极作用，同时希望全国首个常态化粤港澳规则对接平台持续发挥效用，为南沙未来在相关领域实现与港澳的人才互联、资格互通拓展更广阔空间，助力粤港澳大湾区深度融合发展。③

（二十一）2020 粤港澳高校联盟线上年会暨校长论坛成功举办

2020 年 7 月，2020 粤港澳高校联盟线上年会暨校长论坛圆满举办。本次论坛主题为"迎难而上，迈步前行——后疫情时期联盟如何继续推进大

① 佛山在线. 首届粤港澳课程与教学发展研讨会在南海举行［EB/OL］.（2019 - 12 - 03）［2021 - 03 - 28］. http://www.fsonline.com.cn/p/270873.html.

② 深圳热线. 粤港澳大湾区国际教育线上论坛成功举办，助力家长应对择校难题［EB/OL］.（2020 - 04 - 27）［2021 - 03 - 28］. http://think.szonline.net/roll/20200427/042020_113025.html.

③ 暨南大学新闻网. 粤港澳大湾区创新合作交流会：专业人才资格认可研讨会成功举办［EB/OL］.（2020 - 07 - 01）［2021 - 03 - 28］. https://news.jnu.edu.cn/xysx/yxsd/2020/07/01/11143346805.html.

湾区协同创新与教育发展",粤港澳三地 40 所高校近 200 名代表就论坛主题展开"云讨论",共同致力于推进大湾区教育事业发展。论坛还就进一步加强高校之间、高校与科研机构之间人才、科技、信息的融合,将粤港澳大湾区打造成协同创新高地进行了深入探讨,同时还深入交流,共同探索具有国际特色的创新创业机制、运作模式与环境,建设一批创新创业示范基地,将粤港澳大湾区打造成创新创业高地,为三地青年梦想起飞提供广阔平台。①

(二十二)香港中文大学首办粤港澳大湾区暑期学院

为加强粤港澳大湾区三地高校的合作交流,香港中文大学于 2020 年 8 月 3—14 日首次在线举办"香港中文大学——粤港澳大湾区暑期学院",共 48 名来自大湾区院校的本科生参与了课程学习,符合课程要求的学生可获取学分。暑期学院开学典礼上,香港中文大学协理副校长王淑英教授担任主礼嘉宾并致欢迎词,她表示,期望同学们通过暑期学院的课程,尽情体验知识获取的乐趣、开阔知识领域,并积极交流。课程采用线上教学模式,参与的学生按个人情况于所在地即时线上学习,与其他大湾区学生互动交流。

(二十三)五部门联合发文:港澳台生内地求学,学费与内地生相同

2020 年 8 月 31 日,教育部等五部门联合印发《关于进一步加强和规范教育收费管理的意见》,明确提出完善在内地学习的港澳台侨学生收费政策,对于在内地学习的港澳台地区学生以及海外华侨学生,在中小学校和幼儿园学习的,按照有关规定执行与内地学生相同的收费政策;录取到内地普通高等学校和科研院所学习的,按照有关规定执行与内地同类学生相同的收费标准。②

(二十四)2020 年粤港澳大湾区大学生就业实习双选会开幕

2020 年 10 月 10 日,粤港澳大湾区大学生就业实习双选会开幕式在珠海国际会议中心举行。本届双选会旨在深入贯彻习近平总书记关于为青年发展多搭台、多搭梯等重要讲话精神,落实《粤港澳大湾区发展规划纲

---

① 宋雪梅. 2020 粤港澳高校联盟举行线上"云论坛" 危机中推动大湾区教育发展 [N]. 珠海特区报,2020 - 07 - 15.

② 香港特区政府粤港澳大湾区速递. 五部门联合发文:港生内地求学,学费与内地生相同 [EB/OL]. (2020 - 09 - 03)[2023 - 12 - 16]. https://mp. weixin. qq. com/s/0W8dq 2FYR_8sZBmfXOBEhg.

要》，支持港澳青年融入国家发展大局，以"撷英湾区，盛放未来"为主题，面向粤港澳大湾区高校、企业和大学生搭建的公益性就业实习双选平台。双选会平台采用线上线下同步方式，发布湾区企业招聘信息、提供政策解读和就业辅导，力求实现校企精准对接、人才机构精准服务、毕业生精准就业。双选会时间贯穿全年，已有粤港澳大湾区100多所高校、2 000多家知名企业参与，向大湾区大学生提供近2.5万个就业实习岗位。①

（二十五）第二届粤港澳大湾区教育合作发展圆桌对话成功举办

2020年11月26日，由中国教育科学研究院、广州市教育研究院主办，粤港澳大湾区教育研究中心等承办的第二届粤港澳大湾区教育合作发展圆桌对话在广州市成功举办。本次会议是中国教育科学研究院粤港澳大湾区教育研究中心成立以来举办的第二次高端峰会，旨在充分发挥教育智库的平台优势，集聚优质教育资源，共同推动粤港澳大湾区的教育合作发展进程，为打造粤港澳国际教育新高地提供更多高质量、高水平的智力支撑和实践经验。②

（二十六）粤港澳大湾区教育改革与发展论坛举办

2021年12月3日，由深圳大学湾区教育研究院和教育学院主办的"深圳大学粤港澳大湾区教育改革与发展论坛（2021）"在深圳成功举办，共有150多人参加。此次论坛涉及学前教育、基础教育、高等教育、职业教育和宏观政策等话题，围绕粤港澳大湾区改革与发展中的关键性问题、热点问题与探索性问题展开。论坛对于推进粤港澳大湾区教育改革发展，加快建设大湾区高质量教育体系具有重要的启发作用。

（二十七）港澳台侨学生国情教育交流研讨会召开

2022年6月15日，广东省高等教育学会港澳台侨学生管理研究分会成立大会暨港澳台侨学生国情教育经验分享会，在暨南大学石牌校区召开。会议在广东省教育厅和广东省高等教育学会指导下，由学会港澳台侨学生管理研究分会主办、暨南大学承办。学会港澳台侨学生管理研究分会成立大会结束后，随即开展广东省高校港澳台侨学生国情教育交流研讨。

① 中国日报网. 2020年粤港澳大湾区大学生就业实习双选会在珠海开幕［EB/OL］.（2020－10－10）［2023－12－16］. https：//caijing. chinadaily. com. cn/a/202010/12/WS5f83cb51a3101e7ce9728a12. html.
② 广州市教育局. 第二届粤港澳大湾区教育合作发展圆桌对话成功举办［EB/OL］.（2020－12－31）［2023－12－16］. https：//www2. guangztr. edu. cn/zxdt/1864. html.

（二十八）2022 粤港澳大湾区中小学校长论坛举办

2022 年 12 月 3 日，2022 粤港澳大湾区中小学校长论坛以线上线下相结合方式举行。围绕论坛主题"数字化时代：大湾区中小学智慧教育与协同发展"，众多专家从教育数字化转型理论、学校 AI 教育开展、智慧校园建设、STEAM 教育发展、学生数字素养培养、线上线下混合式教学、STEM 教学设计、"数字影棚"课程育人、智慧阅读、智慧校园图书馆以及信息技术推进学校教育教学变革创新等多个方面展开理论探讨及实践分享。

（二十九）第一届粤港澳大湾区工程教育论坛召开

2023 年 5 月 25—27 日，在中国工程院教育委员会、中国高等教育学会、中国高等教育学会工程教育专业委员会指导下，由广东工业大学主办，浙江大学中国科教战略研究院、《高等工程教育研究》编辑部、《科教发展研究》编辑部等协办的"2023 中国高等教育学会工程教育专委会年会暨第一届粤港澳大湾区工程教育论坛"在广州召开。本次会议吸引了国内外近百所高校、研究机构、企业 600 余名专家学者出席。会议主要围绕"大湾区加快建设世界重要人才中心和创新高地"相关主题进行深入讨论，在国际和国内业界产生了广泛影响。

（三十）广东省高等教育学会粤港澳高等财经教育专业委员会成立

2023 年 8 月 10 日下午，广东省高等教育学会粤港澳高等财经教育专业委员会成立筹备工作会议，在广东外语外贸大学南国商学院召开。高等财经教育涉及人才培养、科研创新、社会服务、文化传承全链条各环节，要汇聚起粤港澳三地相关高校、科研机构、行业企业的智慧和力量，集聚一批业界专家学者，为大湾区高等财经教育高质量发展探索富有特色的新理念、新举措、新路径、新模式。①

（三十一）2023 粤港澳融合教育论坛在香港成功举办

2023 年 10 月 12 日至 13 日，以"和衷共济　普惠融合——粤港澳特殊教育的新视野"为主题的粤港澳融合教育论坛在香港教育大学举行。广东省教育厅有关处室、各地级以上市教育局、有关高校、开展融合教育的普通学校、特殊教育学校及港澳地区的代表共 500 余人参加了论坛。粤港澳三地融合教育专家学者、一线校长教师聚焦粤港澳大湾区融合教育中出现

---

① 广东高教学会. 广东省高等教育学会粤港澳高等财经教育专业委员会成立大会暨首届粤港澳高等财经教育发展论坛在广州召开［EB/OL］.（2023－11－13）［2023－12－16］. https://mp. weixin. qq. com/s/WMjyGKjnn6Uh4KqXSx－yNA.

的热点、难点、重点问题进行研讨，极大丰富了具有粤港澳地区特色的融合教育理论和融合教育制度，推进粤港澳融合教育事业的理论研究和实践发展。①

（三十二）聚焦教师专业操守，第五届粤港澳大湾区师德论坛在香港举办

2023 年 10 月 21 日，由华南师范大学与香港教育大学共同主办，教育部师德师风建设基地（华南师范大学）承办的第五届粤港澳大湾区师德论坛在香港开幕。这是论坛第一次走出广东、来到香港，成为粤港澳三地教育协同发展、推动教育深度融合的一次创新尝试。来自粤港澳以及全国各地的 500 多位教育工作者参与，近 20 万人次通过线上直播同步观摩。本届师德论坛从弘扬教育家精神出发，聚焦"教育高质量发展下的教师专业操守"主题深入探讨。

（三十三）粤港澳大湾区孔子学院合作大学联盟年会及圆桌论坛举行

2023 年 12 月 15 日，2023 年粤港澳大湾区孔子学院合作大学联盟年会及圆桌论坛在香港理工大学举行，大湾区内有 10 所高校的参会代表现场参会。此次为联盟首次在境外举办的年会及论坛。联盟作为大湾区推广国际中文教育事业的重要平台，自成立以来就发挥了中外人文交流的窗口作用。联盟成立两年以来，举办了各种富有大湾区特色的学术会议和文化活动，推动了国际中文教育的创新发展。联盟要发掘新技术优势，整合现有资源，打造大湾区国际中文教育教学及文化平台。

---

① 陈然. 香港举行粤港澳融合教育论坛　加强区域合作与交流［EB/OL］.（2023 - 10 - 13）［2023 - 12 - 16］. http://hm. people. com. cn/n1/2023/1013/c42272 - 40094565. html.

第二章　粤港教育的交流与合作

香港在教育领域有一定优势，应成为粤港澳大湾区教育合作发展的优先领域。粤港两地历史同宗、语言同系、文化同根，交流合作基础深厚，广东毗邻香港，地处中国改革开放的前沿阵地，教育对外合作活跃，尤其对港合作一直领先全国。在粤港澳大湾区建设的背景下，粤港教育交流与合作模式呈多样化且向纵深发展。

第一节　粤港教育交流与合作的政策进程与历史轨迹

一、粤港教育全面交流与合作的政策进程

在"十一五"期间，广东省在政策上突破搭建了粤港教育合作更好的平台。2008年8月，广东省教育厅与香港教育局共同签署《推进粤港两地教育交流与合作协议书》，协议同意继续推进两地姊妹学校建设；继续推进粤港中文教师交流及协作计划，促进两地教学改革；继续执行粤港语言教师培训项目计划；拓展各类交流项目，扩大交流层次和交流内容；推动粤港高等教育交流；加强粤港教育部门的沟通和信息交流。2009年8月，广东省教育厅与香港教育局签署《粤港教育合作协议》，提出以高等教育为发展重点，辅以高科技产业园，这标志着此领域的拓展正式进入实质行动阶段。双方达成的共识是：教育领域将成为"一国两制"新的试验田。这些政府层面的合作协议为两地教育合作提供了依据与方向。

在"十二五"初期，广东省提出"打造南方教育高地"战略，不断推进粤港教育的交流与合作。2010年4月，粤港合作的第一个纲领性文件《粤港合作框架协议》签署，赋予了粤港合作新内涵。协议就教育、培训、

人才交流等方面的合作，明确指出："探索多种形式的合作办学模式和运作方式，积极探索香港高等学校在广东办学的新形式、新途径。"在框架协议之下，粤港可就一些措施先行先试，这是粤港教育合作的重大机遇。①

在"十二五"至"十三五"期间，粤港签署了一系列与教育合作相关的重点工作文件。2011年2月28日，粤港合作第十六次工作会议在广州举行，签署《实施〈粤港合作框架协议〉2011年重点工作》；2012年1月9日，粤港合作第十七次工作会议在香港举行，签署《实施〈粤港合作框架协议〉2012年重点工作》；2013年3月15日，粤港合作第十八次工作会议在广州举行，签署《实施粤港合作框架协议2013年重点工作》；2014年3月12日，广东省人民政府发布《关于印发实施〈粤港合作框架协议〉2014年重点工作的通知》；2015年3月11日，广东省人民政府发布《关于印发实施〈粤港合作框架协议〉2015年重点工作的通知》；2016年3月28日，广东省人民政府发布《关于印发实施〈粤港合作框架协议〉2016年重点工作的通知》；2017年3月2日，广东省人民政府发布《关于印发实施〈粤港合作框架协议〉2017年重点工作的通知》；2018年7月13日，广东省人民政府发布《关于印发实施〈粤港合作框架协议〉2018年重点工作的通知》；等等。这些系列文件深化了教育、医疗、环保等社会民生领域合作。

在"十二五"至"十三五"期间，内地和香港与教育相关的三个重要文件签署。2012年6月28日，《香港与内地高等学校关于进一步深化交流与合作的意向书》签署，2013年起教育部设立"香港与内地高等学校师生交流计划"（简称"万人计划"）。仅香港科技大学每年就有500多名师生获此扶持到内地60多所高校进行各种形式的学术交流、文化考察和社会服务。2015年9月粤港合作联席会议第十八次会议签订了《粤港姊妹学校合作协议》，该协议指出，在3个学年内，粤港姊妹学校增加至少60对。鼓励支持姊妹学校开展教师、行政人员、学生和家长等人员互访，开展学校之间教学观摩、教研、教材等方面的交流并进行专题教学活动。香港教育局还推出为期3年的试办计划，为与内地学校缔结了姊妹学校的公营及直资中小学每年提供12万元资助及专业支援。2017年11月，广东省教育厅和香港教育局签署了《关于加强粤港高等教育交流合作备忘录》，进一步

---

① 徐瑶，廖茂忠. 创建粤港高等教育合作试验新区的思考［J］. 高教探索，2015（5）：35－38.

深化和提升合作，加快粤港两地高等教育发展，共同参与粤港澳大湾区城市群建设。

2023 年 8 月 24 日香港教育局与广东省教育厅签署《关于加强粤港教育交流与合作框架协议》，旨在加强两地的教育协作，支持粤港澳大湾区高质量发展。该协议内容包括继续鼓励粤港高等院校开展办学合作、人才联合培养和科技交流合作；加强粤港职业教育合作，进一步深化粤港资历框架合作；推进粤港两地姊妹学校建设，促进各类交流活动，提高活动交流质量；以及继续支持两地教师协作与培训交流。此外，香港职业训练局（简称"职训局"）与广东省教育厅当天签署合作备忘录，支持内地职业院校与职训局开展不同的合作项目，并支持职训局积极参与粤港澳大湾区特色职业教育园区的发展，以加强粤港职业教育交流，共同培养大湾区技能人才。

二、粤港高校教育交流与合作的历史沿革①

广东与香港地缘相近、经济相依、文化相通，两地高等教育的交流与合作从未间断，一直以来都有高等教育交流与合作的历史传统。特别是香港回归之后，两地的教育合作日益增多，包括联合科研、合作办学、两地学者互访、学生交换等多种形式。当前在粤港澳大湾区建设背景下，广东与香港高校合作办学更加活跃。

（一）初步探索发展阶段（香港回归以前）

港英管治的历史割不断粤港两地情深，也无法割断粤港两地的交流与合作。改革开放后，粤港两地在各方面的交流与合作日益密切，高校合作办学领域亦是如此。改革开放给广东带来了机遇，凭着"敢为天下先"的创新精神，广东高校开创了与香港高校或机构合作办学的先河，但两地最初的交流都是零散的、非官方的。

从中华人民共和国成立到改革开放前，由于港澳高等教育整体实力较为薄弱，大量港澳学子选择在广州接受高等教育，这一时期粤港澳高等教育的交流以单向为主。改革开放后，粤港澳经济交往日益密切，尤其是港

---

① 王璐. 粤港高校合作办学的历史沿革［J］. 广州广播电视大学学报，2014，14（2）：42－46，108.

澳相继回归，其高等教育机构、文化团体也积极寻求多样化的合作。内地与香港高校的合作办学源于 20 世纪 80 年代。1984 年，坚持"面向海外"办学方针的暨南大学开始招收境外研究生，1985 年又面向港澳，与香港大学、香港中文大学联合培养研究生，这是内地最早与香港高校合作培养人才的项目。尽管粤港澳联合培养人才涉及普通高等教育，但是早期广东高校与港澳地区合作培养的对象更多的是在职的成年人。①

随着改革开放的进一步深入开展，教育领域的开放程度逐渐加深，跨境教育合作项目越来越多。截至 1996 年 6 月，我国各种形式、各种类型的合作办学已达 170 个，其中香港地区机构参与的有 25 个。② 此阶段，与香港合作的广东高校逐渐增多，合作领域也拓展到成人自学考试和证书课程方面。首先涉足自学考试领域的广东高校是中山大学，1996 年中山大学率先与香港中文大学合作举办法律、中文和哲学专业自学考试助学班，与香港专业进修学校合作举办财税专业和计算机应用专业自学考试助学班，与香港香岛中学合作筹办行政管理专业自学考试助学班等。中山大学成人教育学院与香港大学专业进修学院针对香港各界人士、广东房地产经营者分别开设"中国对外经济贸易""香港房地产经营管理"课程，由中山大学和香港大学的教师分别在广州和香港授课。暨南大学现代管理中心与香港大学及加拿大注册会计师协会合作开设国际会计师培训班，暨南大学历史系与香港大学、香港中文大学联合培养来自香港的硕士研究生等。深圳大学管理系在香港开办"贸易学习班"，与香港管理专业协会合作开办"香港管理学士学位兼读课程班"，深圳大学电子系与香港管理专业协会合作开办"电脑管理班"。广州中医药大学与香港美加中医药针灸研究院合办针灸专业、中药专业自考助学班等。

这一时期的粤港高等教育合作多由高校和民间机构自发组织，政府行政部门尚未就合作建立正式的联系制度；合作以培养人才为主，科学研究和社会服务的合作只是零散开展；人才培养以成人继续教育为主，全日制学历教育的合作办学很少，培养对象主要是各行各业的在职人员。

① 李晶. 改革开放四十年来粤港澳高等教育合作的回顾与前瞻 ［J］. 现代教育论丛，2019（5）：42－48.

② 季明明. 中国教育行政全书 ［M］. 北京：经济日报出版社，1997：1635.

（二）广泛稳步发展阶段（香港回归到 CEPA 颁布）

1995 年国家教委《中外合作办学暂行规定》的颁布为中外合作办学提供了可遵循的政策依据，使得中外合作办学迅猛发展。1997 年香港的回归极大地促进了粤港两地的交流，为粤港两地的合作掀开崭新的篇章。

在"一国两制"的基本国策下，中央政府和香港特区政府签署一系列促进内地与香港交流合作的协议，如教育部和国务院港澳办联合发布《教育部、国务院港澳办关于开展内地与香港教育交流若干问题的意见》（1999年 2 月）、《教育部与香港教育统筹局关于教育交流事宜会谈纪要》（2001年 4 月）等，为内地与香港高等教育合作提供了有利的政策环境，是粤港两地高等教育合作制度化的重要契机。有关数据显示，截至 2002 年底，在全国 712 项的合作办学中，内地与香港的合作办学项目和机构高达 56 项，比 1995 年增加了 9 倍多。① 香港回归促进了港澳与广东全方位的接触和沟通，促进了相互之间的了解和理解，三地的教育交流日益频繁，形式也多种多样。② 根据广东省教育厅《2003 年度中外合作办学机构年检情况的通报》可知，2001 年粤港澳三地高等教育合作办学项目共 10 个，2002 年教育厅批准的 72 项中外合作办学项目中，粤港澳三地合作项目已经达到19 项，其中粤港两地的合作办学 11 项。2003 年 6 月 29 日，中央政府与香港特区政府签署《内地与香港关于建立更紧密经贸关系的安排》（CEPA），数据显示，2003 年，获广东省教育厅批准的中外合作办学机构（项目）共97 个，已招生的中外合作办学机构（项目）67 个。合作的国家与地区共12 个，其中粤港合作办学 16 项。③

香港回归的前五年内，粤港两地高校的合作办学仍然集中在成人非学历教育领域，香港的合作方以教育培训机构为主，广东的高校以地方院校为主，研究型大学之间的学历教育合作办学还没有成型。教育交流仍通过高校或民间教育组织开展，教育行政部门之间尚未建立正式的联系与合作关系，虽然双方在成人教育领域合作交流密切，但高水平学科领域的合作

① 人民日报（海外版）编辑部. 中外合作办学基本情况［N］. 人民日报（海外版），2004 – 02 – 03.

② 王璐，曹云亮. 广东高等教育国际化发展的特点及问题分析［J］. 高教探索，2006（2）：48 – 51.

③ 广东省教育厅. 2003 年度中外合作办学机构年检情况的通报［EB/OL］.（2004 –02 – 24）［2021 – 03 – 28］. http://www.gdhed.edu.cn/main/.

仍有待加强。①

（三）深化规范发展阶段（CEPA 颁布到大湾区建设规划）

2001—2004 年，中外合作办学机构迅猛发展，合作办学出现了鱼龙混杂的格局，办学声誉受到极大影响，从国家层面对中外合作办学活动进行规范管理已迫在眉睫。随着《中华人民共和国中外合作办学条例》（2003 年）和《中华人民共和国中外合作办学条例实施办法》（2004 年）的颁布，我国中外合作办学从初步探索发展阶段逐渐向深化规范发展阶段过渡。2004年 7 月，教育部与香港教育统筹局在北京签署《内地与香港关于相互承认高等教育学位证书的备忘录》，进一步加强了内地和香港在教育领域的合作。针对合作办学存在的问题，在上述文件颁布的基础上，相关部门又相继下发了《教育部关于做好中外合作办学机构和项目复核工作的通知》（教外综〔2004〕37 号）、《教育部　劳动和社会保障部关于印发〈中外合作办学许可证编号办法（试行）〉的通知》（教外综〔2004〕85 号）、《教育部关于当前中外合作办学若干问题的意见》（教外综〔2006〕5 号）、《教育部关于进一步规范中外合作办学秩序的通知》（教外综〔2007〕14号）、《教育部办公厅关于开展中外合作办学评估工作的通知》（教外厅〔2009〕1 号）等文件，要求对中外合作办学严把入口关，实行许可证制度，推进"两个平台"——"监管工作信息平台""认证工作平台"和"两个机制"——"质量评估机制""执法和处罚机制"建设，对当时中外合作办学中的不规范行为进行集中清理整顿，以确保办学质量。

中外合作办学深化规范发展时期，教育部致力于已开中外合作办学项目的清理工作，新的合作办学项目审批较少，内地与香港的合作办学也受到影响。除了 2005 年成立的北京师范大学－香港浸会大学联合国际学院外，直到 2007 年 9 月都没有新的合作办学项目和机构产生。即便粤港两地的合作办学在项目数量上进展不大，但在合作开展的层次和深度上仍然有了一定进展，尤其在 2008 年后更是取得了瞩目的成就。伴随着 2008 年《珠江三角洲地区改革发展规划纲要（2008—2020 年）》等政策文件的正式出台，粤港两地的高等教育合作持续深化。两地高校在合作发展成人高等教育的同时，开始进行学历教育的合作办学，层次不断提高，形式灵活多

---

① 张泰岭，吴福光. 粤港澳高等教育交流与合作探讨［M］. 广州：广东高等教育出版社，1997：7.

样，满足了人们对不同层次教育的需求。其间，粤港两地合作办学主要有以下三种形式：

1. 高校间交换本科生

这一时期粤港两地高校通过校际签订交换生或互派学生进修的协议，创立了本科交换生计划的合作制度，旨在通过校际学生互换学习，增进两地相互理解，达到校际人才培养的优势互补效应。以中山大学为例，2002—2008 年，中山大学与香港六校（香港理工大学、香港城市大学、香港浸会大学、岭南大学、香港科技大学、香港大学）建立了本科交换生制度，共交换了 251 名学生，其中派往香港大学 78 名、香港科技大学 55 名、香港理工大学 28 名、岭南大学 39 名、香港城市大学 24 名、香港浸会大学 27 名。但接受来校的香港高校交换生仅 4 名，皆来自岭南大学。① 从这一数据对比可以看出，自愿来粤学习的香港学生少于愿意赴香港学习的内地学生，粤港高校交换学生的数量在实际中并不均衡。

2. 校际合作办学

粤港两地高校合作办学项目可分为学历教育合作办学项目和非学历教育合作办学项目。其中学历教育合作办学项目从办学层次区分，主要有在本科教育层次开展的合作办学项目和在研究生教育层次开展的合作办学项目。以中山大学为例，在 2005—2010 年，中山大学与多所香港高校签署协议，开始实施本科生联合培养的合作办学项目。这些项目均采用"2＋2"合作模式，所招收学生第一、二年级在中山大学学习，经考核合格且有能力承担香港高校学费和生活费的学生，第三、四年级将赴香港高校学习。双方相互承认学分，若学生修满学分、各科考试合格并符合学位要求，可获得由中山大学颁发的毕业证书和由香港高校颁发的学位证书。

3. 机构合作办学

2005 年 11 月，由北京师范大学和香港浸会大学携手创立联合国际学院，这是内地与香港高等教育界合作创办的首家大学。学院实施四年全英文教学，毕业生学成后获颁联合国际学院毕业证书和香港浸会大学学士学位，在内地、香港及国际范围均获承认。北京师范大学－香港浸会大学联

---

① 本数据根据中山大学国际合作与交流处港澳台事务办公室及中山大学教务处网站公布的相关交换生情况整理。

合国际学院采用国际惯用的"校董会制度",校董会成员分别由香港浸会大学及北京师范大学主要领导出任。学校执行香港浸会大学的管理制度、要求和标准,包括教师聘任的标准和程序。课程设计也沿用香港浸会大学的模式,力求做到国际化和本土化的结合。

2014 年,教育部同意批准设立香港中文大学(深圳),于同年首次进行招生,目前已成立香港中文大学(深圳)医学院、经管学院、数据科学学院等 6 个学院,涉及本科、硕士和博士,有全球金融、计量营销、风险管理、全球可持续发展、创新媒体、城市学、设计与制造、能源科学与工程、基因组与生物医学等多个专业。

(四)繁荣发展阶段(粤港澳大湾区建设以来)

2017 年 7 月 1 日,国家发改委及粤港澳三地政府在香港签署了《深化粤港澳合作　推进大湾区建设框架协议》。2019 年 2 月,中共中央、国务院发布《粤港澳大湾区发展规划纲要》,将粤港澳地区的合作提升到国家战略层面,提出"加强多元文化交流融合"及多项任务措施,例如,"支持粤港澳高校合作办学,鼓励联合共建优势学科、实验室和研究中心"等。随着这项国家重大战略的逐步实施,高等教育界也掀起对粤港澳大湾区高等教育合作的研究热潮,主要探讨粤港澳大湾区高等教育合作发展的路径。

随着粤港澳大湾区建设的逐步加快,香港高校与内地的合作也日趋紧密。除了早年创办的香港中文大学(深圳)、北京师范大学-香港浸会联合国际学院,香港科技大学(广州)已于 2022 年 9 月正式开学,香港城市大学(东莞)已于 2024 年 9 月正式开学,香港理工大学(佛山)、香港大学(深圳)均在建设中。如今,赴粤办学的单向流动也发生了改变,如深圳大学已率先设立了香港学院,开内地高校在香港办学的先河。一流的湾区建设,需要一流的高等教育。从"单向流动"到"双向奔赴",粤港澳大湾区正朝着打造教育高地的目标快速推进。

此外,在政府层面,粤港教育行政部门每年召开联席会议,共同签署了《关于加强粤港高等教育交流合作备忘录》;在高校层面,粤港澳三地的高校自发成立了"粤港澳高校联盟""粤港澳高校创新创业联盟"等合作组织。其中,"粤港澳高校联盟"由中山大学、香港中文大学和澳门大学共同发起,汇聚了三地 28 所高校,通过举办大学校长论坛、组织科技成果展览等学术交流活动,形成有效整合三地高等教育资源的合作机制。

总体来看，粤港高校合作办学历经初步探索发展阶段、广泛稳步发展阶段、深化规范发展阶段后，已经步入繁荣发展阶段，高校合作办学领域产生了一系列质的变化：合作办学从初期的零散、非正式进入规模发展；从以非学历教育为主到学历教育与非学历教育合作共同发展；从低层次的短期培训向高层次高水平学科领域的合作发展；从高校或民间自发组织合作向教育行政部门间建立正式的联系与合作迈进。粤港两地合作办学在数量、规模和层次各方面都有着显著提高，形式也日益灵活多样，为打造国际高等教育示范区打下了良好的基础。

第二节　粤港教育交流与合作的优势条件与途径

教育事业发展是深化粤港合作的基石，应把教育合作作为建设粤港澳大湾区的优先领域。香港回归祖国以来，香港与内地在教育方面的合作显著增加，尤其是近年来两地的教育合作与交流更趋频繁，应着力推动两地的教育融合与创新。

一、粤港教育交流与合作的优势和潜力

广东省与香港教育交流与合作已积厚成势，有着更多交流与合作的优势条件和巨大潜力，已经成为内地与香港教育全面合作发展的典范。主要表现在以下四个方面：

（一）基于差异的粤港教育交流与合作的优势和潜力

文化的差异性是文化创新和发展的基础，也是各民族文化交流的前提。① 著名英国哲学家和思想家罗素说："不同文明的接触，常常成为人类进步的里程碑。"② 不同文化间的交流和碰撞产生新的火花，促进人类文明在历史的进程中不断发展。

教育是文化的承载者和重要组成部分，教育的发展同样需要不同文化

---

① 何星亮. 中西文化的差异性与互补性［J］. 思想战线，2011，37（1）：98－105.
② 罗素. 中国问题［M］. 秦悦，译. 北京：学林出版社，1996：146.

之间的交流和借鉴。一方面，各国教育要取长补短，求同存异，保证教育的多样性；另一方面，各国教育在交流和发展的过程中还要努力保持自身特色，保证教育的差异性。粤港两地教育有着显著差异，主要表现在教育制度及其所处的文化环境、教育的发展水平及其所拥有的资源等。[①]

香港文化属岭南文化，但港英管治的历史使得粤港两地的文化变成了同性异质的文化，很大程度上表现为中西文化的差异。香港教育也更多地具有西方教育的特点，在办学理念、教育体制、教育方式与方法等方面都与内地教育有着显著差异。

香港高等教育在国际教育的舞台上占有一席之地。泰晤士高等教育2023年世界大学排名发布，中国高校在世界大学排名中持续攀升。中国香港共有5所大学位列世界大学排名前100。广东共有11所高校进入世界大学排名前1 000，南方科技大学排名最靠前，世界排名166，排名在前500的有5所广东院校，分别为南方科技大学、中山大学、深圳大学、华南理工大学、南方医科大学。

香港高校直接与国际接轨，然而，优质生源的紧缺、发展空间的狭小、科研开发和实验的基地不足等都是香港高校面临的发展瓶颈。此外，大学财政削减的困境也迫使香港高校把发展眼光投向区域之外，以获得更多的发展空间和资源。反观内地地域广大、人口众多，优质生源相对充足，各级政府对高等教育资助逐步加大，内地大学急于引进优质资源提高办学水平，香港高校需要更大的发展空间，双方有着极大的互补优势。正是这些差异和互补使得内地教育在粤港澳大湾区发展战略背景下，与香港开展合作，缩小并弥合差异，使得两地教育合作登上新台阶。

（二）在社会互动中展现粤港教育交流与合作的优势和潜力

区域教育整合的一大动力是社会互动。巴里·布赞（Barry Buzan）等认为，区域社会互动分为政治和军事互动、经济互动、社会文化互动三个层级，这三个层级的互动有着不同的要求。军事和政治互动的要求最高，文化互动要求最低，居于中间水平的是经济互动的要求。[②] 在上述三个层

① 王璐. 粤港高校合作办学动力机制分析［J］. 广东第二师范学院学报，2015，35（4）：6-11.

② 布赞，利特尔. 世界历史中的国际体系：国际关系研究的再构建［M］. 刘德斌，译. 北京：高等教育出版社，2004：83.

面的互动中，区域间的社会文化互动因为对技术的要求最低，所以最早开始，互动范围也较广，在充分进行社会文化互动的基础上，通过信息的交流，区域间才可能出现经济互动。也只有在存在经济互动的地区，才有可能出现政治和军事互动。①

教育属于文化的一部分，但在社会文化中属于较高层级的、上层建筑的内容，由于教育又包括学科教育、文化教育、政治教育等内容，因此教育的互动往往滞后于经济的互动，只有当经济互动发展到一定程度，要求教育与之相适应时，才会推动教育的合作与发展。

粤港两地的教育合作就是两地社会文化和经济互动发展到一定程度的结果。香港与内地的文化具有同根性，100多年港英管治的历史实际上也是香港人民同港英政府的文化斗争史。大部分香港人都不臣服于英国，用岭南文化，如粤语、粤剧、客家风俗、围村习惯、地方宗教等作为利器抵抗港英管治，② 成为香港社会发展中不可撼动的精神力量。由此看出，港英管治时期粤港两地的互动主要集中在文化领域。

改革开放后，香港与广东经济领域合作开启新局面。香港很快成了内地最重要的贸易伙伴、主要投资者和服务中心。自20世纪80年代中期，香港的劳动密集型产业向珠三角地区转移，逐步形成了"前店后厂"经济格局。经济的长期合作为两地的教育合作打下了基础，但由于区域教育合作与经济合作相比具有滞后性，因此，在回归前的两地教育领域的合作以短期的、成人非学历合作为主。

两地的政治互动又是文化、经济互动的巨大推手。1997年香港回归后，香港与内地政府高层政治互动频繁，《内地与香港关于建立更紧密经贸关系的安排》《珠江三角洲地区改革发展规划纲要（2008—2020年）》《粤港合作框架协议》等相关文件的签订以及《粤港澳大湾区发展规划纲要》《广东省推进粤港澳大湾区建设三年行动计划（2018—2020年）》《横琴粤澳深度合作区总体发展规划》等，把粤港合作提升到了国家战略层面，使两地的深度融合和共同发展成为可能。

政治、经济等社会互动促进了教育互动，推动了两地教育合作办学的发展。香港与广东全方位的接触和沟通使得两地的教育交流日益频繁，形

---

① 杨军. 区域中国：中国区域发展历程［M］. 长春：长春出版社，2007：18-19.
② 何志平，陈云根. 文化政策与香港传承［M］. 北京：中华书局，2008：19.

式也多种多样。除了开展校际学术研讨、合作科研和互访活动外，两地还互培本科生和研究生，开展成人高等教育合作办学和学历教育合作办学，教育合作数量迅速增加，层次不断提高，走在了内地与港澳合作办学的前列，校际合作办学项目在数量和层次上都逐步提高。

（三）粤港相邻彰显粤港教育交流与合作的优势与潜力

粤港两地的教育交流与合作有着得天独厚的区位优势和地缘优势。从绝对区位来看，粤港两地相邻，处于同一气候带，自然、人文景观相连，文化背景相似，同处粤港澳大湾区，以泛珠三角区域为广阔发展腹地，交通发达，往来便利；从相对区位来看，广东作为改革开放的前沿，最先享受到中国改革开放优惠政策的红利，在国内 GDP 排名一直居前，所处的珠三角地区是中国经济发展的"龙头"和楷模，其出口导向型的发展模式被众多省份模仿，也得到了香港各界的认同，在中国区域经济发展中所处的相对区位优势十分明显。

广东与香港相邻，这种地理优势为粤港教育交流与合作提供了显著的优势和潜力。当前，粤港两地在教育领域的合作已经取得了显著进展。例如，2023 年 8 月 24 日，香港教育局与广东省教育厅签署了《关于加强粤港教育交流与合作框架协议》，旨在加强两地的教育协作，支持粤港澳大湾区的高质量发展。这一协议的签署标志着粤港教育合作进入了一个新的阶段。此外，广东与香港相邻的地理优势为两地教育交流与合作提供了坚实的基础。通过签署合作协议、建设合作大学、推动职业教育合作以及建立多个交流合作平台，粤港两地在教育领域的合作不断深化，为粤港澳大湾区的高质量发展注入了新的动力。

（四）认同和归属感催生粤港教育交流与合作的优势和潜力

认同可以增强凝聚力。国家认同就属于集体认同，是个体对所属国家的群体身份意识以及由该群体意识所带来的情感及价值观上的心理归属。在社会政治层面，国家认同实质上是一种重要的国民意识，是维系一国存在和发展的重要纽带。① 英国学者雷切尔·沃克（Rachel Walker）指出，所有社会性都需要某种集体认同感和共识，这种系统化的认同赋予社会管理机构某种程度的权威性和合法性，一个社会如果缺少这种认同，它可能

---

① 施雨丹. 基于主动公民观的香港公民教育发展：国家认同的视角［J］. 华南师范大学学报（社会科学版），2011（1）：109 – 113，159.

很快就会分崩离析，并指出苏联的解体就是典型例证。①

学界也认识到了文化认同对跨境教育合作的深刻影响。麦克拉·马丁（Michaela Martin）等人通过对非洲、亚洲、拉丁美洲和欧洲7个国家的调查研究发现，跨境教育接收国对跨境教育提供者来源国家的认同度在一定程度上决定了该项目是否能够成功实施。② 在俄罗斯，来自西欧和美国的跨境教育提供者占绝大多数，而澳大利亚、新加坡、英国和美国是肯尼亚、菲律宾和南非跨境教育的主要提供国。由于语言优势，美国和西班牙在阿根廷和智利跨境教育中扮演重要角色。③

认同包括自我身份的认同、文化认同、民族认同、国家认同等，是教育合作与交流的思想根基所在。"香港一百多年的历史是殖民化的历史，正是这样的一种特殊的文化氛围，使香港人对自我的政治、文化身份认识显得更为敏感。"④ 香港与内地离散百年，文化与意识形态上出现隔阂并不奇怪，加之港英政府没有强推其国家意识，使得香港人在身份认同上一度出现迷茫。香港中文大学亚太研究所一项香港回归前的电话民意调查发现，"香港人"身份认同者持续超出"中国人"身份认同者的两成或以上，这个数据从1985年到2001年都没有太大变化。⑤

交流与合作增强了认同感与归属感，提升了文化认同和文化自信。香港回归后，提高青少年对国家的认识和归属感受到政府的高度重视，成为两地政府的重要任务。根据香港特区政府中央政策组在2006年4月进行的一项调查显示，75%的香港人表示会以身为中国人为荣；62%表示会以身为中华人民共和国公民为荣；65%同意因为有中国今天的国际地位，中国人才可以吐气扬眉；76%同意香港人需要加强爱国主义教育。2008年，有学者对香港青少年国民身份认同的调查结果显示，已有76.6%的香港青少

① 沃克. 震撼世界的六年：戈尔巴乔夫的改革怎样葬送了苏联［M］. 张金鉴，译. 北京：改革出版社，1999：58.

② MARTIN M，et al. The cross-border challenge of higher education：comparing experiences［R］//Chile，Oman，Philippines（South Africa），Crossborder-higher education：regulation quality assurance and impact. International Institute for Educational Planning，2007：1-3.

③ 王璐. 国外跨境教育研究十年［J］. 现代教育管理，2014（12）：118-123.

④ 周宇洁. 悲的尽处是"无间"：电影《无间道》艺术美赏析［J］. 安徽文学（下半月），2008（7）：92.

⑤ 王家英，尹宝珊. 对中国的"重新想象"：回归后身份认同的延续与变化［M］//香港社会政治的延续与变迁，香港：香港中文大学香港亚太研究所，2004：22.

年认同自己是中国人，其中有 36.1% 能够准确表达自己是"中国的香港人"。① 多个民意调查显示，香港市民关注国情、唱国歌、讲国语、识简体字、认同中国人身份的香港人，已上升到 65% 左右。② 根据 2021 年 5 月国家统计局发布的第七次全国人口普查公报，居住在内地的香港居民逾 37 万人，占香港人口总数的 5%，而这其中多数香港居民选择住在珠三角地区。2022 年 10 月，暨南大学"一带一路"与粤港澳大湾区研究院发起"粤港澳大湾区内港澳家庭家国认同的调查"，走进朝天小学港澳子弟班，解读粤港澳大湾区港澳家庭的家国情怀培育与实践。受访的港澳子弟家庭大部分重视家国认同感，对于自己作为中国人的国民身份认同感较高，表示"作为中国人感到骄傲"。对于留在祖国发展的意向上，超过八成受访者表示对港澳子弟班的教育水平满意，并希望子女继续在内地就读大学，有接近九成的受访者表示非常希望留在粤港澳大湾区发展，对大湾区的发展前景抱有乐观积极的心态。

香港与广东同处岭南，同属珠三角，同说粤语，两地交流历史久远，这种人缘、地缘、文缘的优势，再加上 20 世纪 80 年代以来广东经济的快速发展，广东又是中国改革开放的前沿阵地，使得香港对广东的认同度要大于内地的其他省市。这也为粤港两地各方面的交流与合作提供了动力，为两地教育的携手合作注入了活力。

二、粤港教育交流与合作的途径

（一）相互招生与学生互访

广东高校跨境招收香港学生。广东高校招收香港学生主要通过"单独招生"和"联合招生"两种渠道，如暨南大学实行单独招生，中山大学从 2003 年起可以自主在香港招生。其他高校在香港的招生由内地普通高等学校联合招收港澳台学生办公室组织联合招收港澳台侨学生考试（简称"联合招生考试"），由招生学校根据考生成绩进行录取。

---

① 邓伟胜. 香港青少年国民身份认同研究 [J]. 广东教育（教研版），2008（12）：97 – 99.

② 何志平，陈云根. 文化政策与香港传承 [M]. 北京：中华书局，2008：25.

香港高校跨境招收内地（广东）学生。目前香港高校主要通过参加内地"全国高考统招"与"自主招生"两种渠道在内地招收本科生；而招收研究生则采用"申请入学"的方式。① 如广东十多年前已促成北京师范大学和香港浸会大学的合作，双方开办的联合国际学院，至今已经培养出一万多名毕业生；香港中文大学（深圳）在内地的影响与日俱增，吸引了不少优秀学生报考，在招生成绩上更成为广东首屈一指的高校；在南沙开办的香港科技大学（广州），面积是香港校区的一倍，以香港科技大学的世界级科研实力，以及南沙位处广州、东莞和佛山三个中国制造业重镇而言，在科研以及科研成果转化上也将有很大的贡献。②

粤港两地学生互访深入广泛。一是学生之间的参观、访问和交流频繁。广东的优秀中学生曾多次组成代表团到香港访问，香港也多次组织优秀学生访问广东，中小学生艺术团体多次参加相互交流及表演。二是两地学校均组织或参与学科竞赛。中学生埠际 IQ 擂台赛曾经轮流在香港、澳门、广州、深圳、珠海举行，中小学生还可参加国际数学奥林匹克竞赛、机器人竞赛以及穗港澳三地学生联合举行的体育竞赛活动等。

（二）学术交流与研讨

一是师资交流与共享。粤港两地进行了多种形式的师资交流与共享实践，如中山大学与香港高校的师资交流就包含了访问学者、聘请客座或兼职教授、引进优秀人才来校任教、聘请专家担任学术带头人等形式。二是学生交流，包括组团赴对方地区访问、参加研讨会、辩论赛、参加培训等形式。如 2023 年 4 月 19 日，2022/2023 粤港姊妹学校签约仪式在广州国际媒体港举行，129 对粤港中小学、幼儿园结对，为历年来规模最大的一次。通过实地考察活动了解国家的历史、文化和发展，增强国民身份认同感，两地学生也建立了非常好的友谊。③ 三是共同举办学术会议或学术论坛。如 2019 年 11 月，南方科技大学与香港理工大学联合学术研讨会在深圳举行，研讨会旨在进一步促进两校在人才培养与科研创新领域的合作和交流。

---

① 全国教育科学规划领导小组办公室．"粤港澳高等教育合作机制研究"成果报告［J］．大学（学术版），2012（4）：78，79－83．

② 周文港．香港高校要发挥"走出去，引进来"的独特作用［N］．光明日报，2019－06－18．

③ 陈彧，吴彬彬，陈晨，等．香港教育局局长蔡若莲：香港学生到内地调研有意想不到的收获［N］．南方日报，2023－04－22（A06）．

（三）合作办学与校际交往

从高等教育层面看，第一，粤港两地高校通过校际签订交换生或互派学生进修的协议，开展本科交换生计划的合作办学活动；第二，粤港高校所开展的合作办学项目从办学类型区分又可分为实施学历教育的合作办学项目和实施非学历教育的合作办学项目，其中实施学历教育的合作办学项目从办学层次区分，可分为在本科教育层次和在研究生教育层次开展的合作办学项目；第三，粤港高等教育合作过程中出现了香港高校与广东地区政府及内地其他地区高校合作成立办学机构的现象，如北京师范大学－香港浸会大学联合国际学院即该类合作模式的典型代表；第四，粤港两地高校借地发展，如香港理工大学及深圳大学共同创立的大湾区国际创新学院（简称 GBA）于 2019 年 5—7 月首度举办的"深港初创实习·交流计划"，吸引了 17 名理大生、32 名深大生，以及 27 名来自英国、加拿大、德国、澳大利亚、日本、韩国等国的大学生参加。该计划亦为参加的大学生提供创新创业培训，以及在深圳初创企业实习的机会，不少参加者表示，他们从中得以了解大湾区的初创生态及市场环境，对他们日后如在区域内创业帮助甚大。

从基础教育层面看，广东省基础教育中小学校与其他地区学校的交流与合作在改革开放以来不断扩大，尤其跟香港的交流与合作密度较大、较频，形式多样，内容丰富，政府间的扶持力度也大，究其原因，可能与地缘和政策有密切关系。如基础教育和学前教育领域的交流，主要在教育管理层、校长、教师、学生、家长各层面"多点共进"。

（四）考察访问与培训学习

粤港两地教育考察访问的形式多样。香港教育局向香港立法会提交的文件显示，截至 2023 年 11 月 24 日，香港有约 3 760 名高中学生及约 400 名教师参与高中公民与社会发展科内地考察团，前往广东、上海、福建及贵州等地。内地考察团让学生通过实地考察活动了解国情和国家最新发展，从而提升国民身份认同。

2018 年 12 月 3—4 日，在"内地与香港姊妹学校经验交流活动暨 2018 粤港澳姊妹学校缔结活动"中，广州市第二中学副校长温晖介绍了该校自 2005 年起与香港的 3 所签约学校（德信中学、仁济医院王华湘中学、仁爱堂陈黄淑芳纪念中学）的交流经验。作为"粤港姊妹学校缔结计划"的广州市首批签约学校，广州二中与姊妹学校开展了"同题异教、一课两讲"示范课、无线电测向专题讲座、实验教学交流、英语课堂教学交流、科组交流等活动，"如切如磋，如琢如磨"。广州二中与姊妹学校建立起有效的联动机制，并将联动制度化、常态化、规范化，向纵深处发展，四校书法汇展活动、香港学生二中"历奇"活动、二中学生香港小住等，"同玩同乐，同进同得"。文艺交流方面，歌舞《岭南月夜》、普粤双语诵读《蜀道难》等广州二中与王华湘中学联排的节目，展现了两地学生良好的表演能力，增强了两地学生的中华民族自信心和自豪感，培养了两地学生的古典文化底蕴和优雅情怀。

在深圳市南山区学府小学，类似的交流活动也已开展多年。学府小学与香港马头涌官立小学（红磡湾）缔结为姊妹学校，以积极推介传统文化，加深理解与融合，促进姊妹学校的形成与发展为目的。在实践中，学府小学还提出了姊妹学校交流"四个一"：构建一个平台（构建境内外教育联盟平台），建立一种机制（建立姊妹校合作共赢交流机制），推进一项改革（学习姊妹校经验，推进家校合作沟通改革），抓好一个项目（抓好姊妹校学生社团交流学习项目）。

（五）合作科研

粤港两地科研课题项目合作日趋增加，根据陈昌贵等人对粤港澳高校科研合作状况的调研分析可知：从科研合作项目的学科分布领域来看，自然科学领域的合作项目居多；从科研项目合作的方式来看，广东高校的人员投入比例较大，主要提供人力支持，而香港高校的资金和设备的投入比例较大；从科研合作项目资助单位的总体分布来看，超过一半的项目接受来自香港的资助；从科研课题合作项目的成果类型分布情况来看，"论文"是所选高校和项目中出现频次最多的成果形式，"研究报告"和"计算机软件"两种成果形式次之。[①]

跨境产学研合作也是粤港科研合作的重要形式。如深圳虚拟大学园和深港产学研基地是粤港两地开展跨境产学研合作的重要平台；[②] 又如中山大学与香港中文大学合作建立了华南肿瘤学国家重点实验室伙伴实验室，

---

① 陈昌贵，韦惠惠，吴艳云. 粤港澳高校科研合作现状调查与分析［J］. 高教探索，2009（6）：72－76.

② 全国教育科学规划领导小组办公室. "粤港澳高等教育合作机制研究"成果报告［J］. 大学（学术版），2012（4）：78，79－83.

与香港大学共建粤港传染病监测联合实验室，与香港中文大学合作建设了香港中文大学－中山大学历史人类学研究中心，在自然科学领域和人文社科领域实现了全面的合作。

第三节　粤港教育交流与合作的领域与事件回顾

粤港两地教育在互惠互利中得到发展，合作力度不断加大。强化两地教育交流与合作，应在基础教育、高等教育、职业教育等方面进行多领域、多层次探索。

一、粤港教育交流与合作的领域

（一）粤港两地基础教育合作大有作为

在基础教育方面，粤港两地的交流合作不断深化。粤港两地开展了粤港中文教师交流协作计划、粤港教师语言教学培训项目（英语、普通话）等多个教师交流项目，均得到香港中小学校和老师的热烈欢迎和普遍认可。

粤港两地基础教育合作内容丰富，为解决粤港等地中小学生跨境就学问题，可共同在深圳建设港人（全港式）子弟学校，或在所指定的内地学校中为港人子弟提供部分学位，开办"港人子弟班"，提供全港式教育。对散居就读的港人子弟，尽快做好"六三三四制"的过渡与衔接工作。香港特区政府对可享受香港教育福利的学生采取学券的方式提供援助，深圳利用收取香港特区政府提供的学券建立奖学金，资助本地学生去香港交流学习。

从长远而言，也要进一步制定跨境受聘的政策。香港应逐步减少跨境受聘的限制，但需要稳步进行，以减少政策带来的负面效应；教育行政机构必须对教育系统内的职位空缺及流动现状有更多的掌握，在实施跨境受聘的同时，保障教育工作者的专业发展；通过正规教师培训计划，强化香港教师的专业水平及教师竞争力；积极推进双向性的跨境受聘。随着深圳的快速发展，深圳同样需要高水平的教学人员，但由于香港教师对深圳教师工作系统并不了解，很少有教师到内地寻找教学机会。对此，深圳应从政策、规划、宣传、教育及实践等多方面给予配合，真正实现双向的跨境受聘。①

2019 年 11 月 6 日，粤港澳大湾区建设领导小组会议在北京召开，会后香港特区政府公布了领导小组同意的 16 项政策措施（简称"惠港十六条"），有关措施将进一步便利港人在大湾区内地城市发展、读书、就业和居住，以及加强大湾区内人流、物流、资金流等方面的便捷流通。在教育交流与合作方面，"惠港十六条"可促进港澳子弟随迁湾区就近入学，香港学生在大湾区公办学校入学难的问题迎刃而解。粤港澳大湾区珠三角 9市中幼儿园、中小学学位情况，为港澳居民子女在广东接受学前教育、义务教育和普通高中教育做好保障，并实行"欢迎就读，一视同仁，就近入学"政策。持有港澳居民居住证的港澳人士随迁子女，可按当地制定的相关政策入读义务教育学校。在粤港澳大湾区，除了广州、深圳等一线城市外，佛山、东莞等各地也已纷纷探索开办各具特色的港澳子弟班。大湾区珠三角 9 市陆续发布入学方式，支持港澳子弟在普通学校普通班级中跟班就读。②

（二）加强粤港两地高等教育的深度合作

香港名校来粤合作办学，合作办学不断获得突破。粤港两地虽地缘联系紧密，但体制不同，在很多方面沟通交流仍有瓶颈。广东全面贯彻落实《粤港合作框架协议》《粤港澳大湾区发展规划纲要》，不断完善粤港两地高校交流机制，重点支持香港地区知名大学在珠三角地区合作举办高等教育机构和科研机构。为推动粤港两地高校的沟通互动，2009 年起广东省发起粤港高校合作与交流部门主要负责人座谈会，组织省内 15 所主要高校和港方 9 所高校直接交流，有效促进粤港双方高等教育的了解，有助于两地整合优质资源共同提升办学水平。这是内地与香港高校交流的创新举措，已成为两地高校定期交流机制。目前，香港高校在内地成立分校或与内地高校联合办学已不是新鲜事。

2005 年，北京师范大学 – 香港浸会大学联合国际学院作为首家内地与香港高教界合作创办的大学成立。2016—2017 学年，北师港浸大获教育部

---

① 国务院研究室课题组. 推进粤港教育合作发展：建立粤港澳更紧密合作框架研究报告之八［J］. 中共珠海市委党校珠海市行政学院学报，2012（1）：50 – 53.
② GBA 湾区资讯站. 惠港 16 条｜港澳子弟可望随迁湾区就近入学［EB/OL］.（2019 – 11 – 16）［2021 – 04 – 02］. https://mp. weixin. qq. com/s/ – – MnwSg45z6vioFQJNExcA.

批准开展研究生教育；2017 年，北师港浸大建立研究生院，开设研究型硕士、博士专业课程及授课型硕士专业课程，毕业生获颁香港浸会大学学位证书。

2011 年，香港大学在深圳市政府的支持下成立香港大学深圳研究院，同时成立了香港大学深圳医院，并于 2012 年开始运营，2017 年正式成为国家三级甲等综合医院。

2014 年，教育部同意批准设立香港中文大学（深圳），于同年首次进行招生。

2022 年 9 月，香港科技大学（广州）正式开学，此前已先行招收了106 名研究生。

构建粤港高等教育合作试验新区，将从根本上改变粤港高等教育合作不温不火的现状，从礼节性的（表层的）、局部的（零星的）、自生自灭的（非制度化的）合作，转变为深层的、全面的、长期的、可持续发展的全方位合作。粤港高等教育合作试验新区建构需要坚持平等互利的原则，切实尊重和平衡两地的利益；建立教育合作新区的目标是，全面提升粤港两地高等教育的水平，为粤港两地经济社会发展，以复合模式共同培养复合型、国际化的创新人才；合作的重点可以从人才培养、学科建设与科研攻关，以及教育信息资源的合作等方面着手。人才培养是粤港高等教育合作试验新区的核心，以此拓展全面的合作，切实为粤港两地提供更多高素质的特色人才。以学科建设和科研攻关为依托，合力打造新的具有世界一流水平的学科，实现高等教育发展的"超长板效应"。①

（三）粤港职业教育合作潜力无限

在职业教育方面，推进粤港职业教育在人才培养、师资培训、技能竞赛等方面的合作，探索职业教育办学合作的新模式，推动广东省职业教育改革发展。

香港拥有 5 家法定公营职业教育机构，包括职业训练局（VTC）、雇员再培训局（ERB）、香港生产力促进局（HKPC）、建造业议会（CIC）、制衣业训练局（CITA），以及包括香港各大学的专业进修学院、香港恒生大学、明爱教育培训机构、工联会联合训练中心、蒙尼坦美容学院、赛马会学院 6 家

---

① 徐瑶，廖茂忠. 创建粤港高等教育合作试验新区的思考［J］. 高教探索，2015（5）：35 – 38.

民办私营职业教育机构，粤港职业教育合作发展的先天资源优势显著。①

　　2002 年 5 月 22—24 日，粤港职业技术教育研讨会在广州举行，研讨会围绕校企合作、产学研合作在高职教育中的地位与作用及全球化、信息化、高科技对高职教育的挑战两大主题，进行了广泛、深入的探讨和交流。2010 年 11 月，粤港合作共建的香港知专设计学院广东工业设计培训学院正式开学，广东借鉴引进香港人才评价培养的先进经验，大力推进颁发粤港两地认可学历的课程体系建设，首批学员得到社会及业界的充分认可。首批 210 名学员中，三分之一学员在学院就读期间因表现突出，获得多家知名设计企业的提前录用。② 2019 年 1 月，肇庆市教育局等相关职能部门和有关中职学校负责人一行赴香港交流，并与香港职业训练局签订《香港职业训练局与肇庆市教育局职业教育合作意向书》，就两地职业教育的师资培训、互派教师、学生交流和就业等方面的合作，形成书面的合作意向。

（四）加强粤港教师教育的交流与合作③

　　改革开放初期，我国对外逐渐开放，经济逐渐复苏，社会不断发展。广东作为内地改革开放的前沿，各方面改革发展先行一步，率先与香港开展交流，并随着改革开放的深入，各方面的交流逐渐增多且变得广泛起来。香港的社会经济发展，急需大量各方面的人才，客观上推动了香港的教育事业发展，由此带动教师教育的新需求。这为粤港教师教育合作提供了新的机遇。

　　粤港教师教育合作协同创新 40 多年，由开始时的试验草创阶段到全面合作阶段，再到后来的拓展深化合作，呈现如下特点：一是由探索试验时期的粤港两地自发地、自下而上地寻求合作培训在职教师，发展成为区域政府间协同发展教师教育，并最终成为国家主导的、以粤港两地为核心的泛珠三角区域教师联盟协作发展；二是粤港教师教育合作突破了过去主要是由广东师范院校，尤其是华南师范大学为香港提供教师教育与培训的单向服务，转变为两方互为对方提供职前与职后教师教育与培训服务，如教师互派、学生互换，甚至出现广东青年学子报读香港师范院校修读高级学

① 安冬平. 粤港澳大湾区职业教育合作发展的理论逻辑构建［J］. 职教论坛，2019（9）：147–151.
② 黄颖川. 粤港职业教育，合作潜力无限［N］. 南方日报，2011–08–24.
③ 马早明. 协同创新 30 年：粤港澳教师教育合作的回顾与前瞻［J］. 华南师范大学学报（社会科学版），2014（6）：62–67，162.

位的现象。从 1999 年起，广东每年从粤东西北地区选派 30～40 名英语骨干教师赴港参加为期 3 周的"广东省中小学英语教师在职培训项目"；与此同时，作为其姊妹项目，香港选派普通话科教师或以普通话为教学语言的中文科教师，来广东参加为期 3 周的普通话教师交流培训班。2023 年 7 月 18 日，由广东省教育厅、香港教育局合作主办，国家语言文字推广基地（华南师范大学）承办，华南师范大学协办的 2023 年香港普通话教师广东交流活动开班仪式在华南师范大学举行。该活动加强了粤港两地的教育合作，提高了香港普通话教师的专业水平，对促进香港普通话教育水平提高而言是重要举措之一，对于增进粤港交流沟通和促进湾区融合发展也具有长远意义。

　　香港教师教育的发展是多种因素叠加作用的结果。一直以来，香港教育发展的定位是从国际社会中寻找坐标系，其发展目标是卓越教育。教师教育亦是这一目标的重要组成部分，但教师教育与其他领域不同，教师职业的特殊性就在于对学生影响的可持续性。因此，培养什么样的教师一定程度上决定了培养什么样的人。香港教师教育在香港回归后 20 多年的发展过程中，一直以教会学生如何学习为目标，工具性意义较为明显，但在教师的价值意义方面则关注不够。田小红等在分析香港教师教育目标时指出："香港教师教育的价值取向逐渐从对英语国家的文化转向全球化，显示出教育以及教师教育的政治无涉性。关于教师教育目标陈述的问题，从民族国家、历史/文化、本土三个维度进行分析，可以发现香港的教师教育目标整体上缺乏民族国家和社会重建导向，在文化方面，缺乏文化认同，看不到中国文化传统，目标传递出一种普遍性；本土视野缺失，目标设置去情景化，目标没有建立在香港教育系统的独特性上。"① 即使香港教师教育全球化定位与香港教育发展的定位是一致的，但教师教育的独特性在于它首先是本土的，是不能脱离"一国"框架、不能脱离香港的。因此，在粤港澳大湾区建设的背景下，从香港融入大湾区建设及粤港澳大湾区教育协同发展的角度出发，香港教师教育既要有全球化的视野，又要有本土情怀。②

---

① 田小红、钟泽. 香港教师教育目标的连续性、变革与问题：1992—2017 [J]. 教师教育学报，2018，5（6）：75－82.
② 施雨丹. 比较视角下粤港澳大湾区教师教育发展探析 [J]. 广东技术师范大学学报，2020，41（1）：25－31，41.

二、粤港教育交流与合作的事件回顾

广州市教科所从 20 世纪 80 年代就开始与香港浸会大学教学发展中心进行学术研究合作，20 世纪 90 年代又派遣人员参加香港教育学会年会或有关主题的研讨会。

2001 年，粤港教师教育开始短期培训项目的合作，"香港骨干教师普通话培训班"就是粤港教育八大合作项目之一。该项目采取了"广东省专家联合舰队"模式，聘请了 7 所学校近 20 位专家授课，受到各方面的充分肯定。2002 年，华南师范大学作为广东高校在粤港协同办学方面表现突出，被教育部确定为全国 4 个"香港中小学骨干师资培训基地"之一。①

2002 年 5 月，由香港专业教育学院、深圳职业技术学院、广州民航职业技术学院、番禺职业技术学院四校发起联办，广州民航职业技术学院承办的 2002 年粤港职业技术教育研讨会在广州民航职业技术学院举行，参会代表共同探讨了高职教育与经济全球化、校企结合、产学研合作教育、高职教学改革等问题。

2004 年 2 月，香港大学教育资助委员会连同香港 8 所大学组成的校长级代表团访问广东省教育厅，就两地如何进一步深入合作进行了会谈。

2004 年 3 月，在成立的大珠江三角洲商务委员会中，设立了一个包括科技、教育、人才资源在内的以进一步促进粤港合作为目标的工作小组。

2004 年 6 月，首届泛珠江三角洲区域合作与发展论坛举行，在"9 + 2"合作框架下所签署的十大合作领域中第四条就提到科技、教育、文化合作，其中包括加强 9 省区高校校际的交流暨合作、联合办学的探讨、学分互认、加强科研项目、建立 9 省区高校的国家级和省级重点学科和实验室等合作议题。

2004 年 7 月，在第一届泛珠江三角洲区域教育发展合作会议上，各方教育行政首长签订了《关于加强泛珠三角区域教育交流合作的框架协议》，强调教育事业发展是深化粤港合作的基石。

2005 年，内地与香港高等教育界合作创办的首家大学在珠海市创立。

---

① 强海燕，柯森. 粤港澳教师教育研究［M］. 广州：广东人民出版社，2012：50.

经教育部特批，北京师范大学和香港浸会大学携手创办北京师范大学－香港浸会大学联合国际学院（UIC）。这也是国内第一所博雅型大学，设有工商管理学部、人文与社会科学学部、理工科技学部及文化与创意学部四个学部，共 23 个本科专业（方向）。

2005 年 5 月开始，粤港两地的中小学缔结为姊妹学校，这项活动得到了两地政府的支持，越来越多的学校缔结为姊妹学校。

2008 年，香港教育局推出"同心同根——香港初中及高小学生内地交流计划"，由香港特区政府连续 5 年资助中小学生前往广东省开展交流参观活动。

2012 年 12 月 21 日，香港科技大学与广州大学合作办学意向书签署仪式在广州市政府礼堂举行。广东省教育厅副厅长魏中林出席了签署仪式并致辞。魏中林指出，引进境外优质教育资源已成为广东省高等教育发展的战略部署，广州大学与香港科技大学的合作是继香港中文大学（深圳）批筹动工以来粤港高等教育交流合作的又一件大事、好事，希望两校能够精诚合作、稳步推进，把好事办成、办好。

2013 年 1 月 4 日，广东省部分高校免试招收香港学生工作座谈会在广州举行。部分高校代表结合实际情况，分享了 2012 年免试招生中的相关经验和做法，并严格按照 2013 年招生程序和办法，合理安排宣传推介工作，为香港学生提供另一升学途径，为他们在内地或香港有良好发展开拓新天地。

2013 年 3 月 18 日，2013 香港英语教师赴内地交流协作项目在广州启动。广东省教育厅及香港教育局，深圳、佛山及中山的教育行政部门及项目学校的相关人员共 50 人参加了启动仪式。香港英语教师赴内地交流协作项目试点计划自 2010 年开展以来，在深圳、佛山顺利实施并取得良好效果。根据教育部港澳台办的意见，2012 年起，该项目纳入"粤港合作框架协议"，由广东省教育厅与香港教育局合作开展。

2014 年 6 月 14 日，广东省教育厅在广州召开"粤港姊妹学校"工作座谈会。此次座谈会为回顾、总结 2005 年以来"粤港姊妹学校"工作，进一步深化粤港教育交流合作而举办。广州、深圳、珠海、佛山、韶关、惠州、东莞、中山、江门、肇庆等市教育局负责人及各市姊妹学校粤方代表参加了会议。

2014 年 6 月 26 日，粤港高等教育合作研讨会在香港举行，教育部、香港中联办相关负责人出席，粤港两地政府部门及高校负责人和专家约 40 人参加。研讨会起到了推进粤港高等教育深化合作，实现两地教育资源优势互补、共同发展的作用。会议建议可由粤港几所知名大学发起建设粤港高等教育联盟，以此实现粤港高等教育国际化联动，提升两地高等教育国际化程度及水平。[①]

2015 年 8 月 13 日，2015 年粤港教育专责小组工作会议在广东省教育厅召开。会上，粤港双方代表围绕基础教育、高等教育、职业教育及粤港服务贸易自由化四方面议题进行了深入讨论和全面交流，为推进当前和今后一段时间的粤港教育合作奠定了良好基础。双方充分肯定了过去一年来粤港教育交流合作的丰富合作成果，就下一阶段如何继续推动粤港教育交流合作进行了务实磋商。

2015 年 11 月，广东省委书记胡春华、省长朱小丹在广州会见香港教育局局长吴克俭与香港八大院校校长访问团。此次来访的香港八大院校校长访问团成员来自岭南大学、香港浸会大学、香港中文大学、香港教育学院、香港理工大学、香港城市大学、香港科技大学、香港大学。[②]

2015 年 12 月 15 日，穗港姊妹学校 10 周年成果展示分享暨"粤港姊妹学校缔结计划"2015 年签约仪式在广州举行，来自香港 80 所学校的 400 多名师生，与广州、深圳等地的 200 多名师生见证了两地 37 对学校签约缔结为姊妹学校。37 对姊妹学校包括小学、中学、特殊学校等。如香港柴湾角天主教小学与广州市荔湾区华侨小学缔结，香港九龙工业学校与广州市番禺区南村中学缔结，香港真光女书院与广州市真光中学缔结，香港真光中学与广州市长堤真光中学缔结，香港培英中学与广州市执信中学缔结等。

2016 年 2 月，肇庆市教育局局长彭银祥在香港与香港新界校长会会长朱景玄共同签订了为期 5 年的教育交流合作意向书。本次签订教育交流合作意向的宗旨是充分发挥肇港两地基础教育优势，借鉴香港先进的教育办学理念和经验，探索两地基础教育交流与合作，提升基础教育办学水平，加深肇港两地师生的相互了解，促进两地学校共享教育资源，提高学校的

---

① 吴哲，黎泽国. 高等教育合作研讨会在港举行，专家建议成立粤港高等教育联盟 [N]. 南方日报，2014 – 06 – 28.

② 林继，岳宗. 推动粤港高校交流合作 [N]. 南方日报，2015 – 11 – 03.

管理能力，带动教育事业的不断创新与发展，有计划、有步骤地推进基础教育各层面、多领域的紧密合作。通过采取合作交流、取长补短、校情了解、校园考察、专题报告、个案分析、问题研讨、经验分享、随班观课、社会实践、互派师生等形式开展活动。

2016 年 7 月 21 日，香港教育局与香港 6 所高校的校董会主席来粤访问，与广东省教育厅及广东省 17 所高水平建设高校共同举办了粤港高校高层交流会。会议以"国家'一带一路'建设与粤港高校合作"为主题，就加强粤港两地高等教育交流合作、探索共同参与国家"一带一路"建设等内容进行了深入交流。中央政府驻香港联络办公室教科部、广东省人民政府港澳事务办公室、香港特区政府驻粤经济贸易办事处也参加了会议。与会的高校代表纷纷表示，在积极参与国家"一带一路"建设中加强粤港合作，是以战略思维和共赢理念开启的有益尝试，双方应紧紧抓住这一历史机遇，不断创新合作模式，推动粤港两地高校向着更高水平迈进，积极参与国家建设及长远发展。

2017 年 4 月 11 日，华南理工大学国际教育学院与香港明爱屯门马登基金中学签署教育合作协议，华南理工大学在土木工程、材料科学与工程、计算机科学与技术、环境工程等英文授课本科专业面向明爱屯门马登基金中学招收优秀非港籍国际生。华南理工大学国际教育学院与香港明爱屯门马登基金中学成功签约，开启了粤港教育合作的新模式，翻开了粤港教育合作的新篇章。

2017 年 5 月 25—26 日，由广东省教育厅、香港教育局和深圳市教育局联合主办的"香港英语教师赴内地交流协作项目"2017 总结分享会在深圳市罗湖外语学校举行。广东省各地市中小学英语教研员及骨干教师代表、深圳市各区中小学英语教研员和教师代表共 400 余人参加了本次总结分享会。

2018 年 12 月 3—4 日，在"内地与香港姊妹学校经验交流活动暨 2018 粤港澳姊妹学校缔结活动"中，首先由广州市第二中学副校长温晖介绍了该校自 2005 年起与香港的 3 个签约学校（德信中学、仁济医院王华湘中学、仁爱堂陈黄淑芳纪念中学）的交流经验；随后开展了"同题异教、一课两讲"示范课、无线电测向专题讲座、实验教学交流、英语课堂教学交流、科组交流等活动。

2019 年 7 月 2 日，深港医学专科培训中心、广东省全科医生师资培训中心（基地）在香港大学深圳医院揭牌。其中，深港医学专科培训中心由香港医学专科学院和深圳市医师协会共同成立，借鉴香港医学专科学院的模式和经验，以香港大学深圳医院作为培训基地，将为深圳乃至粤港澳大湾区培养更多专科医学人才，建立专科医师规范化培训体系。

2019 年 11 月 2 日，南方科技大学 – 香港理工大学联合学术研讨会在南方科技大学图书馆报告厅举行，本次研讨会按学科领域设置了三个分会场，共吸引了两校近 70 名教授学者参加并做报告，旨在进一步促进两校在人才培养与科研创新领域的合作和交流。南方科技大学已与香港地区的五所知名高校开展了博士联合培养项目，包括香港大学、香港科技大学、香港浸会大学、香港理工大学与香港城市大学。

2020 年 4 月 8 日，为给香港科技大学（广州）建设"快马加鞭"，助力大湾区教育"美美与共"，广州大学、香港科技大学在"云端"签署协议，两校共同出资设立联合科研种子基金。两校拟在机器人专业的人才培养、产学研合作等方面强强联合，助推香港科技大学（广州）高起点办学。香港科技大学（广州）项目于 2019 年 9 月破土动工，该校试图通过打破院系边界、发力交叉学科等"组合拳"，与香港校区差异化发展。

2020 年 11 月，教育部和广东省政府联合印发了《推进粤港澳大湾区高等教育合作发展规划》，提出全面推进大湾区高等教育合作办学、合作育人、合作创新、合作服务，把大湾区打造成国家深化高等教育体制机制改革试验区和内地与港澳教育全面合作发展的生动样本。

2021 年 7 月，深圳市罗湖区教育科学研究院粤港澳教育研究部主任高红妹主持的课题"项目引领的粤港澳姊妹学校合作模式研究"，被立项为全国教育科学"十四五"规划 2021 年度教育专项课题，该课题旨在通过研究形成国家层面的成果，充分发挥深圳地域优势，努力达到共创、共享、共赢的效果。

2021 年 9 月起，由深圳海外联谊会、香港深圳社团总会、香港深圳青年总会共同发起的"手牵手 向前走"——深港青少年携手成长计划在深港两地 15 个会场同步启动。该计划通过携手同学、携手同业、携手同创三大行动，凝聚起深港青少年携手同心共担时代重任、共创湾区辉煌、共享祖国荣光的高度共识和磅礴力量。

2021 年 10 月，深圳市南山区前海港湾学校携手香港救世军田家炳学校参与粤港"一课两讲"品德教育交流活动正式启动。6 月 9 日，深圳市南山区前海港湾学校与香港救世军田家炳学校作为十对缔结的姊妹学校之一，携手开展课后研讨活动。

2022 年 6 月 13 日，深圳外国语学校（集团）高中部与姊妹学校香港荃湾公立何传耀纪念中学师生进行了首次线上联谊活动，主题是"两地学生科技应用与科学实验示范与交流"。

2022 年 8 月，2021—2022 学年"内地与香港教师交流及协作计划"完美收官。34 位内地专家教师坚持赴港交流一年，以优良的业务素质和师德情操，展现了内地教师的优良精神风貌，希望能继续发挥"教育大使""文化大使"的作用，为两地教育交流作贡献。

2022 年 9 月 1 日，香港科技大学（广州）举行开学典礼，标志着广东多了一所实力雄厚的一流大学，粤港两地在高水平创新型科技人才培养和科研成果研发及转化等方面有了新的高端合作平台，有助于两地更好地实现跨境和跨领域的产学研深度融合。

2022 年 10 月 28 日，香港科技大学（广州）举行了两项重要签约仪式：广州南沙开发区管委会与香港科技大学（广州）签署协同创新全面合作协议；广州市科技局、广州南沙开发区管委会、香港科技大学（广州）签署广州市基础与应用基础研究市校（院）企联合资助项目协议。

2023 年 3 月 21 日，粤港合作联席会议第二十三次会议在香港举行，双方围绕"深化粤港各领域务实高效合作，推进粤港澳大湾区高质量发展"主题进行深入交流。会议指出，粤港双方要深入贯彻落实习近平总书记、党中央部署要求，加强沟通交流、凝聚合作共识，推动形成更多务实举措，为促进粤港澳大湾区高质量发展，支持香港保持长期繁荣稳定、更好融入国家发展大局作出新贡献。

2023 年 4 月，2022/2023 年粤港姊妹学校签约仪式在广州举行。在粤港各界教育同仁的见证下，共有 120 对粤港学校签约缔结为姊妹学校，缔结范围涵盖学前教育、中小学教育和特殊教育。粤港两地姊妹学校缔结，是推动粤港澳大湾区教育交流合作的重要举措，对促进两地学校深入交流，增进两地师生相互了解具有积极作用，受到粤港两地学校的广泛认可。

为加强粤港中小学国家安全教育合作交流，促进两地教师专业发展，在香港中联办教科部、广东省教育厅指导下，香港华夏教育机构和广东省教育研究院联合主办的粤港"同上一堂课"活动分别于 2023 年 4 月 29 日、5 月 13 日在香港举行。

2023 年 7 月 18 日，由广东省教育厅、香港教育局合作主办，国家语言文字推广基地（华南师范大学）承办，华南师范大学协办的 2023 年香港普通话教师广东交流活动开班仪式在华南师范大学举行。

2023 年 8 月 24 日，香港教育局与广东省教育厅签署了《关于加强粤港教育交流与合作框架协议》，旨在加强两地的教育协作，支持粤港澳大湾区的高质量发展。

2023 年 12 月，以"推进教育高质量发展，加快建设教育强国"为主题的第十二届深港校长论坛在深圳香港培侨书院龙华信义学校举行，来自粤港澳大湾区的 400 多名教育工作者开坛论道，共商教育发展新路径。

第三章 粤澳、港澳教育的交流与合作

澳门作为中国的一个特别行政区，在政治、社会、经济、教育等制度上具有独立性，同时澳门还是一个拥有多元文化和小微特征的地区。回归以来，澳门特区政府坚守"一国"之本、善用"两制"之利，积极发展教育。广东与澳门通过多领域的教育合作，增进了解，巩固共同的文化基础，降低社会沟通成本，实现粤澳教育资源的互补和更大程度的共享，有利于推动两地经济社会的持续发展。

第一节 粤澳教育密切交流与合作的原因①

广东与澳门相互毗邻。自内地改革开放后，两地不仅在经济上加强了交流与合作，而且在社会文化上的交流与合作发展也相当快，其中教育的交流与合作是发展最快的领域之一。

一、粤澳教育交流与合作的良好政策环境

2008 年 12 月 4 日粤澳合作联席会议在珠海举行。会上，粤澳双方就进一步推进粤澳重点合作项目及加强合作机制建设等进行了深入探讨和磋商，达成广泛共识，取得了一系列实质性合作成果。会议期间，双方签署了《粤澳旅游合作协议》《粤澳双方共同推进中医药产业合作项目协议》《粤澳文化合作项目协议》《粤澳教育交流与合作协议》《粤澳体育交流与合作协议》《粤澳城市规划合作框架协议》《关于成立珠澳合作专责小组的备忘

---

① 冯增俊，周红莉，邹一戈. 新时期粤澳高等教育交流与合作战略思路及对策［J］. 现代大学教育，2011（2）：102 - 106.

录》《粤澳应急管理合作协议》8 个合作协议。2008 年澳门还与深圳市教育局签署《深澳教育合作协议》，促进学校合作，加强行政人员、教学人员及学生交流。

2009 年 8 月 14 日，国务院正式批准实施《横琴总体发展规划（2009—2020）》。该规划提出依托港澳科技教育资源优势和内地人才资源，建设珠江口西岸的区域性科教研发平台；开展教育培训，充分利用香港和澳门国际化专业人才培训资源优势，建立面向粤港澳三地，以高端专业人才、技术人才培训和普通高等教育为主的教育培训园区，开展全方位、宽领域、多形式的智力引进和人才培养合作，优化人才培养结构；利用名校品牌资源，汇集名校师资力量，吸引港澳及内地高校在横琴办学，有系统、全方位地培养适宜澳门和珠江口西岸地区产业发展需求的技术人才，为珠江口西岸地区各级政府和社会管理阶层开展高级培训，培养更多更具国际化思维和市场开拓能力的新型管理人才。

2011 年 3 月 6 日，广东省人民政府和澳门特别行政区政府在北京签署《粤澳合作框架协议》，在"教育培训"合作方面提出：推进高等教育和科研合作，建设横琴岛澳门大学新校区，澳门特区政府有关部门向就读澳门大学等澳门高等院校的广东学生提供奖学金；扩大互招学生规模，推动高校学分互认，共建实验室和研究中心，打造粤澳产学研合作平台；推动幼儿园和中小学教育资源相互开放，开展教师培训交流合作，共同研究跨境学生通关、交通等便利措施。澳门逐步对在广东就读幼儿园和中小学的澳门幼儿及学生提供学费津贴，加强职业教育培训合作，共同举办旅游、酒店、会展、创意设计等职业培训项目，建立职业教育师资交流制度，鼓励澳门教育培训机构与广东教育培训机构合作开展职业教育培训项目，全面系统地培养符合澳门和广东产业发展需要的技术、技能人才。

2014 年 7 月 16 日，粤澳合作联席会议在澳门举行，粤澳双方签署了 6 项合作协议及备忘录，包括《关于合作建设中山翠亨新区的框架协定》《关于加强粤澳高等教育交流合作备忘录》《珠江口区域 VTS 数据共享合作计划》《粤澳文化交流合作发展规划 2014—2018》《关于游艇自由行的合作协议》《关于推进珠澳跨境工业区珠海园区转型升级的合作备忘录》。双方确定，粤澳在携手全面落实好国家"十二五"规划的同时，积极争取国家"十三五"规划的支持，为粤澳发展创造更多新的机遇和新的空间。重视社会民生合作，助粤澳民生改善：持续加强高等教育、文化、环保、食品安全和能源等领域的合作。

《广东省中长期教育改革和发展规划纲要（2010—2020 年)》强调广东省要不断"提升粤港澳台教育合作层次和水平"。加强粤港澳教育更紧密合作与融合发展。巩固粤港澳教育交流合作平台，优化珠江口东岸、西岸教育开放合作功能布局，扩大合作领域，促进粤港澳人才培养优势互补，深化科研合作和学术交流，加强产学研结合，推进青少年交流互访。积极解决港澳人士子女在粤接受教育问题，支持设立港澳人士子女学校。推进粤港澳职业教育在培养培训、师资交流、技能竞赛等方面的合作。促进珠江三角洲地区高等学校与港澳知名大学合作举办高等教育机构，着力引进国际化人才，借鉴先进办学理念和经验，促进教育国际化，形成良性互动新机制。促进粤港澳共同建设以紧密合作、融合发展为特征的我国南方教育高地。

2019 年 11 月，粤港澳大湾区建设领导小组会议后，中央新推出 15 项惠澳政策措施，其中包括保障在粤工作的港澳居民子女与内地居民子女同等享受教育，包括学前教育、义务教育、高中教育。2020 年 7 月 9 日，广东省人民政府港澳事务办公室网站公布实施《粤澳合作框架协议》2020 年重点工作，部署 2020 年粤澳合作的 8 大方面共 73 项具体措施。2020 年是《粤澳合作框架协议》签署第十年，双方已连续十年每年部署重点工作。支持澳门经济适度多元发展是深化粤澳合作的重点。双方将加快推动在横琴设立粤澳深度合作区，构建粤澳共商共建共管的体制机制，探索更加灵活、开放的合作方式。同时，推动在横琴先行先试实施货物便利通关政策，研究在横琴建立商事登记资料互通平台，加快澳门中医药产业发展在横琴先行先试政策落地。①

2021 年 9 月，中共中央、国务院印发《横琴粤澳深度合作区建设总体方案》，提出深化粤澳教育合作交流，促进教育人才、科技、资源等要素在深度合作区高效流动。这对于新时代历史背景下进一步推动粤港澳大湾区建设迈上新台阶，为粤澳两地教育高质量的融合发展与深度合作，注入了新的动力。

2023 年 2 月 8 日，广东人大网发布《横琴粤澳深度合作区发展促进条

---

① 畅想湾区.《粤澳合作框架协议》收官之年，广东省发布 2020 年重点工作［EB/OL］.（2020 - 07 - 11）［2021 - 04 - 02］. https://mp. weixin. qq. com/s/PpOncoSQ67Mon_ DearhWAQ.

例》全文，该条例共有 8 章 66 条，自 2023 年 3 月 1 日起施行。该条例旨
在为横琴粤澳深度合作区建设提供强有力的法治保障，推动澳门长期繁荣
稳定和融入国家发展大局。

上述相关文件的出台都为粤澳教育交流与合作的良好发展奠定了坚实
基础，形成了支持两地教育合作发展的良好政策环境。

二、粤澳教育具有地缘交流的优势

粤澳两地地缘相近、人缘相亲，两地教育具有很强的地缘交流优势，
地理毗邻、语言文化共通、亲情连接等因素，都促使粤澳教育形成很强的
交流优势。

从粤澳高等教育视角的发展脉络可见，粤澳高等教育发展分为三个时
期。第一时期，粤澳高等教育发展始于 1594 年澳门创办远东第一所高
校——圣保禄学院的推动。著名传教士利玛窦就是从圣保禄学院修习后首
先来到广东肇庆传教的，其对广东乃至中国的近代化产生了巨大的影响。
第二时期是广东高等教育向澳门的辐射。广东从 20 世纪初开始创立新式大
学，到抗日战争时期，广东一些高校和仁人志士为躲避战争的破坏而迁至
澳门，如广州大学、粤海文商学院、华侨大学等，① 使 20 世纪上半叶粤澳
高教发展相互交融。第三时期是改革开放以来粤澳高等教育的合作互动与
自主发展，这一时期真正推动了粤澳高等教育的发展。20 世纪 80 年代初
澳门创立私立东亚大学，1987 年被政府收购并于 1991 年易名为澳门大学，
而后成立澳门理工学院等 4 所高校，澳门与广东高等教育联系日益密切。
1978 年改革开放后，广东从初期扩大教育规模以满足发展需求，由公立为
主向公私立高等教育发展，到 20 世纪 80 年代后重视推进教育现代转型服
务地区发展，再到 20 世纪 90 年代后期以来创建重视优质与倡导自主的特
色教育体系，其间也重视吸收澳门的教育经验。进入 21 世纪，尤其在粤港
澳大湾区背景下的粤澳教育交流更加密切，这些都同地缘相近有关，粤澳
非常重视配合经济需求发展高等教育，这也是相互交流的重要基础，为双
方深化交流合作提供了有利的先决条件。

---

① 冯增俊. 走向新纪元的粤港澳台教育 ［M］. 北京：人民教育出版社，2003：211.

三、粤澳教育具有交流合作发展的传统

澳门自 16 世纪开埠以来就积极开展各种教育活动，如广东最早的留学生容闳就曾在澳门接受启蒙教育。粤澳两地教育互动发展经历了三个重要发展历程，走过了一条澳门教育对广东作用—广东教育向澳门辐射—粤澳教育互动发展的历程。自开埠以来，西方教育在澳门逐渐传播，并形成与广东不同的教育体系，但澳门新教育模式和开放文化对广东有重大影响，算学等新科学课程进入私塾，[①] 也促使广东诞生了一批走在改革前列的志士仁人和改革运动，如郑观应编写《盛世危言》，林则徐领导广东禁烟销烟运动，康有为、梁启超公车上书，孙中山发起反帝反封建革命运动等，使广东成为中国思想解放的策源地之一。

粤澳两地教育交流的真正推进出现在 19 世纪后中国进入救国图强的历史时期，广东依托澳门向西方学习，如洋务运动、移植西学，直到抗战时期部分广东高校搬迁至澳门。澳门主流教育是中文教育，占澳门中小学教育 90% 左右。而这一主流教育与内地教育一脉相承，自 1922 年内地教育实行"六三三制"后，澳门的中文教育学校便沿袭此制度。从 1930 年前后起，澳门不少学校在广东省教育厅备案，根据内地教育部门规章办教育，教科书与广东的一致，毕业证也通过澳门中华教育会备案、中国教育部门加盖公章确认。那时候粤澳两地学校互相招生较为普遍。澳门的高中毕业生可参加广州的中学会考。因此，大量澳门中学生报考广州的高校，如中山大学、岭南大学等。"文革"时期，两地教育交流中断。改革开放后，粤澳两地教育界的交流合作很快恢复和开展起来。澳门承认内地学历，且学制基本相同，加上澳门本地高等教育较为落后，因此粤澳教育界的合作以澳门学生到广东学习为主。进入 21 世纪，随着改革开放的加速发展和粤港澳大湾区建设的有序开展，粤澳两地教育交流也日益增多。

自 2011 年《粤澳合作框架协议》在北京签署后，两地政府连年发布年度重点工作，其中对教育合作提出了详细要求。

2012 年的重点工作提出：推动教育资源相互开放，在珠海工作生活的

①　冯增俊. 澳门教育概论［M］. 广州：广东教育出版社，1999：94.

澳门居民子女入读珠海义务教育阶段公办学校参照相关规定执行，达到积分条件的澳门居民子女，可享受珠海市户籍学生同等待遇。完成澳门幼儿及学生在广东就读幼儿园和中小学的学费津贴资助计划。

2013 年的重点工作提出：加强旅游培训合作，推动两地旅游院校通过合作办学、合作培训等方式，联合开展旅游职业技能培训；利用广东高等医药院校和中医医疗机构的资源优势，发挥澳门中药质量研究国家重点实验室的学术和人才优势，加强粤澳中医药科技合作，促进双方教学和科技人员的交流合作；推动中山市政府与澳门科技大学合作建设以全日制本科培养为主的综合性大学，加快推进前期筹备工作。

2014 年的重点工作提出：落实南沙新区与澳门职业教育合作协议，深化澳门旅游学院与南沙开展培训合作，培育具有专业知识和技能的旅游人才。

2015 年的重点工作提出：支持广东高校、科研机构和企业与澳门在中医药、电子通信等领域开展科技交流合作，积极参与横琴新区开发建设。

2016 年的重点工作提出：继续推动澳门高校与广东高校和科研机构开展中医药领域专利保护研究合作，推动粤澳中医药专利信息开发运用合作；推动肇澳职业技术教育交流，鼓励两地职业技术学校开展交流互访活动，提高双方对职业技术教育的认识，为两地职业技术教育合作建立基础；支持肇庆市有关学校和行业协会与澳门有关团体开展学前教育、电子商务、烹饪等专业的教师培训、学生见习和实习就业，促进两地人才交流；继续做好澳门特区政府对在广东就读幼儿园及中小学的澳门籍幼儿、学生提供学费津贴资助计划的相关工作，支持两地中小学、职业技术学校加强校际交流；支持粤澳青少年开展多形式的国情体验和创新创业交流活动。

2017 年的重点工作提出：继续开展"青年同心圆计划"粤澳交流合作项目和粤澳姐妹学校交流，支持粤澳青少年开展多种形式的国情体验、创新创业和来粤实习等交流合作；支持澳门大学生在粤实习，加强澳门青年在电子商务、金融业、会展、旅游和文化等领域的学习交流和工作体验。

2018 年的重点工作提出：推动中山与澳门合作建设澳门中山青年创新创业园，支持澳门青年到中山创新创业，促成"粤澳青年创新创业合作基地"落户翠亨新区；推进与澳门旅游院校在旅游教育培训方面的合作。

2019 年的重点工作提出：支持佛山与澳门科技大学开展医学科技合

作，深化双方在中药质量控制、临床数据利用、人才培养以及医学科研攻关等方面合作；发挥澳门4个国家重点实验室作用，加强在芯片、智慧城市和物联网、太空科学与深空探测等领域合作，积极争取布建国家实验室；加快推进合作办学发展，推动澳门科技大学、澳门城市大学落户珠三角；鼓励两地高校探索开展相互承认特定课程学分的工作；做好在广东工作的澳门居民子女接受学前教育、义务教育和高中阶段教育等工作，适时研究澳门籍学生在生源流入地参加升学考试的实施办法；做深做实青年实习计划、澳门青年服务团等交流项目，拓展青年国防教育体验营规模，推动青少年交流活动基地建设；携手组织青年同心圆计划、澳门青少年国学夏令营、粤澳大学生岭南文化研究班、澳门青少年国防体验营、粤澳姊妹学校（园）缔结计划等项目；举办"粤澳杯"足球赛，联合举办青少年篮球赛、足球赛，携手打造一批国际性、区域性体育品牌赛事。

2020年的重点工作提出：支持和推进澳门旅游学院横琴培训基地建设；推进澳门科技大学、澳门城市大学与广东的合作办学项目，支持建设"澳门理工学院机器翻译暨人工智能应用技术教育部工程研究中心"；支持和推动广州与澳门旅游学院深化技能人才培养等合作；支持澳门继续实施对在广东省21个地市就读的澳门居民学生提供学费津贴，并新增学习用品津贴；完善澳门居民随迁子女义务教育入学、考试等政策，保障澳门居民随迁子女按规定享受居住地教育基本公共服务；支持粤澳青少年开展多种形式的国情体验活动，携手组织青年同心圆计划、澳门青少年国学夏令营、粤澳大学生岭南文化研究班、澳门青少年国防体验营、粤澳姊妹学校（园）缔结计划、志愿服务交流活动等项目，继续联合举办"粤港澳青年文化之旅"；联合举办青少年篮球赛、足球赛等活动，携手打造一批青少年体育交流品牌项目。

2020年3月13日，澳门特区行政长官贺一诚在澳门与广东省委副书记、省长马兴瑞举行工作会议，双方就推进粤港澳大湾区建设，进一步深化粤澳合作，特别是围绕加快落实"横琴粤澳深度合作区"建设深入交换意见。马兴瑞指出，横琴一直是粤澳合作的重点，建设横琴新区的初心就是为澳门产业多元发展创造条件。他希望能与澳门特区政府共同从战略角度和改革开放的角度，进一步解放思想，认真落实习近平总书记庆祝澳门回归祖国20周年系列重要讲话的精神，把横琴作为探索"一国两制"实践的新平台和试验区。

2022 年 3 月 25 日，在澳门中联办、澳门特区政府、广州市政府、广东省教育厅、广州市港澳办的共同见证下，广州市教育局与澳门特别行政区教育及青年发展局 24 日以"云签约"的形式签订《战略合作框架协议》。根据协议，双方将不断深化穗澳两地在高等教育、职业教育和基础教育等领域的交流合作以及两地少年及青年的交流，以优势互补、互利共赢、协同发展为原则，坚持需求导向，发挥各自的优势和特色，推动两地教育实现常态化交流、项目式合作、协同化发展。签约仪式结束后，两地教育部门举行了线上交流座谈会，就教育信息化、职业教育、高等教育、招生考试、教研人员及青少年交流、姊妹学校缔结计划、教育督导等专业领域深入交换了意见。①

在粤港澳大湾区建设背景下，应构建大湾区教育衔接系统的大体系，逐步推进在学制、培养目标、课程内容等方面的衔接，培养学生正确的人生观、世界观、价值观，培养学生坚定的爱国精神，提升国家文化认同感，为粤澳教育合作奠定坚实的基础。

四、粤澳日益重视高水平教育的交流与合作

（一）积极推进教育的交流与合作

自 1999 年澳门回归以来，粤澳教育交流非常注重积极推动教育的全面合作，两地教育发展迈入快车道。2019 年，华南理工大学与澳门大学签署了"2 + 2"联合培养项目协议，这是《粤港澳大湾区发展规划纲要》出台后首个双向双学位本科联合培养项目。学生在两校分别完成两年学习后，可获得两校学士学位。2020 年，教育部启动"澳门千名教师精英培训计划"，计划十年内向澳门教师提供 1 000 个赴内地培训机会，截至 2022 年已举办 6 期培训项目，受到参训教师好评。此外，还连续多年举办"港澳教育界人士国庆访问团""华夏园丁大联欢"等品牌活动，累计参加的港澳台教师逾万人。

① 许青青. 广州与澳门两地教育部门签订战略合作框架协议［EB/OL］. （2022 - 03 - 25）［2023 - 12 - 16］. https://www. gd. chinanews. com. cn/2022/2022 - 03 - 25/420014. shtml.

同时，澳门高等教育十分注重与内地的深入交流。2019年9月28日首期"粤港澳大湾区青少年横琴研学活动"澳门大学青年营在珠海横琴星乐度·露营小镇正式开营。来自澳门大学的160名大学生齐聚横琴，开启一场别开生面、富有横琴地域特色的研学活动。本次研学活动旨在培养青年大学生的团队意识，致力于为澳门青年搭建一个认识大湾区、体验大湾区、融入大湾区的交流平台，激发大湾区新生力量的使命感。

（二）全面提升教育办学质量的合作

广东先后启动多种分层办学，突出质量管理，强化对重点院校的扶持力度；澳门在修订《高等教育法》等相关法规基础上，重点发展以澳门大学为龙头、公立高校包括澳门大学、澳门理工学院等为主体的多元化高等教育体系。与此同时，广东和澳门均创建了系统而又灵活多样的人才培养机制，如澳门设置了从文凭课程到高等教育专科学位课程，再到学位学士课程、学位后文凭课程，以及硕士、博士学位课程的教育体系，建立了比较系统和完善的人才培养制度。数据显示，截至2018/2019学年，澳门高校注册学生有34 279人。其中，修读博士学位课程的有2 562人，占全体学生的7.47%；修读硕士学位课程的有6 189人，占全体学生的18.05%。①

（三）在开放办学上实行全面合作

多年来，粤澳各层次、各类型的高校十分注重国际化，在招生、师资、教学、教育资源等方面着力加强国际合作。特别是广东高等教育体系逐步走向开放，而澳门则从自由放任型高等教育转向一个注重主体需求的高等教育发展体系，各高校充分发挥国际交流和合作优势，借助国际名校，提升澳门高等教育办学水平。澳门现有高等院校13所，几乎都是国际合作的产物。其中，澳门大学就一直以发展成一所科研与教学并重的国际性大学为目标，近年来与内地及世界各地大学及学术机构开展颇多的合作研究项目，取得了较为丰硕的研究成果；与世界20多个国家和地区的100多所大学签订学术合作或交换生协议，开展定期性交换生计划，这些举措为澳门大学的发展发挥了重要作用。另外，澳门主要高校都重视与内地高校的合作招生和培养。可以说，推进教育国际化，是澳门教育发展的活力所在，也是粤澳高教合作发展中最重要的亮点。

---

① 澳门高等教育局. 高等教育统计数据：各年度教职员及学生人数［EB/OL］.（2019－06－12）［2021－04－02］. htttps://www.dses.gov.mo/about/lib/p1.

五、粤澳两地教育在合作中弥补各自的不足

近年来，粤澳两地的教育均取得较大发展。广东已普及九年义务教育，在珠三角地区尤其是大中城市，高中入学率已达 90% 左右；广东高等教育发展同样迅速，地级市已全部具有高等学校，中心城市广州近年大学数量增加很快，大学普及率大幅度上升。

澳门 1978 年开始津贴补助当地中小学总数 90% 的私校，1995 年推行 7 年免费教育，1997—1998 年推行 10 年免费教育（从学前一年至初三）后，进入免费公共教育系统的学生达 80%，且高中毕业升入大学的学生比率达 85%，本地高等院校已达到 13 所。教师的素质也提升较快。通过这些年的发展，两地教育的优势已显露出来，广东教育规模大，高等教育发展水平相对较高，专业门类较为齐全。澳门教育规模虽小，但有自己的特色，尤其是葡语专业方面有明显优势，且澳门大学与国际其他院校关系密切，在培养适应国际市场的人才方面有一定优势。

但是，无论是广东还是澳门，教育均存在不足。广东教育水平与经济水平一样，存在地区间的不平衡问题，农村尤其是山区的教育还比较落后；教师素质也有待提高；就办学设施来看，同样只是大中城市相对较高；就高等教育来看，教学质量需全面提高，专业设置也不尽合理；就受教育程度来看，文化水平不高的人口仍占相当比重。

澳门教育体系在发展过程中面临一些挑战和不足。第一，高等教育体系与非高等教育学制不衔接。澳门的高等教育体系与多元化的非高等教育学制存在脱节现象，这影响了教育的连贯性和学生的升学路径。第二，生源危机。澳门地域狭小，人口有限，加上周边地区教育竞争，如珠海大学园区的建立和内地对港澳台学生的招生政策，对澳门高校的生源构成威胁，压缩了生存空间。第三，学科发展失衡。澳门经济模式单一，博彩业一枝独秀，影响了高校各学科的发展及其结构的平衡，导致教育资源向单一学科倾斜严重。第四，教育投入与 GDP 的关系。澳门的教育投入与 GDP 的比例相对较低，这限制了教育发展所需的资源和支持。第五，教育质量参差不齐。澳门的私立学校广泛存在，学校自主权较大，导致教育质量参差不齐。

　　粤澳教育合作应在已有合作基础上，根据各自优劣势，取长补短，以解决双方教育中的问题和推动双方教育发展为目标。2019 年 8 月 19 日，"粤港澳大湾区西岸科技创新和人才培养合作联盟"成立仪式暨首届联盟科教合作论坛近日在澳门大学举行。该联盟由澳门大学、北京师范大学 – 香港浸会大学联合国际学院、五邑大学共同发起，共 17 所大湾区高校参与。该联盟旨在充分挖掘、发挥、整合大湾区西岸的科技和教育资源，协同创新、深化合作，积极配合粤港澳高校联盟的工作，共同提升大湾区西岸科技创新和人才培养水平，打造大湾区西岸科技创新中心和人才培养基地，实现大湾区区域协同发展。

　　2021 年 9 月中共中央、国务院发布的《横琴粤澳深度合作区建设总体方案》体现了党和国家对发展横琴粤澳深度合作区的战略决心，但粤澳深度合作区的教育高质量发展也面临着诸多挑战：第一，澳门的微城市形态以及目前的经济现状，使得澳门高等教育整体发展水平还不高，人才培养结构比较单一，高等教育领域专业人才缺失、创新能力不足；第二，合作区高校人才培养理念和模式相对滞后，学科专业设置难以为大湾区产业发展提供有效支撑，人才供给无法满足当前产业发展需求；第三，作为合作区人才的重要供给区域，横琴教育发展还不充分，服务澳门特征不够明显，难以与澳门教育形成有效对接，与澳门教育的共同发展有待加强。粤澳两地教育应在合作中突出各自优势，弥补自身不足，共同推进两地教育的协同发展。

第二节　粤澳教育交流与合作的领域

　　粤澳教育交流与合作的领域非常广泛，涉及基础教育、高等教育、职业教育、旅游教育、成人教育和教师教育等多个领域，包括招生、合作办学、人才流动等多个方面。

一、粤澳两地相互招生的合作

澳门大学与国外大学联系更密切，且其英语教学及葡语专业有明显优势，应当以这一优势条件吸引广东的学生，扩大在广东的招生人数。澳门的其他院校也应考虑通过提高本身的办学质量，形成自身的特点与优势，而加入在广东招生的行列。由于澳门人口少，本地生源极为有限，因此澳门的高等院校只有面向内地尤其是广东面向海外，扩大招生范围，才能更好地生存并发展。

（一）广东向澳门招生情况

1978 年暨南大学复校，开始招收港澳及海外华人子弟。由于澳门承认内地学历，且暨南大学为著名华侨学府，因此澳门学生报考暨南大学较为踊跃。1987 年 3 月，广东的中山大学、中山医科大学、华南理工大学等院校参加了全国 9 所高校举行的联合招收港澳及华侨学生的工作，但仍以暨南大学招收澳门学生居多。在澳门的高中毕业生中，报考暨南大学本科的每年已达 60% 左右；2000 年的 2 000 多名应届高中毕业生中，有 354 人被暨南大学录取；2001 年，报考暨南大学和福建华侨大学的澳门学生达 1 021 人，报考广东其他普通高校及内地其他省份高校的澳门学生共 1 133 人，其中广东占 523 人：中山大学 239 人，华南师范大学 95 人，汕头大学 76 人，中山医科大学 49 人，华南理工大学 37 人，华南农业大学和广州中医药大学各 7 人，广州体育学院 3 人，广东工业大学 4 人，广州美术学院、广州师范学院及深圳大学各 2 人。这些院校的报考人数加上暨南大学的报考人数已超过 1 000 人，占澳门应届高中毕业生的大多数。①

在教育部的大力支持下，近年来内地高校招收澳门保送生政策有所调整，2018 年内地高校录取澳门高中毕业生 1 361 人，其中保送生 951 人。2019 年有 1 044 名澳门学生成功获录取。2020 年有 95 所内地高等院校（不包括暨南大学、华侨大学）招收澳门保送生，共提供 1 185 个保送名额。2021 年招收澳门保送生共有 1 108 名学生成功获录取，其中三个录取最多学生的院校地区为广东、北京和湖北，在 "双一流" 高校中，录取人数最

---

①　刘钢，陈丽君，雷强. 粤澳教育交流与合作探讨［J］. 世界教育信息，2002（8）：9 - 12.

多的为中山大学，共 118 人。① 内地普通高校联合招收澳门保送生考试得到教育部及内地高校的鼎力支持，2023 年共有 109 所高校来澳招生，较 2022 年新增 7 所知名的理工类专业高校和 2 所中外合办高校。内地高校共提供1 339个保送名额，澳门共计推荐 1 416 名学生参加考试。内地来澳门招生高校数量、保送名额、报考人数均创历年新高。

（二）澳门向广东招生情况

澳门也向广东招收大学生，早期比重较少，后来逐渐增多。自 2001 年开始，经教育部同意及澳门特区政府批准，澳门高校开始招收内地考生。到 2020 年，澳门特区可在内地招生的高校共 6 所，分别为澳门大学、澳门理工学院、澳门旅游学院、澳门科技大学、澳门城市大学及澳门镜湖护理学院，这 6 所澳门高校在内地的招生范围遍及 31 个省、自治区和直辖市。澳门高等教育辅助办公室提供的数据显示，2014/2015 学年，澳门的内地本科、硕士、博士学生共 11 524 人，占非本地学生总数近 95%。该学年，澳门高校共招收内地本科新生 1 977 人。②

据启德教育发布的《2021 中国澳门求学报告》显示，最近几年，内地学生赴澳门求学的人数保持增长趋势：2020 年，赴澳门大学求学的内地注册学生人数为 4 147 人，相比 2019 年上涨了 15.61%，相比 2018 年上涨了 24.23%；2021/2022 学年，澳门科技大学本科课程的内地报名人数超过18 000 人，澳门城市大学本科课程的内地报名人数接近 13 000 人，计划录取 866 人，报录比达到15∶1。此外，2020 年澳门大学本科（1 953 人）、硕士（1 514 人）、博士（1 236 人）阶段的非本地生人数均呈稳步上升，非本地学生包括来自内地及其他国家与地区的学生。澳门高等院校的申请竞争远比想象中激烈，广州、珠海、深圳三个城市的学生申请澳门院校的占比超过 50%，北京学生占比 13%，究其原因，除了广东省与澳门在文化、生活方式上的亲近性以及距离较近的优势外，也与澳门高等院校对部分区域申请人的加分政策有一定关系。如澳门大学对北京市及广东省高

---

① 李寒芳. 逾千名澳门学生获录取保送内地高校［EB/OL］.（2021 – 01 – 19）［2022 – 01 – 25］. http://big5. xinhuanet. com/gate/big5/www. xinhuanet. com/2021 – 01/19/c_112700 1521. htm.

② 人民网—人民日报海外版. 澳门高校出招吸引内地生源［EB/OL］.（2016 – 03 – 28）［2022 – 01 – 25］. http://hm. people. com. cn/n1/2016/0328/c42272 – 28230350. html.

考考籍的学生有加 5 分的优惠政策，而对于广东省珠海市考籍和横琴户籍的应届高考生又特别优待，实施 15～20 分的加分优惠政策。①

二、粤澳两地相互办学的合作

广东办学水平高的院校，应发挥本身师资、学科力量的优势，根据澳门社会及经济的需要，在澳门开设各种层次的教学班，以为澳门解决人才不足问题做出贡献，如中山大学的行政管理研究生班以及华南师范大学的教育专业本、专科班起到了明显的作用。澳门在科技、经济管理、法律等方面的人才严重不足，广东的中山大学、华南理工大学等实力雄厚的院校可以与澳门特区政府有关部门加强联系与合作，商讨在澳门开设澳门急需专业的成教班事宜，如果合作成功，将缓解澳门人才不足的状况，对广东高校来说也是提高办学效益的路径之一。澳门的院校也可根据自己的优势在广东开设成教班，如开设英语专、本科班或葡语专、本科班，以及拉丁美洲经济研习班等。但无论是广东高校在澳门办学还是澳门院校在广东办学，均应保证质量，否则，将会一定程度上扰乱粤澳人才市场。

互相办学方面，还可考虑根据需要，举办短训班，或定期为某些行业职工开设短训班。澳门人才素质相对较低，为提高在职工人的素质，可由行业商会出面与广东的高校协商合作办短训班事宜，这对提高在职人员的职业技能和知识十分有效。例如，北京理工大学珠海学院与澳门科技大学、澳门城市大学建立保送推荐硕士研究生项目；珠海城市职业技术学院与澳门城市大学签署合作备忘录，与澳门旅游学院达成了"澳门职业技能认可基准"；珠海与澳门举办了"先锋 100"计划暨珠澳大学领袖交流营活动。

三、粤澳高等教育的交流与合作

为进一步规范高校的办学程序、监管高等教育发展质量，澳门特区政府在 2017 年 8 月颁布了重新修订的《高等教育制度》（第 10/2017 号法律），该制度于 2018 年 8 月 8 日正式生效。该制度的颁布为澳门高等院校

---

① 启德教育. 2021 中国澳门求学报告［R/OL］.（2021 - 10 - 31）［2022 - 01 - 25］. https：//www.eic.org.cn/Report/mc_study_report_b/.

的自主发展提供了重要的保障，是澳门高等教育发展的里程碑，强化了澳门与内地高等教育的合作。同时，在《关于加强粤澳高等教育交流合作备忘录》以及《粤港澳大湾区发展规划纲要》等相关文件的推动下，粤澳高等教育展开了深度交流与合作，主要形式有四种。①

（一）高校人员流动

随着时代的发展，粤澳高等教育交流与合作的内容不断丰富、扩展。但是，人员流动仍是粤澳高等教育交流与合作的主要形式。

1. 学生流动

2012 年共有来自中国内地、中国香港、中国台湾，以及美国与葡萄牙等地的 16 所大学在澳门开设合作办学课程，培养了 1 739 名学生。同时，在澳门高等教育辅助办公室的推动下，澳门学生在澳门以外地区升学的人数在 2012 年为 14 933 人，占全部 33 121 人的 45%，2014 年占 41.6%，2016 年占 45.8%。其中，澳门高中生最青睐的留学地区，分别为中国内地、中国香港和中国台湾地区。来澳门留学的非本地学生也从 2012 年的 9 327 人，增加到 2016 年的 14 821 人，增加了 59%。其中，来澳门留学最多的是中国内地学生，在 2012—2014 年达到 14 000 多人，其中包括本科学生 5 600 多人，研究生 3 800 多人。为了应对阶段性少子化的现象以及本地学生外流严重的情况，近年来澳门特区政府提高了各高校招收内地学生的比例，将澳门大学招收内地生的比例提高到 15% ~ 20%，将澳门理工学院招收内地生的比例提高到 15%，而私立学校则提高到 50%。② 2019 年 3 月，深圳大学与澳门城市大学签订了学生交换协议，每年每学期交换博、硕、本科生，标志着深圳大学与澳门城市大学的友好合作关系更进一步，双方未来在学术合作、资源共享等方面将开展更加深入、持久、有效的交流合作。

目前，广东高校招收澳门学生的方式有三种。第一，联合招收港澳及台湾地区的学生（简称港澳台联招），如暨南大学、华侨大学每年 5 月中旬会联合对港澳台学生、华侨、华人、外籍青年进行招生考试。第二，联合招收澳门保送生。教育部鼓励、支持澳门中学生到内地升读大学，并制定了一系列的优惠政策。第三，个别院校独立招生。

---

① 余育文. 粤澳高等教育交流与合作探析 [J]. 世界教育信息，2013，26（16）：70 – 72.

② 陈志峰，马冀，周祝瑛. 澳门高等教育发展成效探究 [J]. 高教探索，2019（5）：55 – 62.

2．教师流动

粤澳教师间的交流主要体现在双方高校通过各种形式邀请对方的知名学者来校讲授课程和开设讲座。这种方式既可以提高粤澳高等教育交流的广度和深度，也给粤澳双方高校学术的发展带来新的生机和活力。但是，近年来澳门高校的外聘教师人数不断减少。澳门高等教育辅助办公室的数据显示，2008 年，澳门高校外聘教师所占的比例是 50.44%，2010 年为 44.84%，2011 年降到 36.20%。究其原因，一方面是各校的教师晋升制度不完善，另一方面是香港等地对国际名师的争夺力度越来越大。数据显示，2018/2019 学年，澳门高等院校全职教学人员共有 1 531 人，其中拥有博士学位的教学人员达 1 160 人，占 75.77%。①

（二）课程交流与合作

由于特殊的历史原因，澳门高等教育在语言教育方面颇具特色，特别是在葡萄牙语人才培养和发展方面有着独特的培养体系和方法，并且有资深的葡萄牙语言学者。澳门高校可充分利用这一特色，大力吸收广东的学生前往澳门就学或者派遣专家学者到广东进行课程交流。

广东高校在专业课程上的优势主要体现在学科门类比较全面，如有中国民族学、中医学、陶艺等课程，这对澳门比较缺乏的学科门类能起到一定的补充作用。如华南师范大学在澳门业余进修中心开设了发展与教育心理学专业硕士学位课程，中山大学在澳门镜湖护理学院开设了护理学专业硕士学位课程，暨南大学在暨育服务中心开设了社会学专业学士学位课程。这表明粤澳高等教育在课程交流与合作方面有了更深层次的发展。

（三）科研交流与合作

在科技发展日新月异的今天，粤澳两地的科研需要开展广泛的合作，要发挥双方高校各自的优势和特色，开展合作研究。虽然粤澳两地的科研交流与合作已经有一定的历史基础，也为两地的经济、文化、教育发展做出了一定的贡献，但随着科学技术的发展，日益激烈的国际竞争要求粤澳两地进一步加快科研交流与合作的速度，粤澳两地在人才、资源、信息等方面合作与共享进一步强化，更好地迎接未来科研领域的挑战。

在国家层面，如 2018 年，国家分别在澳门大学、澳门科技大学设立

---

① 澳门中联办. 澳门高等教育界积极参与大湾区合作 ［EB/OL］. （2019 – 04 – 26）［2022 – 01 – 25］. http//www. zlb. gov. cn/2019 – 04 – 26/ c_1210119797. htm.

"智慧城市物联网国家重点实验室""月球与行星科学国家重点实验室"。此外，教育部先后批准澳门高校与内地高校建立多个人文社科重点研究基地及联合实验室。① 在粤澳合作层面，如 2019 年 10 月，"澳门大学 – 华发集团联合实验室揭牌仪式暨珠海澳大科技研究院启用仪式"在珠海澳大科技研究院举行。合作双方积极回应《粤港澳大湾区发展规划纲要》的要求，充分发挥各自优势、合作实现共赢、落实珠澳深度合作规划、打造珠江口西岸科技创新载体和平台，体现珠澳校企携手支持澳门融入国家科技发展大局、整合澳门与珠海科技创新要素协同发展、建设集聚国际高端创新资源的科技创新合作枢纽、推动粤港澳大湾区的产业技术转型升级和科技成果转化，为大湾区的建设与发展添一份力。② 另外，澳门大学建有三个国家重点实验室，澳门科技大学建有两个国家重点实验室，澳门大学与中山大学、澳门科技大学与广州中医药大学等设立联合实验室，澳门理工学院设立"机器翻译暨人工智能应用技术"教育部工程研究中心，支持澳门大学与清华大学、华东师范大学共建中国历史文化中心。至 2023 年，广东已有 31 家粤港澳联合实验室，为加快粤港澳创新资源汇聚提供有利条件。

（四）合办高等教育

澳门地域面积小，各行各业的人才需求量有限。如果所有人才都依靠澳门本地培养，就需要进行大量的投资，尤其是理、工、农、医类高级专门人才培养需要投入很高的成本。因此，澳门非常重视在高等教育方面的区域合作策略。当前，澳门与香港、广东等地积极开展了高等教育交流与合作。

粤澳高校所开展的合作办学项目可分为学历教育的合作办学项目和非学历教育的合作办学项目。其中，学历教育的合作办学项目又分为在本科教育层次和研究生教育层次开展的合作办学项目。通过合作办学项目，澳门不断引进高质量的高等教育课程，以满足市民进修的需要，从而促进澳门高等教育的发展。

以前，粤澳高校合作办学的主要形式是举办分校或设立新校区，合并或兼并不同院校，不同院校之间联合办学，院校与地方政府之间联合办学，

---

①　庞川，林广志，胡雅婷. 回归以来澳门高等教育发展的成就与经验［J］. 华南师范大学学报（社会科学版），2019（5）：5 – 11，189.

②　澳门大学. 产学研重大合作！澳大、华发共建联合实验室［EB/OL］.（2019 – 10 – 25）［2022 – 01 – 25］. https：//mp. weixin. qq. com/s/ – Rq6A_mPUH8rpik Cpb91vg.

发达地区、高层次院校支援落后地区、低层次院校等。2009 年，全国人民代表大会常务委员会批准澳门大学在珠海横琴建设新校区，并授权由澳门特别行政区依照澳门特区法律实施管辖。澳门大学横琴校区是对粤澳合作办学形式的创新。它主要是通过中央政策的推动而发展起来的，为澳门大学在内地的发展打下了良好的基础。2013 年 9 月，澳门大学横琴校区全面投入使用，为澳门高等教育的发展提供了一个新平台。

当前，澳门大学已与全球 222 所院校建立合作关系，其旅游学院与全球超过 100 所院校及旅游组织合作，与旅游及相关行业的 6 000 多家顶尖企业建立密切的合作关系，并与 20 个国际认证机构合作，提供多元化的证书及文凭课程；圣若瑟大学与 27 个国家或地区签订了 86 份合作协议。① 2014年 5 月 26 日，澳门城市大学与肇庆学院签署《共建广东教育研究中心框架协议》，拟在高层次人才培养方面搭建平台，开展深度合作。根据协议，双方拟在教师成长平台、人才培养平台、科学研究平台、学术交流平台、招生合作平台以及对外联络平台等方面展开合作。2019 年 10 月，内地与澳门高等教育展在澳门开幕，93 所内地高校和 10 所澳门高校参展，参展规模创历年之最。② 2021 年 11 月，珠海科技学院与澳门科技大学签署战略合作协议，共建"联合国际学院"，共同推进本科生、研究生的教育合作。

四、粤澳基础教育的合作

澳门特区政府近年来在非高等教育领域施政的基本理念是：秉承"持续进步，发展有道"的指导思想，以"提升教育素质，促进全人发展"为根本目标，以不断完善教育制度、加大教育投入和提升教学人员队伍素质作为非高等教育发展的基础，着力推进包括私立学校在内的十五年免费教育、小班制和小班教学以及学制和课程改革，加强教育品质保障机制的建设以及对家庭经济有困难学生和各类有特殊教育需要学生的援助，并促进职业技术教育的发展。

① 庞川，林广志，胡雅婷. 回归以来澳门高等教育发展的成就与经验 [J]. 华南师范大学学报（社会科学版），2019（5）：5 - 11，189.
② 大湾区发布. 澳门举行高等教育展 93 所高校参展 [EB/OL]. (2019 - 10 - 26) [2022 - 01 - 25]. https：//mp. weixin. qq. com/s/4888rzpgWfrl9aIPvpyv_A.

中小学教育的合作主要在相互交流教学与课程改革经验及相互参观等方面。澳门中小学师资明显不足，尤其是有教学经验的教师不足，而这一问题是制约澳门基础教育发展的一重要因素。要解决这一问题，可以考虑与广东加强合作，一方面澳门可考虑聘请广东有经验的教师到澳门任教，另一方面澳门中小学教师也可到广东任教，这可使两地中小学教师经验的交流更为直接，效果更好。

在国家层面，教育部与澳门教育暨青年局①合作开展"内地优秀教师来澳交流计划"，每年选派约 30 名内地优秀中小学及幼儿园教师赴澳门从事教学指导工作。教育部还每年组织"港澳教育界国庆访问团""华夏园丁大联欢"等品牌活动，邀请澳门教师来内地访问，帮助澳门教育工作者了解祖国教育事业发展，推动内地与澳门教师互动交流。

（一）粤澳基础教育重要合作事件回顾

2005 年 6 月，澳门教育暨青年局与广东省教育厅签订了《粤澳教育交流与合作意向书》。澳门五所学校亦分别与广东省五所学校签订意向书，缔结为姊妹学校，分别是：高美士中葡中学与惠州市实验中学、镜平学校与广东实验中学、圣公会（澳门）蔡高中学与肇庆中学、妇联学校与惠州市南坛小学、嘉诺撒培贞学校与惠州市实验小学。结盟学校在校长、师生间展开交流互访，在教育理念、教学设计、教育研究和教师专业等方面进行合作交流，以达到互相促进和共同发展的双赢目标。

2005 年 6 月，第一届粤澳中学校长论坛在澳门开幕，本次论坛的主题是"教育改革与校长角色的改变"，重点探讨学校在教育改革的趋势下，在"教与学的领导""学习型学校""校长专业成长与学校发展"和"学校经营"方面的发展策略，以期通过粤澳两地校长的专业对话，为学校发展谋求新的路向，并通过 4 天的研讨和参观学校活动，为粤澳两地长远的教育交流和友好合作奠定更稳固的基础。第一届中学校长论坛有约 40 位校长参加，建立此论坛主要是由于校长在学校处于领导角色，影响学校的管理文化和教学观点，不同学校通过交流讨论和协商，可共同推动教育事业发展。②

---

① 2021 年 2 月 1 日，澳门教育暨青年局与澳门高等教育局合并，成立澳门教育及青年发展局。

② 粤澳签教育交流合作意向书　两地缔结姊妹学校［N］. 澳门日报，2005 - 06 - 28.

2008 年粤澳中学校长论坛的参加者由粤、澳两地校长扩展至内地（大陆）江苏省、吉林省、北京市和上海市，以及香港、台湾地区的校长。另外，澳门特区政府于 2005 年促成粤澳两地学校缔结成姊妹学校，2008 年又有 10 组粤澳学校缔结姊妹合作关系，以进一步推进粤澳学校间的相互交流。

2014 年 6 月 26 日，澳门劳工子弟学校部分领导及教师 10 余人到珠海市湾仔中学开展课堂教学交流活动，两校教师积极参与教学活动，取得了良好的效果。

2015 年 3 月 30 日，澳门濠江中学校长率 35 名师生到顺德一中大良学校进行教育交流，两校师生开启深度合作交流，成效显著。

2018 年，教育部首次将港澳地区纳入"国培计划"——中小学名师名校长领航工程，以加强港澳基础教育师资队伍建设，开展中小学校长和教师培训；将澳门教师纳入国家级奖项评定，进一步提高澳门教育界人士参与国家教育发展的主人翁意识；将港澳地区纳入国家级教学成果奖评定，澳门获得一、二等奖各 1 项。

2019 年 7 月 22 日，由约 100 位澳门青少年组成的"新时代同心行"广东省学习参访团抵达广州，开始为期 4 天的学习交流活动，感知粤港澳大湾区发展机遇。"新时代同心行"学习参访团是澳门青少年庆祝中华人民共和国成立 70 周年暨澳门回归祖国 20 周年系列活动之一，由澳门特区政府、澳门中联办、澳门各界青年组织活动筹备委员会联合主办，教育部、中华全国青年联合会共同协办。7 月 14—25 日，共 500 位澳门青少年代表组成的 5 个学习参访团分赴河北、贵州、江苏、广东、湖南开展学习交流活动。

2019 年 10 月 14 日，科大讯飞与澳门濠江中学及香港电讯旗下的 HK-TE 公司签署合作协议，三方将合作利用"互联网＋"、大数据、人工智能等先进科技赋能澳门的教育发展。随着粤港澳大湾区建设的加速推进，科大讯飞也不断加速在粤港澳大湾区智慧教育区域样板的打造。①

2020 年 3 月 24 日，珠海高新区与北京师范大学－香港浸会大学联合国

---

① 南方网. 科大讯飞牵手澳门濠江中学，打造粤港澳大湾区智慧教育［EB/OL］.（2019 – 10 – 17）［2022 – 01 – 25］. http://edu. southcn. com/e/m/2019 – 10/17/content＿189247189. htm.

际学院举行会同体育公园委托管理签约仪式，探讨产学研合作，共建"大学小镇"。会同体育公园配备了生态池、亲水平台、儿童乐园等，北师港浸大师生可以在会同体育公园开展体育教学活动，市民也可在此休闲娱乐、锻炼身体。北师港浸大已拥有丰富的室内外体育健身场所，未来还将进一步创新体育教研，打造活力校园，倡导独特的校园体育文化，让运动成为一种生活方式，多方面增强学生体质。①

2020 年人民教育出版社与澳门教育暨青年局合作完成中小学《品德与公民》《历史》等教材编写，并启动了相关教材的英文版、葡文版翻译工作，该套教材于 2021 年完成出版并投入使用。澳门教育暨青年局还委托人民教育出版社组织编写澳门中小学《普通话》教材。教材是爱国主义教育的重要载体。在人民教育出版社举办的澳门教材研讨会上，社长黄强介绍，这套教材基于澳门教育的基本学力要求、社会发展情况和实际需求，在系统呈现学科知识的过程中有机融入正确的国家观、民族观、文化观和历史观教育，引导学生增进爱国爱澳情感。

为了适应粤港澳大湾区建设，优化珠澳教育交流合作平台，完善珠澳教育交流合作机制，丰富合作内涵，深化珠澳两地基础教育良性互动，2020 年 9 月 13 日，珠海市教育研究中心与澳门教育暨青年局在珠海市香洲区同乐幼儿园共同举办 2020 年珠澳两地基础教育合作科研课题研究交流会。

2021 年 4 月 15 日，穗澳姊妹学校签约仪式在广州市教育局举行，中国教育科学研究院荔湾实验教育集团与澳门培华中学缔结姊妹学校，粤澳教育合作交流迈进快车道。

2022 年 3 月 24 日，广州市教育局与澳门教育及青年发展局以"云签约"的形式签订《战略合作框架协议》。根据协议，双方将不断深化穗澳两地在高等教育、职业教育和基础教育等领域的交流合作以及两地少年及青年的交流，以优势互补、互利共赢、协同发展为原则，坚持需求导向，发挥各自的优势和特色，推动两地教育实现常态化交流、项目式合作、协同化发展。

---

① 广东教育头条. 北师港浸大与珠海高新区共建"大学小镇"［EB/OL］.（2020 - 03 - 26）［2022 - 01 - 25］. https://static. nfapp. southcn. com/content/202003/26/c3320230. html.

2023 年 12 月 7 日，珠澳合作会议在珠海规划展览馆召开。会议以"提升珠澳合作水平，推进粤港澳大湾区澳珠极点建设"为主题，聚焦促进澳门经济适度多元、支持澳门青年珠海发展两大重点专题，珠澳双方围绕加强投资贸易合作、促进旅游融合发展、深化科技创新合作、支持澳门青年在珠海创新创业等重点合作领域进行了深入交流。

（二）在交流合作中加强对澳门青少年进行爱国主义教育

澳门教育依据跨文化地区的公民身份，可以分为国民教育和国际教育。国民教育的内涵体现在：以中国传统文化教育为起点，以认识中国的历史与国情为基本任务，加强两地师生之间的相互交流为纽带，激发澳门青年对中国国民身份的认同感和归属感为使命。而国际教育则一方面要培养和吸引具有国际化视野的人才；另一方面要通过高等教育服务贸易输出，成为促进澳门产业适度多元发展中的一元。

澳门特区政府也非常重视对全澳市民，尤其是年青一代的爱国主义教育。近年来，澳门教育及青年发展局有序地开发有关课程和教学资源，基础教育方面，中国历史已列为学生的必修课程。在内地专业出版机构的支持下，出版中学《历史》教材，以及中小学的《品德与公民》《中国语文》等教材，其中全套《品德与公民》及初中《历史》教材的使用及参考使用率达 100%，高中《历史》教材达 95.7%，更推出葡文及英文版的《历史》教材供国际学校使用。并实现了全澳包括教会学校及国际学校在内的，所有学校升挂国旗全覆盖，成立学界升旗队。同时，鼓励学校将爱国爱澳教育贯彻在各学科当中，并通过"教育发展基金"，支持学校组织和开展"认识祖国、爱我中华"学习之旅以及各类型的爱国教育活动。另外，澳门特区政府与中国人民解放军驻澳部队合办，组织澳门高中学生前往珠海军营参加"澳门青年学生军事夏令营"，还与广东省中山市国防教育训练基地合作为澳门初中二年级学生举办"国防教育营"等活动，以磨炼学生的意志，增加其自我认识及团队合作精神，并进一步深化学生对国防事务的认识。①

组织澳门学生到内地参观交流可以加深澳门中小学生和青少年一代对国家经济、文化和历史的认识，但其更重要的意义在于，这些参观交流活

① 练玉春. 澳门教育：持续进步　发展有道［N］. 光明日报，2010 - 05 - 05.

动可以强化澳门青少年一代与祖国的情感联系，持续唤醒澳门青少年一代对国家的归属感。这项活动的主要经验有两点。一是多种社会力量共同参与，项目类型多种多样。目前，内地各级政府、澳门特区政府与各类社团组织都在积极推进澳门中小学生与内地的交流互动活动，如澳门教育及青年发展局每年定期组织的"国防教育营"和毕业旅行，以及其他组织开展的澳门青少年一代前往内地参观考察与交流学习活动，如"爱我中华，祖国之旅""千人计划，百团出行"等活动。学生的参与热情很高，有澳门老师称："澳门教育及青年发展局、教会、基金会组织的活动，时间长短不一。语言学习、国情教育和香港、内地的国情研习班等活动，我们的学生报名都很踊跃。"二是活动主题丰富多元，效果比较显著。游览名胜古迹、参观革命圣地、走访著名高校、参观内地企业等活动，不仅加强了澳门中小学生对祖国各地区经济社会发展状况的认识，也以润物细无声的方式让他们感受到祖国传统文化的魅力。有学生表示，"去毛泽东、朱德、周恩来住过的窑洞，参观他们从前用的床、桌子，看过的书，看到这些我们会有很大感触，他们艰苦奋斗、浴血奋战的壮举，我觉得身为一个中国人很为他们骄傲"，"去陕西我们看到了秦始皇陵兵马俑，觉得很壮观，仿佛看到了历史一样"。①

　　粤澳两地深化大湾区教育合作与交流，培养学生家国情怀。据了解，2020年秋季开学，澳门非高等教育共有78所学校121个校部，属于正规教育的113个校部中，有108个校部纳入免费教育学校系统，校部覆盖率为95.6%，受惠学生人数约7.6万人。此外，澳门非高等教育学校的整体师生人数持续增加。② 2020/2021学年，澳门教育暨青年局持续优化教材建设及教学资源，同时深化粤港澳大湾区的教育合作与交流，加大力度推动中小学校把握大湾区发展优势，培养学生的家国情怀。澳门教育暨青年局新修订的《本地学制正规教育课程框架》在初一及高一年级实施，历史科须独立成科和必修，以加强学生家国情怀的培育。此外，澳门教育发展基金推出多个新资助项目，比如，"姊妹学校交流计划"新增了"大湾区姊妹

---

① 赵联飞，陈志峰. 澳门中小学国情国史及爱国爱澳教育研究［J］. 中国青年社会科学，2018，37（6）：126－135.

② 肖中仁. 澳门教青局深化大湾区教育合作与交流　培养学生家国情怀［EB/OL］. (2020－08－26)［2022－01－25］. https://baijiahao.baidu.com/s?id=16166&wfr=spider&for=pc.

学校交流团"项目。澳门还建立了青少年爱国爱澳教育基地,鼓励和推动学校组织不同特质的学生赴内地交流,以增加学生体验学习的机会,提升学生对国家的了解和归属感。

(三)粤澳基础教育的交流与合作的典范——珠海与澳门的合作

珠海与澳门的基础教育交流与合作是粤澳基础教育合作的典范,以此为例,可看出粤澳基础教育的交流与合作越来越频繁。

1. 提高澳门中小学生在珠海学习的适应性

澳门学生在珠海存在适应性及不安定问题。因珠海的房价、物价相对澳门更低,环境宜居,存在较多商机,且由于珠海整体教育水平不断提升,近年来,从澳门到珠海读书的中小学生数量呈增加的趋势。同时,由于各种原因,澳门学生随时"回流"返澳插班现象较多。这种学习环境不安定及由于种种掣肘而使学生要面对学习及生活适应方面的困扰,使澳门学生在个人成长、适应内地学习模式、融入学校生活及建立社交网络方面,往往会遇到障碍。而且澳门学生家长经常来往于澳门工作或居住,不能有效进行家校合作,协助处理子女学习问题。尤其是回到澳门后,不同文化、教育制度、学制课程衔接引发的适应性问题,关键是英文水平明显落后于澳门同学的现实问题,令澳门学生要承受的心理负担和压力会更重,他们所面对的生活学习上的适应难度也更大。

粤澳两地政府应本着求同存异,延伸惠民政策,一切为学生着想的积极合作态势,有必要从近期、远期角度多层面讨论澳门学生不同的需求发展,提供多元就学机会及稳定的学习环境给因种种原因居住于珠海的适龄澳门学生,极力提高澳门学生在两地流动衔接方面的适应性。

(1)为提高澳门学生的学习适应性,两地政府应投资创建澳门子弟班。由于珠海的小学、初中采取就近入学政策,使澳门学生分散在不同的学校,每个学校澳门学生数量不多,随机插班就读,往往使他们易产生孤单抵触情绪,所以,建议分别在生源相对较集中的小学、中学设立澳门子弟班,并分设不同年级,在课程设置上与澳门学校挂钩,如增加澳门史课程、强化中英文双语教学、提供繁体字课程等。珠海市政府提供学校现有的教室、教学器材和体育设备等公共设施,澳门特区政府采取"福利及管理外移"政策,按学生数量每年划拨教育经费,聘请教师,澳门教育及青年发展局相关部门设管理职责,辅助珠海市教育局进行统一管理。这样,对澳门学生的教学既可以与澳门的教学模式相衔接，保持澳门的教学特色，减少学生转学流动并使其安心学习，也便于双方教师沟通交流，就近观摩借鉴教学方式和方法，促进两地教学水平的提高，对两地均有益。澳门子弟班能否优质地存活，取决于两地政府能否达成一致的扶持政策。

（2）不断扩大珠海与澳门的教育合作，两地政府应联手借助社会力量合作办学。学校的运作不仅是商业行为，而且是政府行为，需要珠澳两地政府主导解决。随着港珠澳大桥的建成，澳门中小学生跨境来珠海就读的需求将不断增加，从长远看，两地政府有必要借助社会力量在珠海合办一所学校，以民办机构为载体，遵循自负盈亏、起点较高、运作规范、一校多制的办学模式。珠海既可扩大多元化办学，解决学位紧张问题，又方便汲取澳门的教育精华。

2. 整合教育资源促进珠澳基础教育交流合作向纵深发展

珠澳的基础教育合作主要涉及以下形式：一是为澳门师资进行普通话及心理知识培训，二是双方教学观摩、互访，三是举办竞赛、联谊活动。但上述都是校际或民间形式的活动，两地教育行政官方角度正式展开交流合作还较少。随着粤港澳大湾区整体发展，珠澳教育行政官方合作也逐渐加强。2020 年 10 月，珠澳两地有关"深度学习"教学改进项目工作的视频会议召开，珠海市教育局向澳门教育暨青年局介绍了珠海"深度学习"项目的开展情况，与其共享优质教学案例，双方还共同商定珠澳两地开展项目交流研讨活动的初步计划。2021 年，双方进入合作研究阶段，缔结了8 所姊妹学校，成立了 4 个项目组，共同研讨优秀教学改进案例，并选取不同学科在两地开展"深度学习"项目公开课活动，互相观摩评议、举行成果交流会、发布共同研究成果。[①]

珠澳两地不同的政治体制和管理模式及由此衍生的教育管理体制和机制有很大的不同，价值观念等方面也存在着分歧。因此，作为跨境合作，珠澳深化基础教育合作应重点关注两地的教育体制和教育观念上的碰撞和交流，其作用潜移默化，成效逐步显现，需两地政府的支持及教育管理部门的相互学习与交流，共建双赢的交流合作模式，形成互鉴学习模式和互

---

① 袁长林，何平，王荣华. 重构区域教学样态："深度学习"项目的区域推进［J］. 中小学管理，2021（7）：14 – 16.

助学习模式。

（1）形成互鉴学习模式。首先，澳门教育体制最大的特点是办学主体多元化，私立学校居多，且长期实施"价值多元的依赖型课程"，因此一直以来，课程计划及新大纲都没有被彻底推行。反观珠海已具有完整规范的教学管理体系，有多所学校获得"省一级学校"及"国家级示范学校"的称号，各级教育机构积累的丰富教育行政管理经验、各校的教改经验等非常有助于澳门提升教育管理规范化、档次化；同时，澳门许多学校实行的是董事会领导下的校长负责制，教师实行真正的聘任制及培训机制，这些都为珠海深化基础教育体制改革提供了先行经验。

（2）形成互助学习模式。澳门的发展从未离开过"珠海因素"，珠海目前高校云集，各种教师培训机构都较成熟，再加上珠澳具有地缘、人缘、文化同源之便，开展交流培训非常便利，澳门完全没有必要舍近求远。同时，资源整合将引领珠海教育真正走向国际化。澳门教育植根于西方教育体系，集中了非常多的国际化教育要素，有很多内地不及的教育优势，如扩展教育多元化，课程改革、教育理念、教学方式的改进与提升等诸多方面，都是珠海与澳门教育合作的重点，也是珠海教育迈向国际化所必需。对珠海而言，应该利用好澳门资源，发展成内地基础教育改革与国际接轨的前沿阵地。

3. 建立和完善珠澳基础教育交流与合作机制

（1）珠澳两地政府共同成立教育合作的协调机构。珠澳两地的教育机构及学校的交流应该定期化、长期化、常态化，建立制度化、深层次的交流机制。一是加强两地教育行政管理部门的官方联系，制订合作计划，有效推进两地教育交流与合作，并对已开展合作项目的执行情况进行跟踪、评估和调整，确保相关合作健康、有序推进。二是制定相应章程及制度，定期举行相关会议和活动，就两地教育的合作发展事宜进行协调、决策，为两地教育合作制订具体政策和交流计划。如 2021 年 6 月 24 日，为进一步推动珠澳两地教育合作发展，深挖两地教育合作潜力，充分发挥珠澳地域相近、文脉相亲的优势，珠海市教育局和澳门教育及青年发展局以视频会议的形式，联合召开了珠澳教育合作与交流 2021 年上半年工作会议，总结了 2021 年上半年珠澳教育合作交流情况，展望了下半年工作计划。两地教育部门以《珠澳教育合作与交流协议》为蓝本，坚持线上线下定期会晤，指导两地学校主动谋划、灵活应对，从"屏对屏"交流逐渐走向"面对面"交流，积极开展交流与互动。三是定期组织举办中小学校长论坛，共享和交流教育的发展理念和发展趋势。

（2）推行两地缔结姊妹学校活动，建立珠澳中小学校际交流机制，交流内容涉及教育和教学等多方面。一是两校管理人员定期进行合作交流。二是两校的教师可以通过教学研讨、教学观摩活动、教师结对及选派教师到对方学校进行专题讲座等活动，分享经验提高技能。三是两校的学生能够共享网上学习资源，常联谊、研讨、结对等。四是可以组织家长之间的学习及交流，加强家庭教育。截至2023年，澳门与珠海缔结的姊妹学校超过60对，珠海是澳门与内地缔结姊妹学校数目最多的城市。

（3）探讨建立以短期借聘的形式交流培训教学人员的规章制度。可指定具有一定教学资历的教师或学校学科带头人，以一学期为借聘期，两地交换。工资待遇可由所在学校及两地教育管理机构设专款专项补贴。让教师最直接地感受两地教育模式、理念等差异，是传递教学经验、融合教育理念、推进两地教学创新、拓展教师视野的最直接途径。

4．依托横琴打造大湾区国际化教育先进典范

2020年，横琴编制了《珠海横琴新区全面提升基础教育现代化五年行动计划（2020—2024年）》，以加快推进教育现代化和教育国际化为抓手，推动横琴基础教育均衡、优质、跨越式发展。横琴的地理位置及战略地位决定了一定要以国际化的眼光引进或打造能提升粤港澳整体教育水平的国际品牌机构，引进优质国际学校促进珠澳的共同发展。从珠澳两地的定位和发展目标来看，珠海要打造成珠江口西岸核心城市，逐步迈向国际化，澳门要发展成一个亚洲和国际的文化旅游城市，这些变化都将吸引大量的国际人士来此安居兴业。因此，必须改善人文和生态环境，亟待打造优质的国际学校以满足发展需求。澳门目前的国际学校规模较小，缺乏远景规划和教育理念。珠海应加强直接引进管理成熟的知名国际学校品牌，避免两地办学风险，降低管理成本，打造大湾区国际化基础教育的先进典范。

五、粤澳成人教育的经验交流

粤澳两地均存在相当数量的受教育程度较低的人口，如何使这些人口

素质提高，双方均有一定经验，通过交流更有利于这一工作的开展。如澳门业余进修中心这方面经验较丰富，澳门渔民子弟学校等利用学校资源及中学生在扫除文盲方面的工作很有效。这些均值得广东省借鉴。

在开班办学方面，暨南大学不仅招收了大批澳门学生前往内地就读，而且在澳门开设了多种专业大专班，如口腔科成人大专班、高级护理成人大专班。中山大学许多院系都与澳门有关方面进行合作办学，高等继续教育学院与澳门业余进修中心合作设进修点，政治学与行政学系在澳门举办研究生课程班。广州体育学院自 1988 年起招收澳门学生，并在澳门设立大专班。汕头大学还举办澳门专门法律班，为澳门培养法律人才。此外，澳门还有不少人报考广东省举办的高等教育自学考试。

在培训共建方面，如 2019 年 10 月，第二届中国（广东）人工智能发展高峰论坛开幕前，广东省推进新一代人工智能发展专家咨询会暨 2019 广州人工智能工作交流会于广州南沙举办。会上，粤港澳大湾区人工智能职业教育培训中心也正式揭牌，与会领导以及国内外人工智能领域专家、学者、企业家约 30 人出席会议。又如，2019 年 11 月，澳门大学为培养大湾区人才，学校持续进修中心与智信珠澳教育有限公司签署战略合作协议，计划展开金融、健康科学、大数据等领域的培训课程合作，部分培训课程于珠海澳大科技研究院举办。①

六、粤澳两地人才的流动

教育的目的是培养人才，人才流动不仅可以解决当下因双方教育缺陷而产生的人才不足问题，而且可以解决互招学生规模不断扩大后自然产生的毕业生就近就业问题。教育的合作实际是人才培养的合作，而人才培养又是与经济关系最为密切的，因此教育合作与其他文化合作明显不同，其归根到底还是经济合作，这方面合作开展较好，对两地经济的促进作用是非常大的。教育合作应成为粤澳合作的重点领域。

澳门特区政府对于教育持尽心竭力的态度并发挥主导作用，澳门教育及青年发展局是主要的教育机构，该机构作为澳门特区政府的一个构思、

---

① 澳门大学. 培养大湾区人才！澳大在珠海开设持续进修课程［EB/OL］.（2019 - 11 - 22）［2022 - 01 - 25］. https://mp. weixin. qq. com/s/dKyZf3wB6R - PU58ZS2gtUA.

指导、协调、管理和评核各项教育和辅助青年及其社团的组织单位，其职能主要包括执行教育及青年政策；为教育机构的良好运作提供所需条件以提升教育素质；贯彻义务教育以保障适龄儿童的就学权利，为有特殊教育需要的学生提供适切的教育；推动职业技术教育为学生提供多元发展的机会；发展持续教育鼓励居民终身学习；协调及监察学校的教育活动；推动两地人才流动等。

2016年6月21日，粤澳合作联席会议在澳门举行。两地青年的合作交流成为本届会议的重要议题。本次会议签署了两项相关协议，同时就共同促进青年成长以及帮助他们实现创业梦想达成了多项共识。会上，澳门特区政府与中山市人民政府签署了《关于合作推进青年创新创业的框架协议》。该协议提出，成立推动中山－澳门青年创新创业合作工作小组，打造青年创新创业服务平台。同时，澳门特区政府社会文化司还与广东省港澳事务办公室签署了《关于加强粤澳青少年交流合作的协议》。双方共同为两地青少年在教育培训、就业创业、科技创新、人才流动等方面提供相关政策措施支持。澳门青年到广东创业、创新已跨出了"第一步"，未来将通过多种形式加快构建多层次、多渠道的青少年交流合作新格局，力争取得更多让两地青年感到满意和高兴的积极成效。

2019年9月11日，内地与香港特区、澳门特区知识产权研讨会在澳门举行，来自内地和港澳特区知识产权界政府官员、专家、学者和业界代表出席了研讨会。本次研讨会由国家知识产权局港澳台办公室、澳门特区政府经济局及香港特区政府知识产权署联合举办。三地知识产权行政管理部门的代表、知识产权界的专家学者作为主讲嘉宾，围绕"三地知识产权的最新发展""知识产权：粤港澳大湾区经济增长新动能""人才流动""新时代下的知识产权与创新创业"四大主题展开研讨。

2023年，珠澳两地合作开展了超过10项的青年学生实习计划，这些计划让澳门青年、大学生有机会到珠海进行实习实践，了解不同专业范畴的职涯发展机遇，并能在此基础上学以致用，增强学习自信。

七、粤澳旅游教育的交流与合作

广东和澳门的旅游教育长期在两种不同社会制度下发展，各有特色，但也各有不足。澳门旅游教育教学方式和教学手段在旅游行业发展的推动下进一步改善，实现了结构性扩张和教学质量的全面提升，成长速度快，但教学和课程体系还不成熟。而广东旅游教育已经具有了从本科到硕士、博士在内的完整办学层次，取得了令世人瞩目的成绩，但是缺乏高等教育应有的国际视野，缺乏不同文化之间的交流与合作观念，不过广东高校有更加丰富的资源，其科研前景引人瞩目，有利于提升"中国创造"的国际认知度，并吸引更多高层次的合作。① 随着广东和澳门区域交流合作的深入开展，两地旅游教育互动日渐频繁，双方均面临着深化教学改革、提升人才培养工作水平等共同课题，需要相互学习借鉴，共同进步。在合作机制建设方面，双方应注重以下几点：

（一）明确合作定位，制订合作规划

澳门与广东的旅游教育合作是在同一主权国家条件下的不同文化教育体系之间的合作。在合作目标上，双方应致力于通过多种合作形式，消除阻碍双方开展合作的各种体制性障碍，理顺各种关系，实现旅游教育发展要素的自由流动，从而促进澳门与广东旅游教育水平的共同提高。

澳门与广东的旅游教育合作应以提高双方专业教育水平为中心，制订明确的合作规划，努力在拓展合作领域、创新合作方式和提高合作成效三个方面取得新的突破。在合作主体上，当前应以政府和教育机构为主，并逐步向政府引导、多方共同参与的格局转变；在合作内容上，从当前的一般性旅游教育项目合作向以需求为导向的旅游教育合作转变；在合作方式上，从注重项目合作向整体推进的"项目—人才—基地"合作方式转变，同时要搭建推动和促进双方合作的信息交流平台，通过有效的信息服务实现跨区域的旅游教育资源共享。②

（二）注重国际化视野的渗透，延展教育合作市场③

要实现澳门和广东旅游教育资源要素的自由流动及相关教育服务的开放，关键在于培育和构建统一、开放、规范的教育合作市场。对于广东旅

① 陈海明，曾韬. 粤澳区域中旅游专业课程设置的比较研究［J］. 民族高等教育研究，2015，3（3）：31－37.

② 唐灿灿. 澳门旅游高等教育合作办学机制研究［J］. 科技和产业，2015，15（3）：19－23.

③ 黄其新. CEPA 下澳门与内地旅游会展教育合作机制建设研究［J］. 青岛酒店管理职业技术学院学报，2010，2（1）：59－61.

游教育界来说，CEPA 为其提供了快速国际化的发展机遇，旅游会展教育机构可借助港澳地区的国际化经验，迅速提高自身的国际化水准；对于澳门旅游教育界来说，随着与广东合作的推进，其也将获得更大的发展空间，这必将进一步促进澳门旅游教育事业的发展。同时必须注意到，由于澳门与广东在教育体制、发展模式等方面存在较大的差异，因此，在推进旅游教育合作方面，双方还有很多障碍要克服，如税收、学分互认、学历互认、学位等值等，这些都需要在基于共同发展战略认识的前提下，由双方业界及相关机构共同协商加以解决。

（三）拓宽粤澳多元旅游教育路径

2019 年 10 月 15 日，澳门旅游学院与珠海市文化广电旅游体育局、珠海市珠光集团在澳门签署框架协议，三方在珠海建设"澳门旅游学院粤港澳大湾区旅游教育合作中心"，致力于为大湾区培养旅游人才。该框架协议的合作目标是落实《粤港澳大湾区发展规划纲要》，发挥澳门旅游教育培训和旅游发展经验优势，建设粤港澳大湾区旅游教育培训基地，以提升旅游从业人员素质，推动国际旅游人才交流，促进粤港澳大湾区旅游产业发展。三方除了推进澳门在珠海横琴建立合作中心外，还会建立三方合作沟通机制，统筹合作中心项目落地建设运营；同时推动珠海酒店、职业院校、高校等资源整合，打造集专业课程、实训基地为一体的培养模式。①以上述事件为例，从粤澳旅游教育合作的过程上看，其合作的方式有以下四个方面：

1. 交换生与学分互认

澳门高校可分批次安排学生赴合作院校进行数门课程的学习，通过在对方高校考试，并取得相应学分，使之成为澳门学生毕业总学分的一部分。通常合作院校应有明显资源优势，如重学术或重应用的广东高校与国外资深高校。而澳门高校亦可接受对方院校学生前往澳门学习，并取得相应学分。学生的互换客观上可促进提升澳门旅游教育的特色化与个性化。

2. 短期游学或实习

为了更好地实践与提升澳门高校的教学成果，澳门高校可在不影响正

---

① 胡瑶. 澳门与珠海将共建粤港澳大湾区旅游教育合作中心［EB/OL］.（2019 – 10 – 17）［2022 – 01 – 25］. http://travel. people. com. cn/n1/2019/1017/c41570 – 31404478. html.

常教学的情况下，利用假期时间组织部分学生赴合作院校进行短期的游学或者实习，以讲座或实操的方式体验对方教学方式与教学成果，并以特定方式对学生进行考核。还可聘请广东或国外旅游教育知名学者前往澳门讲学，利用师资拼盘的方式共建课程体系。澳门高校既要立足于澳门旅游业实际，也要吸取旅游相关领域权威学者对课程体系及教学的经验，使澳门高校旅游教育真正实现实效性与国际化。

3. 打造旅游教育培训基地

通过打造旅游教育培训基地，充分发挥澳门旅游教育方面的独特优势，推动粤澳旅游教育发展。2018年3月，澳门旅游学院在时任社会文化司司长的主导下，协调澳门旅游局、教育暨青年局及高等教育局和9所院校（澳门大学、澳门理工学院、澳门保安部队高等学校、澳门科技大学、澳门城市大学、圣若瑟大学、澳门镜湖护理学院、澳门管理学院、中西创新学院）组成"促进澳门建设粤港澳大湾区旅游教育培训基地联盟"，并签署合作协议，参与"联盟"的政府部门及高等院校本着"互相合作、资源共享及共同发展"的原则，共同参与和推动"联盟"的工作，建立长期、紧密的合作关系，发挥各自优势，推进粤港澳大湾区旅游教育培训基地的构建工作。

2019年12月，粤港澳大湾区旅游教育培训基地揭牌仪式在澳门旅游学院举行，参与方同时讨论共建"澳门旅游学院横琴培训基地"，开展旅游合作。

2021年4月，顺德职业技术学院与澳门旅游学院共建粤港澳大湾区旅游教育培训基地（顺德合作中心），探索澳门和顺德两地高等教育旅游人才协同培养路径。

2021年12月4日，由广州市文化广电旅游局、澳门旅游学院、岭南商旅集团共同建设的粤港澳大湾区旅游教育培训基地（广州合作中心）在南沙花园酒店正式揭牌。通过深化合作，优势互补，共同打造具有较大国际影响力的粤港澳大湾区旅游教育标准与品牌，以南沙为基地向湾区其他城市进行基地品牌延伸，并逐步扩展到全国旅游酒店行业，立足湾区、辐射全国。

4. 开展旅游教育研讨

2019年11月18日，澳门大学工商管理学院大湾区系列论坛"粤港澳大湾区可持续旅游与酒店业实践论坛”及“粤港澳大湾区旅游和酒店业研究生论坛”拉开帷幕。此次系列论坛邀请了众多专家学者就发展大湾区可持续旅游与酒店业互相交流，探讨大湾区酒店业的发展优势，希望借鉴业界和学术界的经验分享，促进大湾区教育、学习和就业的发展。①

八、粤澳职业教育的合作

澳门职业教育机构资源底蕴丰厚，澳门拥有包括澳门理工学院、澳门科技大学、澳门旅游学院、澳门保安部队高等学校等近 10 所高等职业教育机构，② 因此，扩大两地高等职业教育合作规模，粤澳高等职业技术教育合作空间巨大：其一，粤澳建立两地职教合作机制，在总体框架下推动有序合作，如澳门特区政府与广东省教育及劳动部门和各市的培训合作。其二，推动两地职业技术教育的合作，提高能源、海洋、工程、电子信息方面的合作力度，开拓新工种。

从粤澳职业教育的合作的现实层面看，为落实《粤澳合作框架协议》，加强粤澳两地的职业教育合作，粤澳两地教育部门积极推动两地职业院校缔结为姊妹学校。例如，经粤澳双方共同努力，2013 年 3 月 15 日，粤澳职业教育姊妹学校缔结仪式在澳门举行。广州市纺织服装职业学校与澳门中葡职业技术学校、珠海市第一中等职业学校与澳门创新中学、珠海市理工职业技术学校与澳门工联职业技术中学、珠海艺术职业学院（中职部）与澳门浸信中学、珠海市体育运动学校与澳门庇道学校共 5 对学校签署了缔结姊妹学校协议书。此次签署缔结姊妹学校协议的 5 对学校，是粤澳首批缔结姊妹学校的中等职业教育的学校，双方通过加强行政管理人员交流，开展专业培训、科研领域及课程开发合作，组织双方学生参观学习、联谊及各类比赛等交流活动，增进双方了解和友谊，促进粤澳职业教育共同发展。③

---

① 澳门大学. 各地专家聚澳大探讨大湾区旅游及酒店发展 [EB/OL]. (2019 - 11 - 21) [2022 - 01 - 25]. https://mp. weixin. qq. com/s/J_IKnNk9tz216Oug1_pGgA.

② 安冬平. 粤港澳大湾区职业教育合作发展的理论逻辑构建 [J]. 职教论坛, 2019 (9)：147 - 151.

③ 佚名. 粤澳职业教姐妹学校缔结仪式在澳门举行 [J]. 广东教育（职教版）, 2013 (3)：127.

在此基础上，粤澳两地已开展多项与职业教育密切相关的合作：

2018年10月22日，习近平总书记考察了珠海横琴新区粤澳合作中医药科技产业园后，珠海横琴新区进一步加大政策扶持力度，再次推出16条专项支持政策，开通中医药产业园业务绿色通道，推动中医药产业园加快建设、高效运营和建设全面铺开。在系列政策的推动下，2019年横琴新区已为粤澳合作产业园新增加1平方公里土地，用以建设澳门产学研一体国际研究院。该产业园现存的未出让土地，正以"澳门特区政府牵头、横琴新区全力配合、琴澳双方共同参与"的评审新机制进行评审招商。此外，横琴新区为澳门大学产学研示范基地免租提供1万平方米科创载体和1亿元扶持资金，横琴正逐渐成为澳门高端科研技术成果转化基地、粤澳职业教育合作基地。[①]

2019年11月，珠海市横琴新区管委会办公室发布《关于进一步支持澳门青年在横琴创新创业的暂行办法》的通知，支持澳门青年到横琴新区创新创业，融入国家发展大局，打造粤港澳大湾区创新创业高地。

2021年4月30日，在广科院珠海校区举行澳门粤澳工商联会、广东科学技术职业学院共建"粤澳产业学院"签约暨揭牌仪式。该学院致力于扩展与澳门的行企合作，携手粤澳工商联会及会员单位，校行企紧密合作，共同助力澳门适度多元发展，共同推动校企合作再上新台阶。[②]

加快职业技术教育的发展，已成为内地与澳门经济社会可持续发展的需要。粤澳两地应借助《粤港澳大湾区发展规划纲要》战略的大好机遇，加强职业技术教育交流与合作，推动其走向新发展，具体来说有以下五点措施：

第一，广东及澳门的各级教育主管部门必须明确职业技术教育的定位，落实资金投入，科学规划现代化的职业技术教育体系的建设。加强宣传职业技术教育发展的意义，宣传人的全面发展的重要性，帮助青年学生合理规划个人职业生涯，正确选择就读、就业的方向。

第二，进一步加强粤澳职业技术教育的交流和学习，检讨各自在相关的制度安排、政策支持、公民教育方面有何经验和需要改善的地方，若问

---

① GBA湾区资讯站. 横琴再划一平方公里助澳门发展，横琴新口岸启用时间是……[EB/OL]. (2019 - 10 - 19)[2022 - 01 - 25]. https://mp.weixin.qq.com/s/Lmes_mkh5xkGQWpaZqhvoQ.

② 朱汉斌，张建华. 广科院携手澳门粤澳工商联会共建粤澳产业学院 [EB/OL]. (2021 - 04 - 30)[2023 - 12 - 16]. https://news.sciencenet.cn/htmlnews/2021/4/456995.shtm.

题涉及跨领域、跨部门，则需加速部门间的沟通，加强广东与澳门地区职业教育合作和协作，共同理顺相互关系，制定适合发展的措施和规划。

第三，不断提高职业技术培训的水平，帮助在职者、转职者提高技术能力，努力使劳动者的技能走向标准化、规范化、国际化，从而提高企业整体素质，增强企业竞争力。企业也要在自身的发展中，为技术人才的成长创造更良好的条件。

第四，澳门各界应通过学习广东、国际关于专业认证的宝贵经验，凝聚共识，加快设立专业认证和持证上岗制度，帮助劳动者提升自身素质，增强竞争力，争取在职业和收入方面向上流动。

第五，进一步加强两地现有的职业技术教育合作，如技术培训、技能证书考试等，尤其要为澳门中小企业培养更多适用的技术人才，帮助澳门中小企业开拓在管理、财务、应用技术等方面所需的人力资源。

九、粤澳师范教育的合作

澳门的师范教育始于 20 世纪 30 年代。初期师范教育的形式多为在中学内部设立师范科培养教师，如 1938 年 1 月，由广州迁往澳门的协和女子中学开办三年制幼稚师范班——该班的入学资格为初中毕业；后又开设普师和特师课程，学校按照近代美国教育模式开展教育教学。1938—1945年，协和女子中学在澳门办学期间，为澳门本地学校，特别是幼儿园培养了诸多人才，可以说是澳门最早的师资培养基地。早期开展师范教育的还有 1938 年 10 月迁至澳门的执信女子中学。与协和女子中学以培养幼儿园教师为主不同的是，执信女子中学以培养普师为目标，在澳门办学至 1942年初。1950 年前后曾有多所大学在澳门设立教育系或开设师范课程，如 1949 年跨港澳办学的华南大学在文商学院设社会教育系，招收港澳的华人子弟，这应该是澳门高等教育专业课程之始；此外，越海文商学院、中山教育学院、华侨大学都开展过高等师范教育，但都昙花一现，未对澳门的教师教育产生较大的影响。20 世纪五六十年代，澳门多所中学创办师范课程，如圣若瑟中学、濠江中学、德明中学等。其中历史最悠久的当属圣若瑟中学师范课程,该课程从 1951 年开办至 2009 年。① 澳门师范教育在 90 多年的发展历程中,存在着中学内部附设师范科、与外地高校合作以及本地高校开设教育课程等多种形式。

广东与澳门在师范教育领域的联系与合作最早可以追溯至 20 世纪 30 年代的协和女子中学三年制幼稚师范班,其后历经执信女子中学附设师范班、德明中学幼稚园特别师范科的延续,直到 20 世纪 80 年代华南师范大学的介入,双方的合作进入大规模推进的新阶段。据统计,澳门 70% 以上的中小学及幼儿园教师是由广东师范类院校培养与培训的,② 由此可以说明粤澳师范教育交流合作的紧密度高。粤澳师范教育的合作历史可以分为以下三个阶段:

(一)20 世纪 30 年代至 20 世纪 80 年代初③

澳门第一所正规的师范学校是 1938 年 1 月由广东迁至澳门的协和女子中学所设的师范班。1910 年,美国基督教长老会在广州开办慈爱幼稚园,翌年,为培养师资开办慈爱保姆传习所,即协和女子师范学校的前身。1935 年,遵照国民政府教育部关于私人不得办师范学校的规定,该校改为协和女子中学,招收高中普通科,由于幼稚师范科成绩显著,特准继续开办幼稚师范科。学校在抗战时期被迫迁于广东台山公益埠,1938 年又从公益埠辗转迁往澳门。协和女子中学在澳门的师范课程分普通师范和幼稚师范两项。除了跟随迁至澳门的学生外,澳门本地初中毕业生也纷纷报考,全校中、小、幼及师范生一度增至 900 余人。

与协和女子中学同时期由广东迁至澳门开办师范课程的,还有广东省立执信女子中学。广州执信学校是孙中山先生为纪念民主革命志士朱执信于 1921 年 10 月创办的。1924 年学校增设高中师范科,1928 年实行男女分校,易名"广东省立执信女子中学"。抗战初期,学校曾迁至南海碧村,1938 年 10 月再迁至澳门。与其他迁至澳门的学校不同,执信学校在澳门办学至 1942 年即停止,但其培养的部分师范专业人才留在澳门从教。抗战胜利

① 李树英,李刚. 澳门教师教育的历史沿革与未来路向 [J]. 现代教育论丛,2021 (1):52-59.

② 南方网. 澳门中小学老师七成华师培养 [EB/OL].(2005-11-18)[2022-01-25]. http://www. southcn. com/news/gdnews/gdzw/zwlb/jy/200511180049. Htm.

③ 蒋达勇. 粤澳教师教育合作:历史回顾与发展前瞻——关于推进粤澳教师教育深度合作的构想 [J]. 高教探索,2013 (2):123-128.

后，联系起广东与澳门师范教育的第三所学校是 1946 年在广州创办并于 1949 年迁至澳门的德明中学。该校于 1953 年始办师范，主要的对象是香港学生，但也有少部分澳门高中毕业生就读。该校的办学特点是实行招收高中毕业女生，加以一年的专业培训的新学制，有别于协和女子中学招收初中毕业生培训三年的幼师学制和澳门本地建立的濠江中学招初中生进行一年训练的简师学制。

（二）20 世纪 80 年代中期至澳门回归前

广东和澳门在师范教育领域主动、大规模的合作始于 20 世纪 80 年代。20 世纪 70 年代起，澳门经济起飞，由于教师的待遇比同等学力其他行业的从业者低，教师人才流失现象十分严重。20 世纪 80 年代初，澳门中华教育会多次呼吁重视教育的社会职能，提高教师待遇，并多方努力积极寻求促进教育工作者专业发展的途径。1983 年，澳门中华教育会开始接触地处广州的华南师范大学，并争取澳葡政府教育司的支持，筹划在职师资培训课程，经过一年多的努力，终于找到一条大范围提高在职教师专业水平的道路。1984 年底，澳门中华教育会与华南师范大学达成合作协议，华南师范大学按照国家教委高等教育的标准，结合澳门地方实际，由该校教育系、心理系为澳门的在职中、小学教师设计专业课程，学制五年，分两阶段，前三年为大专课程，后两年为本科课程。1985 年 3 月，澳门举行了隆重的开学仪式，正式定名为"华南师范大学主办，澳门教育司、澳门中华教育会协办教育专业（澳门地区）函授教育课程"。1993 年，这一课程获得官方认可。其间，双方合作再办学前教育三年制课程。1985—1993 年，先后接受培训的有 900 多人，占全澳门在职中、小学教师三分之一以上，不仅达到大范围提高教师专业水平的目标，而且在澳门掀起一股积极进修的热潮，还带动了社会风气，影响深远。这项课程也是历史上首次粤澳合作、官民合作开办的师范课程，被誉为"澳门开埠四百多年的创举"，是"为了提高澳门教育水平的一项战略性的建设工作"，也是"两个地区友好合作的一个范例"。这一时期，华南师范大学持续在澳门开展教师学历课程和继续教育培训等工作，面向澳门招收全日制学生，成为在澳门办学最早、服务最广、影响最深的内地高校。

（三）澳门回归后至今

1999 年澳门回归后，澳门特区政府十分关注教师队伍建设。2003 年之后，澳门特区政府批准澳门大学教师教育类课程达 53 项之多，包括博士、硕士、学士和学士后教育证书课程；专业更是囊括了师范教育的各方面，如课程与教学（包括不同学科）、中学教育、小学教育、学前教育、体育教学、学校辅导等。2006 年 12 月，澳门特区政府颁布了《非高等教育制度纲要法》，替代原有的《澳门教育制度》法律。为了不断提升澳门非高等教育领域教师的专业素质，澳门教育暨青年局又与各高等院校合作，资助本地在职教师修读教育学位及证书课程学费的 80%，上限为每学年 20 000 元。①

2000 年起，华南师范大学与澳门业余进修中心合作，在澳门建立在职兼读制研究生授课教学点，派教师赴澳门授课与辅导，实行"导师指导与内地研究生一对一协助"的培养方式。2007 年起，华南师范大学每年在澳门举办学位授予仪式，为获得学位的澳门在职兼读研究生颁授学位。华南师范大学为之开设的专业不仅有传统的教育学、发展与教育心理学，还有教育经济与管理、教育技术学、计算机应用技术等共 10 个专业。澳门回归前，华南师范大学共为澳门培养中小学及幼儿教师 1 500 人次，使澳门教师的合格率从 24% 提升至 80% 以上，澳门回归后十年间华南师范大学又为澳门培养教师 4 200 人次，为其师资的持续优化助力。②

在延续和专门培训的教师专业发展方面，澳门教育暨青年局每年都主办或协办大量的专业讲座和研讨活动，并且与内地合作，从 2004 年开始派遣各个学科的教师赴内地知名高校参加骨干教师培训班、校长培训班等；澳门理工学院亦与澳门中华教育会、部分中学在师资培训、交流方面合作，提供普通话、英文、葡文、艺术等课程的培训；部分学校内部为本校教师进行校本培训。2006 年，北京师范大学教师教育研究中心课题组受澳门教育暨青年局的委托，开展澳门教学人员专业发展状况的研究，结果发现教师专业发展的整体状况良好，但各个维度的发展不平衡，许多教师在教育理论如何与具体的教学实践相结合方面，以及把握教育本质、教学反思与教育研究能力等方面有待提升。

① 张红峰. 澳门教师教育的发展历程研究 [J]. 教师教育研究，2015，27（1）：52 - 59.

② 陈兰枝，刘源. 粤港澳大湾区教师创新协同培养：价值、机制与路径——访华南师范大学教师教育学部部长、粤港澳大湾区教师教育学院院长王红教授 [J]. 教师教育论坛，2023，36（10）：5 - 8.

与此同时，我国改革开放特别是澳门回归以来，广东和澳门的政府机构和民间组织也积极合作，策划了诸如"泛珠三角区域教师教育联盟""粤港澳百所中学校长论坛"等一系列组织及活动，有力地促进了两地在师范教育领域的交流与合作。在 2018 年筹建的"粤港澳大湾区教师教育学院"和 2019 年 6 月成立的"粤港澳大湾区教师联合会"，继续推进落实粤澳教师交流与合作活动，深化粤澳师范教育领域交流合作，为粤澳教师的深入交流与合作打造良好的平台。

总体来看，粤澳合作培养教师的探索，目前还处于一种优质资源向落后地区"单向输入"的状态，区域内的主体之间还缺乏在优势互补基础上的深度互动。如果说因为澳门特殊的历史境遇和粤澳两地在师范教育水平方面存在显著差距的背景下，由广东向澳门输出优质教师教育资源，重点提高澳门教师队伍的学历层次和专业发展水平，是特定阶段的历史需要和自然演进，那么，在粤澳两地经济社会发展深度融合且共同面临激烈国际竞争，澳门师范教育整体水平大幅提升，广东师范教育仍需发展的背景下，粤澳两地师范教育领域的合作在战略定位、具体内容、体制机制等方面无疑都应该有新的扩展和提升。这种扩展和提升，总体方向应该是双方双向交流、优势互补，在教师培养与培训、师范教育课程改革、优质师范教育资源共享，以及师范教育研究等更多领域的持续、深度合作。

第三节 港澳教育的交流与合作

港澳两地特区政府自 2008 年建立了"港澳合作高层会议"合作机制，并于 2017 年签订了《香港特别行政区与澳门特别行政区关于建立更紧密经贸关系的安排》（简称"港澳 CEPA"）[①]。该文件的签订标志着两地在充分发挥自由港等优势的同时，更注意创新思维，推动两地投资环境的进一步开放和优化，积极而有序地推进两地的经贸服务合作。结合两地与内地已签署的 CEPA 及相关补充协议，会产生积极的叠加效应。文件的签订可带

---

① 王晨曦，郭鑫. 一水、一桥、一国：纵观港澳合作与交流［EB/OL］.（2019 - 12 - 17）［2022 - 01 - 25］. hm. people. com. cn/n1/20171217/c42271 - 31509683. html.

动两地之间的经济融合和发展，共同提升竞争力。"港澳CEPA"配合国家总体发展大局，结合港澳两地实际情况，港澳在深化和拓展经贸、旅游、跨境基建、交通、环保、教育、文化、电子政务、司法、海事、公共卫生医疗等领域的合作都取得了进展，特别是在金融保险、会展旅游、港珠澳大桥建设协调、青年事务等方面的合作成效明显，在教育合作方面有进一步提升的巨大空间。

一、香港中小学教育制度的优势[①]

香港和澳门有着相似的经历，从制度、经济、文化、教育等各个角度深受英、葡的影响，港澳的中小学教育制度相似点较多，也有一些差异，其中香港的优势更为明显。

（一）全社会重视儿童教育

香港从政府到社会团体，从学校到家庭，乃至全社会都十分重视儿童教育工作。香港教育统筹局及教育署对教育工作有系统的改革计划，提出了科学的全人教育目标，并大力尝试课程改革。香港虽然土地十分紧缺，但学校的校舍建设、学生活动区域相对宽敞。为了促进学校发展，鼓励学校创新，提高教学质量，香港特区政府设立了"行政长官卓越教学奖"，丰厚的优质教育奖励基金为质量提升提供了可靠的资金保证。政府为所有年龄在6～15岁儿童提供9年免费普及基础教育。香港有完全由政府开办的官方学校，有完全由政府资助并由志愿团体主办的赞助学校，还有私立学校。上课模式有全日制和半日制，政府通过改造现有学校和兴建新校舍，逐步将所有的上、下午校转化成全日制学校，学校从环境布置到活动安排，处处体现了"学生为本、育人为先"的理念。

（二）中西合璧的办学理念，灵活自由的办学方式

香港特殊的历史使其成了中西文化的交汇点，"中西交融"也在香港的办学理念上得到了充分的体现。香港学校教育思想的主流是全人教育思想。由于香港办学还有着特殊的形式——教会学校，不同的教会学校对其培养目标又有不同的解释。众多办学理念求同存异、丰富多元、共生共荣，

---

① 教育人生网. 港澳中小学教育制度大盘点［EB/OL］. （2014 – 05 – 14）［2022 –
01 – 25］. http://news.edulife.com.cn/201405/141200136689.html.

办学方式灵活自由、形式多样，有美国模式、英国模式、加拿大模式，也有中西结合的模式。

（三）高度发达的城市文明孕育学生文明行为习惯

香港人口密集，道路并不宽畅，但交通秩序井然，鲜有违反交通规则、乱扔垃圾和口出秽言的现象，特别是香港市民较高的社会文明素质修养和自觉遵守社会公德的习惯时刻影响着学生。无论是课堂教学还是课外活动，学生活泼可爱、温文尔雅，既不大声喧哗，也不追逐打闹。学生的言行与市民在社会上的言行一致，以不违反公共秩序、不影响他人为原则。

（四）办学有模式、教学有特色

香港中小学重视英语教学，为了提高学生的英语表达能力，提高教师的英语教学能力，学校一方面聘请外籍教师，并与多间大学开展英语交流活动；另一方面重视游戏、假期活动、兴趣班活动的开展，活动内容丰富多彩，有"英文大使""英语电台""英语朗诵""英语木偶剧""流动英语教室""欢迎万圣节""生日派对""走出校园（西餐厅）"等。其目的在于营造学习语言、运用语言的环境，激发学生学习语言的兴趣。

香港中小学的语文教学中较有特色的是单元教学和阅读自学计划。所谓单元教学就是紧扣新课程及新评核要求，训练学生的基本语文能力，进行分组教学，照顾差异；阅读自学计划着重强调推广阅读风气，学习阅读策略，抓好阅读质量，量与质并重，还经常开展阅读小测、"阅报知天下，读书通古今"等专题活动。

（五）教师整体素质高

香港教师专业的发展政策重视教育理论的培训和教师的实践。据2017年统计，香港小学教师中有大学本科或同等学力占97.3%，中学教师中有近99%，还有大量硕士、博士。[①] 教师根据不同的教学专业需要进行专业培训；教师专业能力理念架构包括教与学、学生发展、学校发展和专业群体关系及服务范畴。其中，学校发展范畴包括：①学校愿景、使命、文化及校风；②校政、程序及措施；③家庭与学校协作；④回应社会变革。香港教师专业发展有政策，有实践，培训计划十分细致，内容具体周全，切合教师任职需求，有利于教师的持续发展。

---

① 施雨丹. 比较视角下粤港澳大湾区教师教育发展探析 ［J］. 广东技术师范大学学报，2020，41（1）：25 – 31，41.

二、港澳教育的交流与合作①

澳门与香港的教育交流与合作自香港开埠后就开始了。最早的当数马礼逊神父在 19 世纪初到澳门学习中文传教，并创办马六甲英华中文学校，他去世后，澳门创办马礼逊纪念学校。这是澳门最早的平民学校之一。香港开埠后发展很快，而澳门由于受到环境影响日渐衰落，包括葡人在内的大量人口移居香港。这种人口迁居也为港澳教育的交流与合作奠定了基础，澳门每年都拨出相当款项来支持香港有关学校开设葡文课程，学习欧洲文化。1931 年 8 月 1 日萄澳政府颁布的有关法规规定，澳葡政府每年向澳门、香港及九龙教授葡文的学校发放最高金额为 12 000 葡元的奖励津贴。反之，澳门因在"二战"时期未受到日军占领，也成为香港居民的避难处。香港许多学校也由此迁移至澳门，与澳门教育界建立了密切的联系。中华人民共和国成立后，香港与澳门同作为特别地区保持现状，这无形中使港澳教育的联系得到加强，特别是由于澳门当局对私立学校不予支持，部分私校便遵循港英教育制度，引用香港教材，使用英语教学，学生毕业后升读香港或英联邦国家学校。多年来，港澳教育有良好的交流和合作传统，澳门教育工作者积极参与香港教育方面的学术活动，香港也把澳门教育团体纳入相应的专业系统之内，作为会员或会员单位，有些学术团体索性就用"港澳"之名，如儿童教育国际协会港澳分会。澳门举办教育研讨会也把香港学者作为首选邀请对象。

1990 年澳门中华教育会与香港大学教育学院合办的公民教育师资课程是港澳交流与合作的重要举措之一。澳门中华教育会 1999 年 3 月组团赴港参加科技赛，粤华中学获英文部第一名。澳门的东亚大学（1991 年更名为澳门大学）也是由香港人筹办的，且就读者多为香港人，1986—1987 年度该校 6 786 名学生中，香港学生约占 75%。目前在澳门高校中仍有相当数量的香港人从事教育服务。从近年来港澳教育交流的情况看，港澳教育工作者举办学术研讨会数量较多，许多香港教育名人被邀担任各种重要研究项目顾问和执行委员，澳门学生到香港求学非常普遍。在粤港澳大湾区的

---

① 冯增俊. 论澳门教育的交流与合作［J］. 华南师范大学学报（社会科学版），1999（6）：22 – 29.

建设背景下，港澳教育交流与合作有了新突破。

2018年1月8日，香港教育评议会代表团一行到访澳门理工学院，双方就港澳的教育人才培养、师生交流等方面的合作进行交流。通过这次交流双方开阔了思想，有力地在香港教育界推广澳门的高等教育并积极推动未来的合作。

2022年11月23日，华南师范大学港澳研究中心第一期港澳新发展学术论坛以线上形式顺利举行。港澳工作面临新形势、新挑战、新机遇、新发展的重要历史节点之际，为全面深化"一国两制"伟大实践，把握时代脉搏、讲好港澳故事、推动区域学术交流、汇集学术智慧、发挥咨政建言作用，助力实现港澳地区治理体系和治理能力现代化而召开的学术研究会。

2023年2月25日，香港特区行政长官李家超、澳门特区行政长官贺一诚就推动港澳合作和粤港澳大湾区高质量发展交换意见。港澳皆为国家特别行政区，共同坚守"一国"之本，善用"两制"之利。在"一国两制"的独特优势下，港澳与内地融合，同时与世界接轨，成为连接内地与世界的重要桥梁。两地一直优势互补，在商贸、跨境基建、文化旅游等不同重要领域紧密合作，携手推进大湾区建设。此次会面为探究两地未来教育合作奠定了坚实基础。

港澳未来教育的交流和合作将呈日益紧密之势。首先，港澳是历史上从中国划租出去的两块领土，相似的历史背景使两地教育工作者易产生亲近感，便于交流；现两地都是中国的特别行政区，实行统一的政策，可使交流和合作更加密切。其次，澳港经济已趋于一体化，生活方式相融共通，也使港澳在教育上产生唇齿相依的关系。香港教育的变革和举动，对澳门必有共振，澳门教育上的问题也会引起香港的关注。最后，港澳教育界在粤港澳大湾区建设背景下的交流与合作也将更加紧密，突出表现在以下方面：一是在教育学术上的交流与合作将更加广泛和紧密，相当数量的学术团体将获得与政府合作的机会；二是随着两地回归，香港学历得到内地认可，香港教育再一次对澳门产生重大的辐射作用；三是由于澳门教育的转制以及英语科目受到重视，将有更多的香港教师到澳门求职和寻求新的发展。澳门高校的学术发展也可能会更具国际视野，澳门高等教育的多元化将在粤港澳三方互动中得到新的发展。

第四章 粤港澳教育交流与合作中存在的问题与制约因素

"区域发展"是当前世界教育发展的新样态、新品牌、新模式。"湾区教育"日益成为我国教育发展值得期待的巨幅画卷。粤港澳大湾区内的9市2区构成了教育发展重要区域。粤港澳大湾区教育也将成为世界区域教育发展的特色代表，其特色源于教育合作。但由于粤港澳大湾区一国、两制、三种税收制度，意识形态、治理模式、教育政策也有明显差异，发展水平参差不齐。粤港澳三地之间、粤境内九市之间的合作交流仍存在分布零散、大数据运用水平不高、缺乏大湾区教育层面顶层设计等难题，需要在推进粤港澳大湾区整体建设的过程中逐一破解。

第一节 粤港澳教育交流与合作中存在的问题

粤港澳三地的教育合作相对经济合作底子较薄弱，在理念、制度、操作层面上存在诸多瓶颈。尽管由于地缘相近、人缘相亲及文化同源等因素，粤港澳三地的教育合作交流久已有之，但教育合作交流仍有以下主要问题：一是基于合作各方自身利益需要，着眼于"为我所用"的立场进行合作交流；二是大多数由民间（教育机构和个人）自发自主地开展合作交流，官方介入还相对较少，更谈不上中央政府的强力主导；三是合作交流比较零散，缺乏全局性和长远性规划，更多的是局限于某个项目的合作交流，当一个项目完结，合作交流往往也随之结束，持续性不强，且合作层次与水平普遍不高，尤其是缺乏政府主导的制度性安排。即便是以上这样的合作交流，由于粤港澳三地在教育观念、体系、制度、质量管理等方面的差异，也使得实际推行起来仍然障碍重重，其推行成效自然也难尽如人意，呈现出教育的区域错位发展和协同发展的统筹明显不足，区域内高校、科研机构、企业的良性协同创新格局尚未形成，技术资源配置能力偏低，科技成果转化渠道不够通畅，阻碍了创新体系整体效能的进一步提升，等等。①

一、政府在教育交流与合作中的作用发挥不足

近年来，广东省实现了从精英化高等教育到大众化高等教育、从人口大省到人力资源大省的跨越。但是，作为中国经济第一大省的广东在经济高歌猛进的同时，却仍未获得与之相匹配的教育地位。对此，广东省 2010 年 9 月的教育工作会议提出要"加快建设教育强省和人力资源强省、推进教育现代化、打造我国南方教育高地"，在推动与港澳紧密合作、融合发展的基础上，加快广东教育现代化进程。为了实现"打造南方教育高地"的目标，广东省对教育改革发展进行了宏观层面的谋篇布局，把"开放发展"和"开放合作"作为提升教育、发展区域竞争力和国际影响力的显著标志，加强与港澳教育的交流与合作。但事实上，粤港澳三地政府的高层会晤尚未形成健全有效的合作机制，教育领域的合作多为交流培训。同时，粤港澳教育合作仍处于各校点对点各自为战的状态，难以规模集聚化。另外，粤港澳高校大多都有了自己的信息平台，但这些信息平台只能实现对本地区信息的组织和管理，缺乏由政府建立的权威信息共享平台。随着粤港澳高校教育合作的加深，这些分散的信息平台无法实现整个区域的信息综合管理和有效交流。②

粤港澳三地政府在教育交流与合作中的作用发挥不足，缘于政府合作效率低。政府在粤港澳合作过程中的地位越来越重要，有效的多层治理结构的缺失制约着粤港澳的合作。有效的多层治理结构，指的是城市群中的区域事务由城市群中各个层级的成员共同决定，包括国家层级的权力因素，城市层级的权力因素（各市政府），或次城市层面的权力因素（各种非官方的私人组织和部门）。更重要的是，各层级成员之间具有一套有效的交

---

① 卢晓中. 推动粤港澳大湾区教育合作发展的思考 [J]. 中国高教研究，2019（5）：54－57.

② 慕亚平，刘琪. 推进粤港两地教育交流与合作的法律问题 [J]. 中国校外教育，2011（22）：21－22.

流和决议机制，来共同决定区域的发展事务，但是，目前在粤港澳的区域事务处理体系中，尚未形成有效的多层治理结构。黄宗仪（2008）指出，在粤港澳三地的政府体系中，区域事务的决定权力是垂直向上，并旁至港澳特区政府，但并没有连接珠三角的地方政府，甚至私人部门。因此，次城市群层面的权力因素并没有发挥作用。[①] 另外，雷颖剑（2012）也指出，在"一国两制"的背景下，作为地方政府的粤港澳三地政府，首先必须接受中央政府的统一领导，粤港合作或粤澳合作的总体思路和规划设想必须上报中央政府；或者当粤港、粤澳双方之间出现某种利益分歧乃至冲突时，也必须由中央政府出面协调。因此，粤港澳三地并没有形成一套有效的区域事务决议机制。有效多层治理结构和区域事务决议机制的缺失，使得粤港澳政府间的合作变得较为困难，并进一步导致其合作效率较低。[②] 周韬（2021）认为，受制于高等教育管理有限的省级事权，广东省教育主管部门更多是在宏观层面呼应国家行政政策，缺乏操作性强的具体措施和公共服务供给。而高校方，则受制于政府部分政策供给与顶层设计的不足，交流平台缺失，公共参与度较低等方面的限制，参与港澳地区高等教育合作的成绩并不理想。[③] 因此，粤港澳地区必须建立起有效的多层治理结构，才能对粤港澳区域进行有效的治理。[④]

二、独立办学中存在的问题

独立办学是指实施本科以上学历教育的普通高等学校与国家机构以外的社会组织或者个人合作，利用非国家财政性经费举办的实施本科学历教育的高等学校。关于香港、澳门高校来广东办学的政策办法，相关文件中多有涉及。

2008 年《珠江三角洲地区改革发展规划纲要（2008—2020 年）》提出要"以新的思维和机制推动高等教育发展上水平。支持港澳名牌高校在珠

---

① 黄宗仪. 全球城市区域治理之外香港的跨境身份论述与再现 [J]. 地理学报，2008（52）：1-30.

② 雷颖剑. 粤港澳区域公共管理合作研究 [D]. 广州：华南理工大学，2012.

③ 周韬. 粤港澳高等教育合作中的政府公共服务问题研究：从广东省高校参与合作实践视角 [D]. 广州：华南理工大学，2021.

④ 欧时新. 粤港澳大湾区城市群合作能力问题研究 [D]. 广州：广东外语外贸大学，2018.

江三角洲地区合作举办高等教育机构，放宽与境外机构合作办学权限，鼓励开展全方位、宽领域、多形式的智力引进和人才培养结构"。2010 年《粤港合作框架协议》更是明确指出，"打造亚太区域人才教育枢纽"，"探索多种形式的合作办学模式和运作方式，积极探索香港高等学校在广东办学的新形式、新途径，并将此纳入重点推进项目"。

以上两份文件的相继出台，进一步加强了粤港两地合作办学的决心，使粤港教育界充满了对合作办学蓬勃发展前景的期待，各界都坚信不出广东可读香港名校，这对不少向往香港教育的内地学生而言，是重大的政策利好。中央给广东松绑放权，广东将成为中国高等教育合作的"试验田"。

接着，《广东省中长期教育改革和发展规划纲要（2010—2020 年)》也首次明确提出，要促进与港澳知名大学合作举办高等教育机构，打造我国南方教育高地。教育部门的有关负责人也多次发言表示支持广东引进境外高校合作办学，教育部有关领导也明确表示，把广东作为教育综合改革的试点省，支持广东成为探索教育科学发展的实验区、深化改革的先行区。

在香港高校来粤办学问题上，广东省希望能把握住"科学发展，先行先试"这一灵魂和精髓，通过原汁原味引进境外名校的现代办学制度，试图借助外力冲击内地大学的弊端和保守。广东省教育厅原副厅长魏中林强调，引进境外、国外大学要的就是"原汁原味"，"我们不希望他们在办学制度、管理模式和人才培养方式上有任何的改变，必须带着现代大学制度、带着成熟的模式进来"。他还表示，"董事会领导下的校长负责制"虽然与内地大学"党委领导下的校长负责制"不同，但这一制度将得到充分尊重，原装落地，"我们将以合作的方式参与学校管理，但不是改造他们原有的体制，而是帮助其更好地适应本土环境"。他希望借此给广东高等教育"树立一个不同的第三方"：用外力冲击内地大学保守的制度，期待"鲇鱼效应"。①

从政策上来看，没有中央的扶持和放权，地方政府要想突破《中华人民共和国中外合作办学条例》（2003 年颁布，以下简称《条例》），实现境外高校在国内独立办学几乎没有可能。上海、浙江等率先与国外知名大学开展合作的地方政府在实践中已经得到证实。不管是宁波诺丁汉大学还是西交利物浦大学，虽然声称是对国外模式的"原装"引进，但仍旧走的是

---

① 王璐. 粤港高校合作办学的困境与两难［J］. 现代教育论丛，2014（3）：43－46.

合作办学的道路，并非独立办学。正如宁波诺丁汉大学原校长杨福家所言：
"英国诺丁汉大学和宁波诺丁汉大学以相同的标准教学、授予相同的学位，
整个体系都是英国的，这是我一直坚持的东西。"

近年来，随着香港高校在广州、深圳、珠海、肇庆等地合作办学的实
质性推进，广东省教育部门不再追求港校在广东独立办学，转而向上海和
浙江等地政府学习，开始推行"99% + 1%"（即在合作办学中，港校在合
作办学中所占份额99%，粤校所占份额仅1%）的"形式上的合作办学"。

三、合作办学中存在的问题①

改革开放40多年的经济合作为粤港澳地区带来了极大的收益，借助港
澳的协作关系，广东得以快速实现工业化，而香港成为世界经济的"纽伦
港"三中心之一。② 但进入21世纪，粤港澳的分工协作关系面临向深度和
广度发展的瓶颈，地缘经济关系从过去的互补转为竞争（马向明、陈洋，
2017）③；随着粤港澳合作的深入，经济融合涉及制度、法律等层面的问题，
三方的合作诉求也不断向文化、环境保护、区域认同等拓展，三方在一体化
过程中的关注点开始存在差异（蔡赤萌，2017）④。有学者进一步指出粤港澳
合作办学高校面临国际化教育需求增长与本土国际化教育供应不足、国际高
等教育大循环不畅与国内高等教育大循环参与不足、粤港澳合作办学高校间
的内部要素流动不畅，办学面临制度两难等挑战（董凌波，2023）。⑤ 从总体
上看，粤港澳合作办学的问题在于缺少整体安排、合作方式单一、合作法
规欠缺、合作机构缺失等，尤其是法制政策有空白、合作机制待完善。

我国的合作办学事业始于改革开放之初，至今已有40多年的历史。大
湾区合作办学起步晚、数量少、规模小。在大湾区合作办学范围之内，除

---

① 何小松. 中国内地与香港高等教育合作机制研究 [D]. 广州：华南理工大学，2012.

② 欧时新. 粤港澳大湾区城市群合作能力问题研究 [D]. 广州：广东外语外贸大学，2018.

③ 马向明，陈洋. 粤港澳大湾区：新阶段与新挑战 [J]. 热带地理，2017，37（6）：
762 - 774.

④ 蔡赤萌. 粤港澳大湾区城市群建设的战略意义和现实挑战 [J]. 广东社会科学，
2017（4）：5 - 14，254.

⑤ 董凌波. "双循环"新发展格局下粤港澳合作办学高校的功能定位、挑战与发展前
瞻 [J]. 广东轻工职业技术学院学报，2023，22（5）：22 - 27.

香港浸会大学与北京师范大学合作的机构于 2005 年获批设立之外，其他机构、项目办学时间均较短。广东作为中国经济最发达的省份之一，其中外合作办学的发展势头强劲。目前，广东省多所高校与国外知名院校建立了合作关系，开设了多种类型的联合培养项目。这些项目不仅包括本科教育，还涵盖研究生教育和职业教育等不同层次。广东省已批准的中外合作办学项目超过 200 个，其中涉及多个国家和地区，如美国、英国、澳大利亚等。这些项目在课程设置、师资力量以及教学模式上都融入了国际元素，为学生提供了更广阔的发展平台。

推进高水平教育开放是广东高等教育的重要职责使命。广东省教育发展"十四五"规划提出，要建设粤港澳大湾区国际教育示范区。大力推进香港科技大学（广州）建设，加快推动香港城市大学等港澳高校来粤办学。同时，聚焦世界科技前沿和国内薄弱、空白、紧缺学科专业，吸引世界知名高校和特色学院来粤合作办学。推动省内高校提升国际化水平。

四、高等教育及高水平大学集群发展的问题

当前，粤港澳大湾区多元化、高质量科研与教育的整体供给水平仍相对欠缺。目前粤港澳大湾区拥有超过 150 所高校，且随着粤港澳大湾区建设步伐加快，高校合作办学及本地新设高校也会逐渐增多，未来这一数字还将继续扩大。虽然粤港澳大湾区在高校整体规模和数量方面占据了一定的优势，但从全球顶尖高校和学科的数量占比来看，粤港澳大湾区仍然偏低。在全球高校激烈竞争的背景下，粤港澳大湾区在全球顶尖教育资源的供给上还存在短板，并呈现出较为明显的内部分化和区域差异，高层次教育资源的分布不够均衡。鉴于粤港澳大湾区经济社会发展对多样化、高层次教育的需求日益增加，其在高端教育和人才资源的规模、结构、质量等方面的供给水平亟须进一步提升。[①]

（一）校际交流协议落实欠佳

粤港澳高校签订校际交流协议的热情很高，有些高校重名头、重形式；加之近几年高校众多，竞争激烈，很多私立学校面临严峻的财务困难，招

---

① 刘胜，申明浩. 打造粤港澳大湾区教育和人才高地［N］. 中国社会科学报，2019－09－19.

生情况很不理想，为了维持学校的运营，各个大学之间签订了各种形式的校际交流协议，而内地的部分大学也为了提高自己的社会知名度和影响力，为了提高自己的办学水平，不加分辨地同一些学校签订各种交流协议书。在这种所谓"政绩"的作用驱动下，这些签订的交流协议由于种种问题，落实比例很低，交流与合作主要停留在口头和表面。另外，一旦高校主管校际交流与合作的领导出现变动，之前签订的交流与合作协议的执行也会不同程度地大打折扣，许多之前签订的校际交流协议就会被束之高阁。

（二）人才流动不畅

《粤港澳大湾区发展规划纲要》、广东省委和广东省人民政府印发的《关于贯彻落实〈粤港澳大湾区发展规划纲要〉的实施意见》均指出，要打造粤港澳大湾区教育和人才高地。在知识经济时代，教育、人才等知识密集型要素在经济高质量发展中的重要性日益凸显。纵观纽约湾区、旧金山湾区与东京湾区，在教育和人才领域无不拥有雄厚的基础实力和国际化优势。粤港澳大湾区已具备了教育和人才集聚发展的硬件条件，但对标国内先进城市群和世界一流湾区，粤港澳大湾区要谋划打造全球教育和人才高地，建设宜居宜业宜游的优质生活圈，目前仍存在顶尖教育供给缺乏、原始创新能力薄弱、创新资源全球化配置不足等瓶颈，亟须凝聚共识，深化教育体制和人才培养机制改革，共同推动教育和人才培养事业高质量发展。[①]

在日益复杂的外部环境下，粤港澳大湾区在未来一段时间将难以简单地通过引入国外人才、争取合作研发，甚至收购境外成熟科研项目等形式加快本身的科研水平提升。虽然广东近年来着力强化其在教育和人才培养领域的国际影响力，但其开放程度仍未达到纽约、伦敦等全球化城市标准。在全球人才争夺日趋激烈的背景下，粤港澳大湾区亟须优化教育和人才，培养国际合作与交流机制，提升其对国际化教育和人才资源的吸引力和全球调配能力。旧金山湾区与发达国家、发展中国家皆有所联动，而粤港澳大湾区内人才流动缺乏国际性，同时粤港澳大湾区协同发展机制不畅，区域在资源共享、信息互通等方面的合作不紧凑，造成了大湾区人才的患寡患均。粤港澳高等教育的发展各具特色，表现为：广东高等教育规模扩张、

---

① 周文港. 香港高校要发挥"走出去，引进来"的独特作用 ［N］. 光明日报，2019－06－18.

国际交流频繁；香港的教育形式多样化、层次多样化；澳门重视人才培养，科技文化发展势头强劲。因而粤港澳三地高等教育间的有效联动有待加强。

多年来，粤港澳大湾区各自为营，在就业环境、制度差异、治理要素等因素影响下，粤港澳大湾区人才协同发展面临一定困境，"人才争夺战"反而成为大湾区各大城市人才政策的焦点。香港科技大学原校长陈繁昌先生在谈到粤港澳大湾区人才培育和流动的影响因素时指出，粤港澳大湾区拥有很好的人力资源优势，但由于制度差异，人流和物流的自由流动受到阻碍，且由于创业环境的影响，香港的毕业生来内地工作的意愿并不是很强，而香港的教师由于税收问题以及出入境签注问题，不能在内地长期停留，种种限制条件阻碍了粤港澳人才要素的自由流动。广东省面向紧缺的潜质人才进行落户发放"人才优粤卡"就是很好的例证，拥有此卡者可获得在本地免费享受医疗、教育等各个领域的特殊福利。但港澳人才在珠三角地区九大城市就业仍受到较多制约，"人才优粤卡"门槛也较高，而降低门槛，才会有更多的港澳人才享受到政策优惠。因此粤港澳大湾区应以法律法规规范人才建设，同时拓宽人才合作渠道，将人才建设合作示范区出台的相关政策转变为具有普遍性、长期性、强制性的法律规制。[①]

（三）大湾区大学集群发展中的问题[②]

大湾区大学集群发展是湾区发展的一个重要核心要素。粤港澳大湾区通过三地协同合作、抱团创新与集群发展，有成为世界一流湾区的潜质和实力，粤港澳"三位一体"的高水平大学集群发展模式已具雏形。2015年4月，广东省委、省政府印发了《关于建设高水平大学的意见》，正式启动高水平大学建设工作，批准在粤的中山大学、华南理工大学、暨南大学等7所高校作为高水平大学整体建设高校；2017年9月，教育部、财政部、国家发改委在《关于公布世界一流大学和一流学科建设高校及建设学科名单的通知》中，将广东的中山大学、华南理工大学、暨南大学、华南师范大学、广州中医药大学列入"双一流"建设高校；香港有香港大学、香港科技大学、香港中文大学、香港城市大学等世界100强的一流大学；澳门

---

① 邱红艳. 粤港澳大湾区建设人才高地的形势和对策 [J]. 人才资源开发, 2021 (20)：6 - 7.

② 欧小军. "一国两制" 背景下粤港澳大湾区高水平大学集群发展研究 [J]. 现代教育管理, 2018 (9)：17 - 22.

有澳门大学、澳门科技大学、澳门城市大学、澳门理工大学等高水平大学。可见，粤港澳三地高水平大学集群发展有着一定的基础和条件。

香港、澳门回归祖国以来，粤港澳三地的经贸合作日益频繁，愈加紧密，互动性较强，但在教育方面，尤其是高等教育方面，三地的大学尤其是高水平大学的协同创新、合作交流互动的机制还没有很好地建立起来，无论是在合作交流的次数还是协同创新的成效方面都不如在经贸合作方面有实质性的进展和成效，与世界一流湾区相比，还有一定差距，具体表现为以下三点。

1. 大湾区大学集群发展的基础较薄弱：数量不多、水平不高

粤港澳大湾区与世界一流湾区相比，世界顶尖级大学的数量偏少，在全球100强的大学中，粤港澳大湾区内大学综合实力排名相对靠后。美国旧金山湾区的高等教育基本可以与美国东海岸等量齐观，而粤港澳大湾区教育综合实力还不如京津冀、长三角地区。建设世界级的城市和世界级湾区需要一大批高水平大学和世界一流的大学，纽约湾区内有50多所高水平大学，其中有波士顿的哈佛大学、麻省理工学院，新泽西州的普林斯顿大学，纽约州的康奈尔大学、哥伦比亚大学、纽约大学等一大批世界顶尖级大学在内组成的大学集群。旧金山湾区有20多所高水平大学，其中有南湾的斯坦福大学、东湾的加州大学伯克利分校、旧金山的加州大学旧金山分校等世界顶尖大学或美国国内一流大学组成的大学集群。东京湾区也聚集了30多所高校，其中东京大学、早稻田大学、东京都市大学、横滨国立大学等为国际顶尖级大学、亚洲或国内一流高水平大学。粤港澳大湾区在高水平大学集群发展方面，尤其是世界一流大学建设方面，与世界三大湾区相比，无论在数量上还是质量上，还有较大的差距，大学集群发展的基础不够雄厚。

2. 大湾区大学集群发展结构性矛盾突出：不够均衡、不够充分

地缘关系是粤港澳大湾区高水平大学集群的一个重要特征。从地理位置上看，粤港澳大湾区高水平大学主要分布在香港、澳门、广州、深圳4个核心城市，珠海、中山、江门、佛山、肇庆、东莞、惠州7个中心城市的高水平大学资源相对匮乏、差距较大、整体水平不高，很难支撑本地经济社会发展对人才、技术、智力资源的巨大需求。高水平大学集群发展的不平衡、不充分为粤港澳大湾区其他城市聚集创新要素与资源、构建具有

强大生命力的创新生态系统设置了障碍，必将影响大湾区创新资源的高效配置与综合集成，拉低大湾区在全球科技创新链中的核心竞争力。粤港澳大湾区从人口、面积等基础指标来看，是目前全球最大的湾区，但从科技、创新、金融等核心指标来看，具有大而不强的明显不足，科技创新网络还不够成熟，不仅缺乏在全球具有重要影响力的科技企业，也缺乏具有全球影响力的创新型城市，高水平大学与产业之间还没有真正发展形成一个世界级的科技创新集群基地，要达到世界级湾区与产业深度融合的水平，还有一段较长的路要走。

3. 大湾区大学集群发展内驱力不足：集而不群、合作不宽

作为大湾区一个重要的增长极，大学集群一般是指在地理上集中，有交互关联的大学之间相互配合、分工合作而形成的一个"生态良好"的知识创新与分享的网络结构和系统。粤港澳大湾区高水平大学之间具备地理上的邻近优势，但相互之间的知识创新协同效应还未真正产生，每一所大学结构性资源不足的问题还没有通过大学集群的交流、整合、互换、共享等方式得到很好的解决，高水平大学之间相互关联、相互调节的耦合系统还没有形成，大学集群基本上仍处于"集而不群"的状态。目前看来，粤港澳三地大学尽管有一定的联系，但这种联系与合作更多地体现在对优质生源的招生录取上，而推动粤港澳大湾区高水平大学创新协同发展的实质性相互影响很少，在科技创新合作方面还没有形成较好的协同共享机制。此外，粤港澳大湾区高水平大学的联系与合作更多还是局限在行政区域内，高校创新要素无法快速有效流动，导致创新协同发展能力不足，合作面不广、不宽，集群发展水平不高等问题，以致粤港澳大湾区城市群的科技创新、产业创新活动很难得到学术前沿基础研究的支持。

五、职业教育合作中的问题

《粤港澳大湾区发展规划纲要》中重点提及：将推进粤港澳职业教育在招生就业、培养培训、师生交流、技能竞赛等方面的合作，创新内地与港澳合作办学方式，支持各类职业教育实训基地交流合作，共建一批特色职业教育园区。但从当前现实看，粤港澳三地职业教育协同发展机制尚未真正建立，三地职业教育合作还相对松散，合作模式有待进一步探索和创新。

（一）职业教育政策的制定与实施存在限制

"粤港澳大湾区不仅是经济地理现象，也是一个政治地理过程，是国家治理的新尺度选择，是超越行政区的基础上构建的新的空间尺度。"①也就是说，粤港澳大湾区并非一个行政概念的区域。"一国两制"决定了粤港澳大湾区两区与九市的合作不仅跨越了既定的行政边界，更跨越了不同法域和制度。譬如，广东省的职业教育发展与规划可以涵盖九市，却无法纳入对港澳职业教育发展的考量，很难起到对整个粤港澳大湾区职业教育发展的统领与协调作用。此外，除了两个特别行政区，粤港澳大湾区其余九市亦由多个不同行政级别的城市构成，是一个存在多重行政架构的特定空间。在这个特定空间，与职业教育相关的政策制定与决策过程受限于行政级别与权力边界，缺乏常态化的对等交流与协商机制。不同行政区域内的职业教育政策覆盖面有限，影响力不足。究其原因，主要在于粤港澳大湾区存在不同社会制度、法律制度之间的差异性以及不同关税区之间的空间异质性，导致职业教育合作体系构建过程充满挑战。

（二）职业教育合作的深度与广度有限，资源统筹不足

其一，一些合作局限于姐妹学校、高校联盟或友好城市之间的合作项目，以院校的自发性合作为主，城市政府或教育行政部门的主导和参与较少，缺乏制度性安排。其二，合作的形式也较为单一，还停留在院校共建实训基地、相互组织师资培训等浅层次，不够深入。其三，合作缺乏整体性的长远规划，尚未以粤港澳大湾区高职教育联盟的形式支撑区域经济社会发展，缺乏有约束力的联动机制，高职治理主体之间还未形成合力。合作项目完成即结束，可持续性不强。总之，粤港澳三地职业教育的资源统筹明显不足，尚未形成政府、高职院校、高校联盟、产业协会等多元主体协同创新的格局。②

（三）职业教育学科专业布局与大湾区发展的匹配程度不高

无论是结合现阶段粤港澳大湾区建设发展的实际情况来看，还是参考其未来发展的战略步骤来看，粤港澳大湾区内的产业结构正在有效、有序

① 张福磊. 多层级治理框架下的区域空间与制度建构：粤港澳大湾区治理体系研究［J］. 行政论坛，2019，26（3）：95－102.
② 李妮. 多层级治理框架下的粤港澳大湾区职业教育合作体系研究［J］. 教育与职业，2020（18）：20－26.

地调整当中，并将逐步形成和确定"三二一"的结构布局，即以第三产业为主导产业的产业结构。尽管现阶段第二产业所占比例仍较大，但是大湾区第二产业也处于由以传统制造业为主向高新制造业为主的内部结构过渡过程当中。对此，职业院校必须适时、适当地调整自身专业布局，以密切与大湾区产业结构的关系。但结合现阶段实际情况来看，职业院校学科专业布局与大湾区发展的匹配程度并不高，共建特色职业教育园区没有得到落实，具体集中体现在以下两个方面：第一，大多职业院校现阶段仍热衷于传统专业建设，如商务英语、会计等专业，商务英语与会计也依旧是仅有的两个招生过万人的专业。第二，现代服务业、先进制造业以及新兴产业的专业建设难以跟进，相关专业建设较为薄弱，专业投入严重不足。

（四）职业教育层次结构失衡

职业教育是国民教育体系和人力资源开发的重要组成部分，肩负着培养多样化人才、传承技术技能、促进就业创业的重要职责。粤港澳大湾区的香港、澳门的高等教育普及程度高，其中高等职业教育是重要的组成部分，香港职业训练局下设 13 个专修学院，每年为约 25 万名学生提供全面的职前和在职训练，颁发国际认可的学历资格。澳门有 7 所专修学院、5 所技术学校开展职业教育学历教育。粤港澳大湾区的珠三角地区是广东高等职业教育、中等职业教育的高度聚集地。但是，从现实来看，珠三角地区本科、高职、中职的层次结构失衡，尤其是本科院校相对较少，中职院校发展呈现弱化态势，研究生层次职业教育几乎为零。

（五）创新创业教育亟须升级

《粤港澳大湾区建设报告（2018）》中明确指出，大湾区要以建设物流中心、国际航运中心、现代金融服务体系、贸易中心和国家创新中心为目标。可以说，粤港澳大湾区的建设以及目标的实现，不仅依赖于技能型人才，同样需要创新型人才。然而，现阶段创新创业教育仍然是各职业院校的短板所在，创新创业教育的实际成果并不尽如人意，其中存在的问题也比较突出。具体来讲，集中体现在以下三个方面：第一，现阶段职业院校仍倾向于创业类课程设置，而有关培养创新思维的课程却比较缺乏。第二，缺乏明确、可行的创新创业人才交流和培养路径，导致创新创业教育在具体执行过程中缺乏指导，难以针对不同地区、不同专业、不同层次的学生以不同的目标来开展针对性、有效性的创新创业教育。第三，粤港澳三地科技成果转化不足，通过科技创新、高水平科技创新整合到一起的巨型企业较少。①

解决粤港澳大湾区职业教育合作发展中的问题，能更好地为高端制造业奠定坚实基础。粤港澳大湾区职业教育任重道远，需要粤港澳三地政府给予大力支持，通力合作加以推动。

第二节　粤港澳教育交流与合作的制约因素

当前，粤港澳教育交流与合作的进程中存在着诸多不容忽视的制约因素。香港和澳门临近广东，且同在"一国两制"下进行教育交流与合作，故粤港、粤澳教育交流与合作的制约因素具有相同之处。认真分析这些制约因素，同时积极探寻新的可拓展空间，对于进一步组织和推动粤港澳教育文化交流与合作、增进三地情谊、相互深入了解，具有十分重要的指导意义。

一、思想观念因素

香港和澳门有着与内地不同的政治、经济与文化背景。如香港与内地的差异使得中央政府在处理内地与香港之间的关系时相对谨慎，因此影响了广东与香港在教育上的合作。在两地合作办学中，参与各方思想与合作认识上的顾虑在很大程度上阻碍了香港与内地教育合作的进一步发展。这正如罗伯特·奥斯本（Robert D. Osborne）在欧洲国家跨境教育合作案例分析中所言，虽然在跨境教育合作中，政治不再粗暴地干涉教育合作，但总体上仍是教育合作的一个阻碍因素。②

---

① 陆祉亦. 粤港澳大湾区职业教育协同发展的机遇挑战及策略研究［J］. 太原城市职业技术学院学报，2019（3）：4–7.

② OSBORNE R D. Cross-border higher education collaboration in Europe：lessons for the "Two Irelands"？［J］. European journal of education，2006（1）：36–39.

维护国家统一和主权完整是一个国家和政府最根本的目标所在。中华人民共和国成立后，中国政府一直将早日完成国家统一作为最重要的国家目标之一。为确保香港和澳门的顺利回归，中央政府创造性地提出了"一国两制"的基本国策，并在教育合作上做出一系列努力：如采取措施增强香港、澳门青年对祖国和中华民族的认同感，以促进香港、澳门主权和人心回归的同步实现；重视和支持香港和澳门学生到内地普通高校和科研院所学习，并多次调整收费标准及有关政策；支持内地学生到港校、澳校深造，不断扩大香港和澳门高校到内地招收学生的地区范围与权限等。

在粤港澳合作办学过程中，教育思想、理念的差异影响合作办学进程和创新人才集聚。国际创新型人才流动时，当地能否为其子女提供国际化教育是重要的参考指标。港澳采用国际化教育体系，与国际教育资源深度对接，会成为他们的优先选择。而内地教育领域在专业结构、课程设置、管理模式等方面与国际先进水平存在差距，对外合作的深度和广度也不够。①

二、体制机制因素②

粤港澳三地在政治制度、经济政策、法律制度和行政管理体制等诸多方面都存在不同程度的差异，在一定程度上阻碍了粤港澳高等教育合作的推进。

（一）高等教育合作缺乏顶层设计

目前，粤港澳大湾区城市间高校的发展仍是"各自为政"，粤港澳三地教育领域合作缺乏系统性的顶层设计。三地的教育跨境合作存在体制机制障碍，涉及学制期限、考试制度、学历互认等。广东省内，尚未实现高等教育的一体化，粤港澳高校之间虽然素有合作的历史与优势，但多以自发交流合作为主，合作深度、广度十分有限。在粤港澳大湾区高等教育协同发展中，广东存的问题有：治理模式落后，治理水平较低；整体办学

① 建设国际一流湾区打造"一带一路"建设重要支点研究课题组. 把教育合作作为建设粤港澳大湾区的优先领域［M］//中国国际经济交流中心. 中国智库经济观察（2017）. 北京：社会科学文献出版社，2018：305－306.
② 李丹，高芳. 高等教育服务粤港澳大湾区建设的思考［J］. 学习与探索，2019（2）：158－162.

水平不高，缺乏国际知名高校；师资队伍、研究水平和人才培养质量不高；国际化发展程度较低；学术评价不一等问题。① 港澳方面存在的问题有：高等教育服务地方和高新技术产业能力不强；香港高校生源水平有待提高，澳门高校生源不足；高校发展空间不足；高校办学经费尤其是科研经费不足等。此外，"粤港澳高校联盟"这一概念提出时间不长，管理方式与制度机制建设仍有待完善，三地高等教育合作缺乏明确的战略规划。目前，港澳高校与内地高校合作的重要动因之一，是吸纳内地的生源，而并非通过区域高等教育联盟支撑大湾区经济社会的发展。

（二）体制机制障碍依然存在

与东京湾区、纽约湾区、旧金山湾区进行比较，粤港澳大湾区实际上是由一个国家、两种制度、三个关税区、四个核心城市所构成的。粤港澳三地除了国家主权的一致性外，不同的社会制度、文化差异可能使粤港澳大湾区在任何一项工作推进过程中面临很多困难，且更为复杂。② 粤港澳大湾区内有两个特别行政区政府、三个经济特区政府，还有作为计划单列市、副省级市的广州市政府等。这种格局涉及中央与地方、广东与特区，关系较为复杂，政府间双边和多边的磋商、协调、合作机制，尚需经历一个逐步磨合建立的过程。香港通过大学制度章程建设，从法律上确认了高校的自主管理体制；澳门特区政府管理的澳门高等教育辅助办公室与高校为平行机构，进而保障了高等院校的行政自治。港澳高校充分发挥教授委员会在教育教学、学术研究和学科建设中的作用，着力健全完善现代大学制度。而港澳特区政府对高校的管理一般只起到提供意见、加强交流和沟通，以及监督的作用。内地高校管理体制经过许多改革，但与上级主管部门之间依存与制约的特殊关系从未改变。③ 港澳高校拥有较大的自主决定权，教师人事任免、学科专业的设置、课程的编制等是由高校严格按照规章制度和程序自行决定的，为学术的发展提供了良好的环境和制度性的保障。内地高校在学术研究上自主性不够强，且在高校的内部管理中，学术

---

① 钟嘉仪. 协同创新发展，探索高等教育合作路径［J］. 广东教育（综合版），2018
（8）：20－21.

② 钟嘉仪. 协同创新发展，探索高等教育合作路径［J］. 广东教育（综合版），2018
（8）：20－21.

③ 李丹，高芳. 高等教育服务粤港澳大湾区建设的思考［J］. 学习与探索，2019
（2）：158－162.

权力的地位也受到行政权力一定程度的制约。

相较而言，国际一流湾区的内部城市间行政壁垒较低、协同度高，技术、人才、资本等生产要素能够在湾区内部自由流动。而粤港澳大湾区城市之间则面临着制度的阻隔，三地高等教育合作的法律法规严重缺乏、区域治理机制欠缺，且没有强大和灵活的协调机制和政策补偿机制，致使大湾区内部的教育合作难以深入开展。

三、文化因素①

雷金·罗斯特琳娜认为，文化距离是母国与东道国之间那些一方面能够创造知识需求，另一方面却阻碍知识流动，进而导致阻碍其他方面资源流动的要素的总和。文化距离就是各国不同文化特征的差异程度。②　"文化距离"和"心理距离"实质上一致，③　也有学者称之为"社会距离"。文化差异主要表现在语言、社会、生活习惯等方面。特殊的历史导致的粤港、粤澳的文化距离，甚至文化冲突必然会在一定程度上影响教育合作办学的发展。

文化是一种历史、传统等各因素融合在一起的综合体，是历史和传统的长期积淀。当代香港文化是一百多年来中华传统文化同英国殖民主义文化相互碰撞、冲击，又相互渗透、融合的产物，是中西文化传统与现代交融的多元混合体，是文化的多元并存，没有一种文化明显居于主导地位，不同文化影响社会生活的不同层面，互相之间存在一定的分隔。社会中上阶层，如政府公务员、专业界人士、企业管理人员等，由于接受西方教育的时间较长，接触西方文化及生活方式的机会较多，西方文化对他们的影响很深。对于社会中下层来说，中国传统文化的影响则较深。④

内地与香港文化交流频繁，尤其体现在教育的交流合作方面，如在粤

---

① 王璐. 粤港高校合作办学的制约因素分析［J］. 高教探索，2015（1）：90－93.
② 覃玉荣. 中国－东盟跨境民族文化产业发展与合作：基于文化距离的探究［J］. 广西社会科学，2012（11）：168－171.
③ LEE D J. The effect of cultural distance on the relation exchange between exporters and importers：the case of Australian exporters［J］. Journal of global marketing，1998，11（4）：7－22.
④ 黎熙元. 香港：多种文化并存的社会［J］. 中山大学学报（社会科学版）. 1997（3）：13－17.

港高校合作办学中，港方合作人员主要是高校教师和管理人员，这类人群都属高级知识分子，都有国外留学背景，接受西方教育的时间长，重视"公平、自由、法治"等香港核心价值，可以称得上是西方文化的代表者。因此在粤港合作过程中，他们与内地合作高校管理者之间出现的冲突，从某种意义上可以说是中西文化冲突在某些方面的细化表现。文化上的整体差异可能会给合作带来活力，但细化到管理技术和具体操作层面的文化差异和冲突却会给合作带来阻碍。从整体上来看，东西文化差异明显，在日常合作办学的过程中，就会具体表现为办学理念、处事风格、管理手段和方法的差异，以及港方办学机构对内地管理体制和管理方式的不适和抵触，稍有轻视或者处理不当，就会严重影响两地合作办学的正常开展。

　　粤港澳大湾区内的国际化教育发展不均衡，与文化差异因素亦有很大关系。越是有差异，越需要认同。虽然香港文化与内地文化有所区别，但不容置疑的是，香港文化的根仍然是中华民族的传统文化，主要是由儒家思想、东方宗教文化（主要是佛教和道教）和民间风俗文化这三方面交错融合而成，传统文化深植于香港文化之中。[①] 目前，香港实行"一国两制"政策，有着文化融合所需的强大的政治支柱；香港在经济发展中又日益扩大了与内地的密切合作，双方互惠互利，物质基础也与日俱增；加之，粤港同处岭南地区，同讲粤语，同属岭南文化圈，文化的同根性更强，因此发扬文化的共性及同根性，增进彼此的沟通和了解，经过对文化的认识、理解、尊重、接受的过程，可使粤港澳教育交流合作越来越顺畅。

四、资源因素

　　尽管粤港澳大湾区拥有多所高校、科研院所等科教机构，但与纽约、东京、旧金山等世界三大湾区相比，教育实力仍存在显著差距，突出表现为大湾区内地9市缺乏世界顶级的高水平大学。大湾区内的5所世界百强高校均在香港，内地高等教育现行管理模式，在培养世界顶级创新人才、支持开展高水平研究等方面与香港有一定差距。粤港澳所拥有教育资源的相对稀缺程度的变化，影响着粤港澳相关利益主体进行交流与合作，影响

---

　　① 周毅之. 从香港文化的发展历程看香港文化与内地文化的关系［J］. 广东社会科学，1997（2）：20 – 24.

着各方对教育交流与合作的需求。①

　　香港高等教育在办学模式上机动灵活，不管在经费来源、办学主体还是水平资格上，都已经形成了一个多元化的办学模式和体系。澳门高等学校在课程提供、升学渠道、求学资助等方面也显现出多样化的模式。经过长期的发展，港澳高等教育多渠道办学的格局已经形成。内地高等教育办学模式在改革开放中取得了比较明显的成就，但在一定程度上，其办学模式单一的格局并没有得到根本性转变。

　　大湾区 11 个城市间高等教育发展水平差异较大：广州、香港拥有较为丰富的院校资源；深圳正蓄力推进大学的发展，高等教育实力显著提升；佛山、东莞、珠海在与国外高校及我国港澳高校合作方面取得了一定的进展；而惠州、中山、江门、肇庆优质教育资源显著不足；澳门高等教育虽具有国际化的先发优势，但无一所大学进入世界大学排行前 200 名，亦缺乏高水平研究型大学。②

　　①　建设国际一流湾区打造"一带一路"建设重要支点研究课题组. 把教育合作作为建设粤港澳大湾区的优先领域［M］//中国国际经济交流中心. 中国智库经济观察 (2017). 北京：社会科学文献出版社，2018：305 - 306.
　　②　李丹，高芳. 高等教育服务粤港澳大湾区建设的思考［J］. 学习与探索，2019 (2)：158 - 162.

第五章　粤港澳教育交流与合作的创新

推动粤港澳大湾区教育合作发展，是推进粤港澳大湾区建设的重点领域，也是事关教育现代化全局的关键节点。中共中央、国务院印发的《中国教育现代化2035》《加快推进教育现代化实施方案（2018—2022年）》，为新时代开启教育现代化建设指明了方向。改革是推进教育现代化的根本动力，国家将积极支持区域教育改革试验，探索新时代区域教育改革发展的新模式。《粤港澳大湾区发展规划纲要》提出，到2035年，粤港澳大湾区要建成一流湾区和世界级城市群。相关政策为粤港澳三地的发展谋划未来，制定方略，充分凸显了国家和地方政府在推动粤港澳大湾区合作过程中的明确目的。粤港澳三地开展多层次教育合作，粤港澳大湾区教育的创新发展迫在眉睫，需要通过体制、机制、模式创新，达到 1 + 1 + 1 > 3 的效果。

第一节　粤港澳教育交流与合作创新平台建设

国家发改委在2017年7月公布粤港澳大湾区未来发展的6个重点方向，其中之一是"支持重大合作平台的建设"。从教育方面来看，应通过"规范化、经常化、制度化"的粤港澳教育交流与合作，谋求"需要利益协商求共赢、机制对接求共创、理念交融求共识"，建设粤港澳教育交流与合作的创新平台。

一、粤港澳教育交流与合作创新平台建设的总体目标与任务

粤港澳教育交流与合作创新平台建设的总体目标与任务是：立足粤港澳大湾区，放眼国际，全面合作，资源共享，互补互助，共同发展，以教育国际化、优质化发展为目标，促进区域教育与产业经济的良性互动，在构建区域教育高地进程中实现"优质生活圈"。基于《粤港澳大湾区发展规划纲要》的精神，第一，构建教育合作平台与联动机制。针对粤港澳在学前教育、义务教育、高中阶段教育、职业教育、高等教育、特殊教育和成人教育等方面的发展需求，充分发挥三地的独特优势，合作开展区域综合改革试验，探索建立开放灵活的教育合作体系，致力于打造一个开放多元、区域特色鲜明的高水平教育发展平台，更好地满足粤港澳人民对优质教育的需求，同时为国家深化教育改革、提高教育质量积累经验、探索道路。第二，打造教育和人才高地。推动教育合作发展，建设人才高地。第三，共建人文湾区。塑造大湾区人文精神，共同推动文化繁荣发展，加强粤港澳青少年交流，推动三地文化交流互鉴。

二、粤港澳教育交流与合作创新平台建设的内容①

国家发改委在 2017 年 7 月公布了粤港澳大湾区未来发展的 6 个重点方向，其中之一是"支持重大合作平台的建设"。通过"规范化、经常化、制度化"的粤港澳教育合作，谋求"需要利益协商求共赢、机制对接求共创、理念交融求共识"；打通粤港澳之间教育合作的"堵点"，冲决"藩篱"，构建三地教育合作的互通式立交；基于粤港澳大湾区建设的"四梁八柱"，建设粤港澳教育合作的一流平台，在此基础上强强联合，打造教育合作品牌，铸就教育合作品牌效应。

（一）科学研究平台

粤港澳大湾区建设有关文件允许香港、澳门符合条件的高校、科研机构申请内地科技项目，并按规定在内地及港澳使用相关资金；鼓励粤港澳

① 曲中林. 粤港澳教育合作的湾区路径［J］. 教育理论与实践，2021，41（10）：25－29.

三地科技和人才交往交流。粤港澳三方不断加大在科研方面的投资力度，加强对重大问题共同申报科研项目，合作开发科学研究，实现科研的优势互补。其中具有代表性的有广东省与香港共同构建的深圳虚拟大学园，其有效地推动了香港与广东高校的科研合作，强强联合，打造创新科研平台。

　　深圳已建设 11 个诺贝尔奖科学家实验室，其中 9 个由高校牵头建设，推动科研成果交流和转化，促进区域发展和产业升级。① 粤港澳高校中文联盟、香港中文大学（中大）中国文化研究所吴多泰中国语文研究中心，以及中山大学中国语言文学系于 2021 年 12 月联合举办"第二届中国语言学岭南书院"。本届书院以线上形式进行，吸引来自世界各地超过 1 200 名参加者。"中国语言学岭南书院"由中山大学、中大和澳门大学发起，粤港澳高校中文联盟主办，旨在推动中国语言学的学术发展，为粤港澳大湾区从事中国语言学研究的师生提供一个研究交流平台。② 广东粤港澳大湾区研究院是在国家粤港澳大湾区战略下，由广东省委宣传部牵头，省发改委、港澳办、社科院作为指导单位，由南方财经全媒体集团（以下简称南财集团）控股，落户于深圳市罗湖区的高端智库机构。作为南财集团智库战略重要组成部分，广东粤港澳大湾区研究院明确以"开放式、国际化、创新型"为方向，以南财集团全媒体平台为依托，充分发挥"智库 + 媒体 + 政府"协同作用，着力打造国际知名、国内一流的智库品牌，并在打造精品内参、举办标杆论坛、发布研究成果方面取得一系列显著成绩。

（二）人才培养平台

　　就高等教育领域，促进粤港澳三地"立交桥"式教育合作，就要扫清三地高等教育多向交流的屏障，粤港澳三地互聘一定比例的教师担任教学、科研的指导老师；各方每年互派若干批学生到对方学校进行访问、学习和实践活动；建立文凭与学位相互认证的机制，包括颁发联合学历学位，实现人才培养的深层次合作，建立一个世界上独具特色的、符合中华文化圈特点的高等教育体系。如澳门旅游学院将进入广东建设粤港澳大湾区旅游教育培训基地，建设旅游人才培养高地。由华南师范大学主办，研究生院、

　　① 孙颖. 深圳高等教育筑人才高地打造创新发展强引擎 ［EB/OL］. （2021 - 11 - 01）［2023 - 01 - 11］. https://economy. southcn. com/node_ cb23dd459e/7ef427786c. shtml.
　　② 柯淑玲，罗虞欢. 第二届中国语言学岭南书院圆满落幕 ［EB/OL］. （2021 - 12 - 16）［2023 - 01 - 11］. https://mp. weixin. qq. com/s/jBgBLT_Wtb0QGgM3bsrr - g

教师教育学部和教育硕士中心承办的 2023 年粤港澳教育硕士论坛，在华南师范大学广州校区石牌校园，采用线下和"知网研学"线上直播相结合的方式举行。论坛以"立足湾区、服务需求、提升质量、协同发展——推进粤港澳教育硕士专业学位研究生教育质量高质量发展"为主题，围绕服务粤港澳基础教育高质量发展、协同打造南方教育高地、数字化赋能研究生教育和人才培养、强化教育硕士专业学位点建设、构建教育硕士发展共同体、加强教育帮扶等议题，邀请校内外专家分别作主题报告和分享培养经验。

（三）教师成长平台

推动粤港澳大湾区优质教师资源的共享，一是开放港澳中小学、幼儿教师到广东考取教师资格并任教；二是推动大湾区高校教师互访、讲学、交流，制定内地与港澳高校教师资格互认的办法。值得一提的是，华南师范大学在搭建大湾区教师成长平台方面做出了积极努力：自 2015 年起，教育部已经连续三年将教师培训项目交由华南师范大学承办，共培训赴香港指导教师 120 名，赴澳门指导教师 66 名；2017 年 8—9 月，教育部"2017/2018 学年赴港澳指导教师专业培训班"在华南师范大学成功举办，该项目是促进内地与港澳教育交流的高端培训项目，助力港澳基础教育改革与发展；2019 年 6 月，华南师范大学、香港教育大学和澳门大学共同发起成立"粤港澳大湾区教师联合会"，自觉承担起促进粤港澳三地教师交流，推动三地教师信息共享、专业提升和共同发展的使命。

（四）学术交流平台

首先，粤港澳各方就国际、国内的教育热点开展广泛的学术交流，每年确定若干个主题共同举办国际学术会议或学术研讨会，交流双方学术成果及学术期刊，搭建学术交流平台。其次，建设绿色通道，为粤港澳大湾区高等学校科研经费使用和教师的学术互访提供相应便利。最后，出台面向港澳高校教师申请国家级各类科研项目的办法，为推进粤港澳合作科研提供便利。2023 年 3 月 8 日，粤港澳高校教师教育联盟在华南师范大学揭牌成立。该联盟是华南师范大学、香港教育大学和澳门大学在粤港澳高校联盟框架下共建的专业联盟，致力于汇集粤港澳高校研究力量，促进三地在高校教师教育领域的交流协作、资源共建共享。成立联盟，是发挥粤港澳高校育人优势和教师教育特色，提升三地高校教师教育合作水平的重要举措。联盟将致力于提升广东教师队伍质量，打造南方教育高端智库，推动粤港澳高等教育发展。

（五）招生合作平台

粤港澳各方进行学生交流活动和合作招生，从中小学到高校，根据专业、年级进行不同层次的学生互换与互访。如2019年香港和澳门分别有15所和6所高校招收广东省高中毕业生。广东地区高校可以科研培训、交流学习等方式与香港、澳门高校开展广泛的联合培养模式，建立招生平台。基础教育层面，粤港澳三地中小学校结为姊妹学校，建立互动招生平台。2023年12月15—17日，首届（大湾区）香港学校教育展在香港亚洲国际博览馆举行，其中包括招生宣传，近130所香港中、小学参展，是迄今为止香港最大规模的学校展览。三日展览共吸引约3.5万人参加，当中超过9成来自内地。①

（六）对外联络平台

粤港澳各方就对外联络进行广泛合作，香港、澳门作为联络中外教育文化交流合作的窗口；广东省作为在国内招生、文化教育交流的载体，双方信息资源互补、共享。

三、粤港澳教育交流与合作平台建设的重点领域

自1997年以来，广东省抢抓历史机遇，积极谋划、主动作为，历经多年发展，已与香港和澳门建立了全面合作伙伴关系，教育交流合作进入"全面开花"阶段。粤港澳三地合作坚持"高起点、宽领域"原则，同时在以下相关重点领域更为突出。

（一）设立粤港澳教育合作特区

依据"一国两制"思想和粤港澳教育发展的需求，在广东省境内包括深圳或珠海等地设立若干教育特区。如可利用中央批准的澳门大学横琴校区设立珠海横琴"粤澳教育特区"，支持澳门大学及其他高校到横琴发展的同时，也允许澳门相关高科技企业进入横琴发展，为这些澳门高校发展

---

① 大湾区香港学校教育展. 首届（大湾区）香港学校教育展吸引约3.5万人参加，掀起香港升学热潮 [EB/OL]. （2024 - 01 - 09）[2024 - 03 - 25]. https://mp. weixin. qq. com/s/APCwQ5ynL3dYjzDdI7EeOg.

营造与澳门相关的社会环境。

未来，按"教育特区"方式来发展粤港澳教育合作，应求在体制机制方面实现大的突破。要加快建设粤港澳人才合作示范区、在技术移民等方面先行先试、探索采用法定机构或聘任制等形式大力引进国际化人才、支持粤港澳大湾区建设国际教育示范区、共建一批特色职业教育园区、加强基础教育交流合作平台建设。

（二）创建粤港澳高校联合创新平台

近年来，粤港澳三地高等教育合作交流机制不断完善，高校之间合作办学机构与项目不断增加，合作平台建设不断拓展，在广东高校就读的港澳学生数量不断增长，但三地高等教育交流合作的广度、深度仍需拓展，层次、水平仍需提升，合作发展的体制机制、共建共享平台仍需创新完善。[1] 如粤港澳大湾区内深圳等地采取中外合作办学方式，建设了深圳北理莫斯科大学、香港中文大学（深圳）、北京师范大学－香港浸会大学联合国际学院、中山大学中法核工程与技术学院、中山大学－卡内基梅隆大学联合工程学院等一批高水平院校。再如，由中山大学率先倡议，与香港中文大学和澳门大学共同发起的粤港澳高校联盟，自 2016 年成立以来，已经汇聚了粤港澳三地众多高等院校，开展了"粤港澳高校联盟大学校长高峰论坛"等多样性活动，在深化三地学生交流和科研合作、协同创新，提升区域合作层次和水平，携手打造"粤港澳一小时学术圈"等方面打下了很好的基础。2019 年是深圳大学"荔研论坛"举办的第七个年头，11 月8—10 日，来自 43 所高校的 78 名代表齐聚深圳大学，以"荔研新时代，湾区大未来"为主题，探讨粤港澳大湾区的机遇与未来。主论坛邀请了深圳市党委、中国科学技术大学、中山大学、香港大学、澳门科技大学等 43 所高校研究生探讨新时代背景下的科技未来和时代潮流中青年的使命，以及当代研究生的责任和担当。[2]

在粤港澳大湾区建设中，需充分发挥高等教育的基础支撑和动力引领作用。粤港澳三地高等教育资源丰富，香港有 5 所高校位居全球排名前100，澳门的旅游教育等学科专业水平高居全球前列，广东高等教育体量庞

---

[1]　汪明. 积极拓展粤港澳大湾区教育合作［N］. 光明日报，2019 － 03 － 11.

[2]　程玉珂. 43 所高校研究生共话粤港澳大湾区未来［EB/OL］.（2019 － 11 － 10）［2022 － 01 － 25］. https://mp. weixin. qq. com/s/GjzyDm1e3aYIO － rkL － _SEQ.

大且拥有完整的学科布局和产业链。借助粤港澳全面合作的契机，可以充分发挥粤港澳三地高等教育各自优势，构建优势互补、联系紧密、沟通高效、协调有力的教育合作机制。支持粤港澳高校合作办学，鼓励共建优势学科、实验室和研究中心，为人才培养和科技创新搭建更加完善、更为开放的平台。吸引和对接全球创新资源，共建一批高精尖研究中心和产学研用一体化创新中心，搭建高水平的协同创新平台。

创建粤港澳高校联合创新平台应做好以下重点工作：一是提供港澳高校在广东办学的"国民待遇"。加大支持粤港澳合作办学及广东高校与国外高校合作办学的力度，对香港、澳门高校在广东合作办学提供优惠政策支持。加大对广东高校与国外高水平大学合作办学的支持力度，通过优质中外合作办学项目提升广东高等教育的吸引力，吸引香港、澳门学生前来就读。二是为粤港澳大湾区高等学校招生提供政策支持，加速大湾区高校跨境合作办学。① 增加香港、澳门高校在广东省的招生指标，使更多学生能够进入香港、澳门高校就读。引进优秀国外教育资源，面向"一带一路"共建国家及国外高校组建粤港澳大湾区高校招生联盟，以"2＋2""3＋1""1＋3"等联合培养的形式招收"一带一路"共建国家及海外留学生，政府增加国家奖学金名额。三是推动建立粤港澳大湾区教师资格互认、学分互认制度，拓展内地与港澳学历互认的层次。研究制定内地与港澳高校教师资格互认的办法，推动粤港澳大湾区优质教师资源的共享；研究制定内地与港澳学分互认办法，进一步推动三地高校间优质课程资源的共享，促进粤港澳高校的校际合作。四是为粤港澳大湾区高等学校科研经费使用和人员往来提供相应便利。设立粤港澳高等教育合作基金，用于开展建立粤港澳大湾区高等教育融合发展的有关项目研究、落实相关计划及补助教师互聘互访和课程学分互认等费用。出台国家社科基金等国家级科研项目面向港澳高校教师申请的办法，同时在粤港澳大湾区设置科研专项基金。建设绿色通道，为粤港澳高校教师的学术互访提供便利。②

（三）扩大粤港澳高等职业教育合作规模

《粤港澳大湾区发展规划纲要》指出，推进粤港澳职业教育在招生就

① 刘盾，魏东初. 要义求索、现状剖析、未来建构：粤港澳大湾区高校合作办学新探 [J]. 江苏高教，2020（2）：55－60.
② 陈子季. 推动粤港澳大湾区高等教育融合发展 [N]. 学习时报，2019－03－01.

业、培养培训、师生交流、技能竞赛等方面的合作，创新内地与港澳合作办学方式，支持各类职业教育实训基地交流合作，共建一批特色职业教育园区。要积极拓展粤港澳大湾区职业教育合作，离不开体制机制的创新。如积极探索内地专科层次教育与香港副学士学位教育的互认，为粤港澳大湾区学生到香港高校接受高等职业教育、获得专升本的机会提供条件；探索针对粤港澳大湾区特点的跨境校企人才培养新机制，推动产教融合、校企合作。

对于粤港澳职业教育而言，置身于粤港澳大湾区建设与发展浪潮之中，如何才能够在其中有所发展、有所作为，是职业教育发展面临着的重要课题。实现与粤港澳大湾区的协同发展，是职业教育因地制宜、因时制宜发展的有效选择、理性选择。当然，粤港澳大湾区职业教育协同发展既迎来机遇，也面临挑战，有效适应粤港澳大湾区建设倒逼职业教育转型升级的发展形式，构建适应现代经济体系和产业发展需求的教育教学体系，成为职业教育有效应对挑战的总体策略。

积极拓展粤港澳大湾区职业教育合作，有利于实现三地职业教育资源共享、优势互补、协同创新、合作共赢，为粤港澳大湾区建设提供强有力的应用型人才支撑，为粤港澳大湾区建设注入活力。近年来，粤港澳职业教育交流频繁，在合作办学、人才培养、师资培训、技能竞赛、文化交流等方面开展了形式多样的合作及合作平台建设。如成立了粤港澳大湾区职业教育产教联盟、广东省"一带一路"职业教育联盟、华南"一带一路"轨道交通产教融合联盟等，搭建了职业教育产教合作、校校合作平台。同时，在香港和澳门推进国家职业技能鉴定试点及"一试多证"合作项目，连续多年举办穗港澳蓉青年技能竞赛，有效促进四地技能人才的技能交流。

《粤港澳大湾区发展规划纲要》中关于职业教育合作的部分可进一步细化，如完善粤港澳职业教育交流合作机制，加大粤港澳职业教育的交流合作力度，推进粤港澳职业教育学历与证书互认等。同时，在对接产业需求方面，应优化职业院校及专业布局结构，共建特色职业教育园区。此外，还要推进粤港澳职业教育课程资源、实训基地共建共享，培养"双师型"教师队伍，继续举办穗港澳蓉青年技能竞赛，促进粤港澳技能人才的技能交流。

（四）积极拓展粤港澳大湾区基础教育合作①

在基础教育方面，《粤港澳大湾区发展规划纲要》提出以下措施：加强基础教育交流合作，鼓励粤港澳三地中小学校结为姊妹学校，在广东建设港澳子弟学校或设立港澳儿童班并提供寄宿服务。研究探索三地幼儿园缔结姊妹园；研究开放港澳中小学教师、幼儿教师到广东考取教师资格并任教；加强学校建设，扩大学位供给，进一步完善跨区域就业人员随迁子女就学政策，推动实现平等接受学前教育、义务教育和高中阶段教育，确保符合条件的随迁子女顺利在流入地参加高考；研究赋予在珠三角九市工作生活并符合条件的港澳居民子女与内地居民同等接受义务教育和高中阶段教育的权利；支持各级各类教育人才培训交流。

粤港澳大湾区基础教育合作，主要包括粤港澳三地中小学校之间、教师之间和学生之间的交流互通。从学校的交流互通看，广东省是最早实施姊妹学校缔结计划的内地省份之一，2005年，广东省和香港、澳门就签署了缔结姊妹学校协议。2015年，广东省教育厅与香港教育局再次签署了《粤港姊妹学校合作协议》，将姊妹学校缔结计划作为粤港澳青少年交流合作的品牌项目重点推进。粤港澳姊妹学校是粤港澳三地在基础教育领域规模最大、参与面最广、影响力最强的校际交流项目。截至2023年12月，粤港澳姊妹学校增加至1 455对。该项目实施近20年来，推动了三地中小学校互学互鉴、共同发展，促进了三地师生交往交流交融，有力牵引和带动了三地基础教育交流合作发展。从教师的交流互通看，推动和参与建立粤港澳大湾区基础教育共同体身份机制，可通过共同决策基础教育事业、共担基础教育责任、共享基础教育资源库等机制的创建，使得粤港澳大湾区基础教育分散个体凝聚成粤港澳大湾区基础教育发展共同体。

2019年5月6日，"'一带一路'大湾区教育高峰论坛"在香港举行，来自粤港澳大湾区的多个学校和教育机构代表共同签署了《粤港澳大湾区青少年教育发展意向书》，倡议建立教育协作伙伴关系，推动大湾区教育创新发展。与会代表一致同意，搭建多元化教育交流平台，定期举办大湾区教育发展论坛，开展跨区域校际交流，建立教育协作伙伴关系，实行不同学校的交互培训，共享优质教学资源，造就更多素质一流的学校、教师和学生。

---

① 汪明. 积极拓展粤港澳大湾区教育合作［N］. 光明日报，2019-03-11.

2019 年 6 月 29 日，由中国教育发展战略学会国际教育专业委员会主办，沃顿亚太（北京）教育科技有限公司、深圳大鹏国际教育有限公司、宝新置地集团有限公司、中国杯帆船赛组委会承办，深圳市宝新沃顿航海高级中学（筹）协办的"粤港澳大湾区基础教育协同发展研讨会"在大鹏新区大鹏游艇会举行。来自政府、高校以及研究团体等多个主体的 150 余人汇聚一堂，就粤港澳及区域基础教育协同发展等多方面理论与实践问题集思广益、建言献策。本次研讨会以"推进粤港澳大湾区基础教育协同发展的理论与实践"为主题，通过五大议题进一步从理论与实践上深入探讨粤港澳大湾区基础教育的协同发展，推进粤港澳基础教育的交流与合作。

2019 年 7 月下旬，港澳与内地中学生语言文化交流夏令营在广东举办，粤港澳中学生营员和内地五省份师资培训班学员等 200 余人参加启动仪式。为期 10 天的夏令营以"品经绎典，青春筑梦"为主题，为营员安排了青少年中华礼仪、经典诵读基础、中华武术、中华美文诵读、中学生创意写作等优秀传统文化课程及讲座，并组织营员参观威远炮台、虎门海战博物馆、可园等历史文化遗产。港澳与内地中学生同吃、同住、同学习，既增强了三地学生的友谊，也加深了他们对中华优秀传统文化及岭南文化的了解。①

此外，"粤港澳大湾区中小学校长联合会"是基础教育交流合作的又一重要平台。2020 年 11 月 13—14 日，广东省教育研究院、香港校长专业发展促进会、澳门中华教育会、珠海市教育局联合举办的 2020 年粤港澳大湾区中小学校长论坛，在珠海、香港两个会场通过互联网连接同步举行。来自粤港澳大湾区的中小学校长代表、教育管理和教育科研工作者等 200 多位嘉宾，借助"线上＋线下"的平台，围绕主题"新时代教育现代化与粤港澳大湾区中小学校长的使命与责任"展开热烈交流研讨。论坛举办期间，同时成立了"粤港澳大湾区中小学校长联合会"。通过"粤港澳大湾区中小学校长联合会"这个媒介，可以加强成员学校交流，逐步形成沟通有序、协作有效的成长共同体，共同担负起新时代赋予粤港澳大湾区中小学校长的使命与责任。"粤港澳大湾区中小学校长联合会"每年举办一次

---

① 华南师范大学文学院. 2019 港澳与内地中学生语言文化交流夏令营和华南片区中华经典诵写讲师资培训班完满结束［EB/OL］. (2019－08－24)［2022－01－25］. http:// wxy. scnu. edu. cn/xinwenzhongxin/2019/0824/2005. html.

大湾区中小学校长论坛，由大湾区各城市轮流承办；设立若干专业委员会，组织大湾区中小学校长围绕国家及大湾区基础教育改革发展开展工作；举办一系列促进交流合作的活动，增强大湾区基础教育综合实力、区域影响力和国际竞争力。①

（五）强化粤港澳教育科研的交流合作

《粤港澳大湾区发展规划纲要》规定，允许香港、澳门符合条件的高校、科研机构申请内地科研项目，并按规定在内地及港澳使用相关资金。科技部、财政部已于2018年发布了《关于鼓励香港特别行政区、澳门特别行政区高等院校和科研机构参与中央财政科技计划（专项、基金等）组织实施的若干规定（试行）》（国科发资〔2018〕43号），鼓励科技和人才交往交流。根据《粤港澳大湾区发展规划纲要》中关于"鼓励其他地区的高校、科研机构和企业参与大湾区科技创新活动"的规定，内地高校可以根据自身实际，抓住机遇，参与到粤港澳大湾区的科技创新活动中来。

高等院校不仅承担着培养人才的责任，同时也要为科学研究的发展做出成效。科研成果是对高等教育进行综合评价的重要标准，同时也是彰显院校科研水平的有效手段。粤港澳三地为实现科学研究上的交流与合作做出了很多的努力，积极推进科研交流平台建设，为开展科研合作奠定了基础。其中具有代表性的有广东省与香港共同构建的深圳虚拟大学园。而借助于深圳虚拟大学园，不仅有效推动了香港与广东高等院校在科学研究领域的交流合作，同时还为攻克某些科研难题提供了平台。而且，粤港澳高等院校为了进一步加强在科研方面的合作，都加大了在科研方面的投资力度，为科研工作的发展提供了坚实的资金后盾。

2019年5月21日，粤港澳大湾区高校研究生教育合作交流活动在广州成功举行，来自9所港澳高校和21所广东高校的约80名研究生参加。此次活动致力于打造大湾区高校研究生教育协同研究科研平台，在建立大湾区研究生教育发展信息互享机制等方面共同努力，构建富有特色、更加兼容、开放灵活、适应需求、世界一流的新型区域研究生教育体系，打造研究生教育和人才高地，为粤港澳大湾区建设提供更具基础性、持续性的动力源泉。

---

① 韦英哲，粤教研. 粤港澳大湾区中小学校长联合会成立［J］. 广东教育（综合版），2020（12）：13.

2019 年 5 月 26 日，粤港澳大湾区高等教育数据管理和质量保障研讨会在南方科技大学举行。会上，由联合国教科文组织高等教育创新中心（中国深圳）与南方科技大学高等教育研究中心联合设立的粤港澳大湾区高等教育大数据研究中心正式挂牌成立，该中心致力于成为具有国际影响力的中国高端教育智库。

2019 年 6 月 30 日，广东省普通高校人文社会科学重点研究基地"华南师范大学粤港澳大湾区教育发展高等研究院"揭牌仪式暨大数据驱动的区域教育治理与粤港澳大湾区教育发展指数指标体系构建专家咨询会在广州举行。粤港澳大湾区教育发展高等研究院集合跨学科教育研究力量协同创新，运用现代技术和方法，深入探讨大湾区教育发展中的重大战略性、前瞻性问题，助推大湾区的国际教育示范区建设。

2019 年 11 月 21 日，在第五届中国教育创新成果公益博览会上，粤港澳大湾区教育硅谷研究院成立，[①] 这是粤港澳教育科研交流合作的又一重要平台。研究院的定位是面向粤港澳大湾区及其辐射区域的发展，依托粤港澳政策环境等优势，打造"硅谷教育"的发展战略，联合粤港澳大湾区及国际具有强大影响力的机构和专家，以及热心教育事业的社会力量，倡议发起成立的合作平台和智库型学术研究机构；其核心目标是通过研究院平台汇聚成共同体，助推大湾区"教育硅谷"建设，打造国际人才高地。

此外，粤港澳三地还举办了多届大湾区大学生、中学生创新创业大赛、科技大赛，培养学生的创新意识和能力，让大湾区大、中学创新教育有更紧密的合作和交流，以此分享教育创新的成果，借鉴彼此的先进理念和先进经验。

（六）粤港澳大湾区青少年融合发展平台建设

青少年是整个社会力量中最积极、最有生气、最具活力的力量，粤港澳大湾区的未来在青少年。要使粤港澳大湾区青少年铸牢中华民族共同体意识，就要增强粤港澳大湾区青少年对中华民族的文化认同和血脉认知，引导青少年将自身发展同国家繁荣发展、中华民族伟大复兴相结合，同粤港澳大湾区的繁荣发展相联系，共担实现民族复兴的历史重任，共享祖国

---

① 芥末堆看教育. 打造"教育硅谷"，粤港澳大湾区教育硅谷研究院将在珠海成立 ［EB/OL］. （2019 – 11 – 22）［2022 – 01 – 25］. https://baijiahao. baidu. com/s?id = 1650888391 320202464&wfr = spider&for = pc.

繁荣富强的伟大荣光，做粤港澳大湾区建设的参与者和推动者，为粤港澳大湾区建设世界一流湾区、推动港澳融入国家发展大局做出贡献。

搭建粤港澳大湾区青少年教育交流与合作平台，要加强历史和国情教育，涵养大湾区青少年家国情怀。历史是最好的教科书，要把中华民族共同体意识建立在对于中国历史的清晰认知上，对于国情的深刻洞察上，对国家制度优越性的科学认识上，进一步丰富和完善爱国主义教育内容和形式，巩固爱国主义教育成果。要进一步改进港澳学校相关教材，展示近年来国家在科技创新、医疗卫生、基础建设、脱贫攻坚等领域取得的巨大成就，让港澳青少年正确了解国家历史和文化，增加国民自豪感和身份认同感。要采取参与互动或沉浸体验，综合利用科技手段和数据技术，使粤港澳大湾区青少年更为直观、具体、深刻地了解中国的基本国情、发展实际和未来发展战略，深刻认识中国特色社会主义制度的优越性，对国家民族产生强烈的归属感和认同感，认清自身在实现中华民族伟大复兴中的责任担当。要鼓励粤港澳青少年积极参与国家发展重要议题，培育"爱国爱港""爱国爱澳"的概念，积极挖掘、宣传报道港澳青少年参与大湾区建设的奋斗故事，通过港澳年轻人亲身分享在大湾区取得成功的故事，更多传播"爱国爱港""爱国爱澳"的声音。

搭建粤港澳大湾区青少年教育交流与合作平台，要从融合发展到携手同行。一是放宽港澳高校在湾区内合作办学的政策，鼓励香港大学、香港科技大学、香港中文大学、澳门大学等国际化知名高校到广州、深圳、珠海等地开办分校，或者和内地知名高校联合创办创新型高校，提升粤港澳大湾区高等教育综合实力和国际竞争力。二是把粤港澳姊妹学校做得更加丰富多彩并卓有成效，切实为港澳学校推荐更加高质量的学校作为姊妹学校重点结对单位，让高质量的姊妹学校在办学模式、教育理念、课程建设、教师管理、校园文化、学生活动等方面与港澳学校充分交流，设立专项资金，对于成功结对并在后续互访交流中有实际教育成果，且成果具有可复制、可推广经验的姊妹学校进行奖励。三是积极为大湾区内中小学搭建教育交流合作平台，定期举办"粤港澳大湾区名校长论坛"，创建"大湾区名教师联合工作室"。定期举办粤港澳大湾区青少年科技创新大赛等各类赛事。

搭建粤港澳大湾区青少年教育交流与合作平台，要以文化艺术为纽带，共同讲好粤港澳大湾区的故事。一是搭建以中华文化为主流、多元文化共存的大湾区文化交流合作平台。2019 年 6 月 17 日，"粤港澳大湾区青少年文化交流协会"在澳门成立。该协会以大湾区青少年为重点服务对象，致力于搭建大湾区青少年文化交流平台，组织青少年学生文化交流活动及赛事，拉动社会企业力量为青少年创造良好的研学交流环境和创业实践机会。二是借助互联网大数据和新媒体平台，发挥港澳国际传媒优势，打造主旨鲜明、形式活泼、内涵丰富的大湾区文化交流平台。三是利用中国传统节日，在大湾区各城市轮流举办各类纪念活动，体现大湾区文化同源的特点，增强文化凝聚力。四是组建粤港澳大湾区青少年艺术团，到大湾区内各城市巡回演出，促进粤港澳青少年共同讲好大湾区故事，携手传播中华文化。

搭建粤港澳大湾区青少年教育交流与合作平台，要弘扬奥林匹克精神，共创粤港澳大湾区体育赛事品牌。一是完善大湾区内城市各级体育设施，积极引导大湾区内开展以青少年为主体、形式多样的体育活动。二是鼓励大湾区内各城市发挥自身在体育项目方面的传统优势，打造各自优势体育项目特色品牌。三是选择有条件的城市或区域培养国际化世界级的体育项目品牌，如香港擦亮马术比赛品牌、珠海培育国际龙舟赛品牌、深圳培育世界自行车拉力赛品牌等。通过大湾区内差异化优势打造体育品牌，推动大湾区体育事业融合发展，提升粤港澳大湾区的国际影响力和综合竞争力。如 2019 年 11 月 9 日，为加强粤港澳三地院校师生深度交流，助力粤港澳大湾区建设，第二届粤港澳大湾区学生体育节在广州体育学院开幕。本届体育节设计了精彩纷呈的主题活动，包括港澳师生体育文化之旅、体育竞赛活动、体育名家大讲堂、体育文化成果展、粤港澳大湾区运动与健康协同创新论坛、联盟成员大会、体育节开幕式暨粤港澳大湾区中国青年新风尚风采展演 7 项活动。[①]

搭建粤港澳大湾区青少年教育交流与合作平台，要广开实习渠道，为港澳青年到内地就业、创业提供更多选择和更便利的条件。一是政府指导研究制订港澳青年在大湾区内地就业创业实习计划，为港澳青年到大湾区各城市开展就业、创业实习提供有效支持。二是政府行政部门、事业单位等提供部分适合的岗位，让港澳青年通过到内地公务员岗位实习，进一步

① 广东教育. 盛事绚丽绽放 活力健体相伴 | 第二届粤港澳大湾区学生体育节隆重开幕［EB/OL］.（2019 - 11 - 13）［2022 - 01 - 25］. https：//mp. weixin. qq. com/s/QZ3LzM3zdZS2Wc5JNlx0uQ.

了解内地在体制改革、经济发展、城市建设、环境保护、民生服务、社会管理等方面的具体做法。三是鼓励和引导大湾区各内地城市工商联会员单位等有关单位积极为港澳青年就业、创业、实习提供合适的岗位，拓展港澳青年到内地工作、创业、实习的渠道，积累内地工作经验，建立更广泛的人脉网络，逐步融入粤港澳大湾区社会经济发展。[①]

（七）"湾"有引力，共融发展，加强大湾区人才平台建设

《粤港澳大湾区发展规划纲要》和《中共广东省委 广东省人民政府关于贯彻落实〈粤港澳大湾区发展规划纲要〉的实施意见》均指出，要打造粤港澳大湾区教育和人才高地。《粤港澳大湾区发展规划纲要》提出了9条具体措施，在人才培养、人才引进、人才使用、评价激励、人才流动、人才待遇等方面提出了很多切实可行的创新性意见。其中，对于高水平、国际化、创新型人才的需求尤为凸显。诸如"借鉴港澳吸引国际高端人才的经验和做法""开展外籍创新人才创办科技型企业享受国民待遇试点""拓宽国际人才招揽渠道""完善国际化人才培养模式"等众多举措构成一个完整体系，对于激发人才活力、完善人才管理、优化人才结构、促进人才交流有着很好的支撑保障作用，有望为粤港澳大湾区打造高端现代、能量丰沛的"人才蓄水池"。国家对教育、人才工作的部署既有目标任务，也有重大举措，其理念先进、重点突出、责任明确，对加快发展粤港澳大湾区教育和人才工作做出了顶层设计，充分体现了中共中央、国务院对大湾区教育和人才工作的高度重视和殷切期望，对于深入推进大湾区教育发展和人才建设，着力提升教育科技水平，建设人才强国、教育强国，都具有重大的现实意义和深远的历史意义。为提升粤港澳大湾区教育和人才全球竞争力，主要可从三个方面着手。

第一，搭建粤港澳大湾区优质高等教育资源的供给平台。囿于粤港澳大湾区优质高等教育资源仍与经济社会发展之间存在"结构性供给矛盾"，应借助国家"双一流"建设和广东"高水平大学建设计划"契机，推动教育领域供给侧改革，坚持"引进与培养相结合"原则：一方面，立足云计算、大数据、人工智能等新一代信息技术与实体经济深度融合的需求，进一步创新高校在教学科研领域的国际化合作机制，引进世界知名大学、优

---

①　霍启刚. 促进粤港澳大湾区青少年融合发展［J］. 中国政协，2019（5）：80 – 81.

势学科和特色研究院或实验室等，建设粤港澳大湾区国际教育合作示范区和"人才特区"；另一方面，进一步激发粤港澳大湾区高校的内生发展动力，立足电子信息、先进制造与自动化等本地实体经济的发展需求，结合各高校不同的特色和优势，鼓励粤港澳高校合作办学，从而培养出更多创新型及应用型人才。

第二，搭建粤港澳大湾区基础研究、应用研究与产业化的协同平台。面对粤港澳大湾区基础创新能力不强及与"政产学研用"环节对接融通效率不高等短板，政策着力点应坚持"顶天立地"原则：一方面以基础研究为核心，优化顶层设计，制定和实施能让科研人员潜心研究工作的激励机制与配套措施，同时基于人工智能和大数据等新一代信息技术，进一步推动学科交叉创新及协同创新，为粤港澳大湾区输出更多的原始创新成果；另一方面，推动高校人才培养体系改革，不仅要在课程体系中引入前沿的知识体系，还要进一步提高学生的知识转化和实际操作能力，将课堂学习和社会应用有机结合起来。

第三，搭建粤港澳大湾区教育和人才资源的全球配置和运营平台。在全球人才和知识资源加速流动背景下，粤港澳大湾区可谓机遇和挑战并存，应坚持"内外双向开放"原则：一方面，借助"粤港澳高校联盟"等多个平台载体，推动大湾区城市群各城市间在教育和人才培养、科研创新等方面的统筹衔接，为加强港澳和内地高校在人才培养、科学研究、社会服务等方面的交流合作提供更多的便利；另一方面，借助港澳国际化和珠三角产业配套化的综合性优势，加强粤港澳大湾区与欧美发达国家、"一带一路"共建国家之间的教育和科研交流合作，推动粤港澳大湾区教育和人才资源"引进来"和"走出去"相结合，提升粤港澳大湾区高校国际化办学水平，从而在更大范围上汇聚教育和人才发展新动能，打造国际教育先行示范区。①

在人才流动方面，猎聘大数据研究院发布的《2022年粤港澳大湾区人才发展报告》显示，粤港澳大湾区近一年人才比上一年度增长近20%，近一年新发布职位行业前三位分别是互联网行业、通信行业和汽车行业。随着粤港澳大湾区产业升级，对高学历人才的渴求日益明显。广深两地人才合计占粤港澳大湾区人才总量的75.58%。2023年2月在粤港澳大湾区内

---

① 刘胜，申明浩. 打造粤港澳大湾区教育和人才高地［N］. 中国社会科学报，2019－09－19.

地城市试点实施往来港澳人才签注政策，便利六类大湾区内地人才来港，包括杰出人才、科研人才、文教人才、卫健人才、法律人才及其他人才。截至 2023 年底，近 1 万名内地人才通过往来港澳人才签注来港；北上方面，已有约 9 000 宗申请获批。

在学术研讨与合作方面，2019 年 4 月 21 日，由香港大学等香港六大高校及香港工程科学院、澳门大学、澳门科技大学和中国科学院广州分院、中山大学、华南理工大学、广东省科学院等粤港澳三地主要高校科研院所及广东院士联合会等 22 个单位共同发起的粤港澳院士专家创新创业联盟在南沙成立。该联盟依托广东院士联合会聚焦粤港澳大湾区国际科创中心建设，围绕支持院士专家创新创业、支持企事业单位创新发展、支持区域协同创新体系建设，协同粤港澳政、产、学、研、经力量，打造粤港澳大湾区院士专家创新创业大赛、成果展和基地等品牌项目，建设粤港澳高端科技人才的交流合作平台。2019 年 9 月 21—22 日，由广东省教育厅指导、广东省教育研究院主办的第七届中国南方教育高峰年会在广州举行，来自内地和港澳教育领域知名专家学者建议"粤港澳大湾区共同预测未来人才需求"。会议认为，随着三地经济发展高度融合，三地政府要共同研究大湾区未来 20～30 年产业发展趋势，进行未来人才需求预测，避免资源重叠和人才浪费的情况出现。

在人才平台建设方面，广东省推进粤港澳大湾区职称评价和职业资格认可先行先试。2019 年 11 月，广东省人社厅、教育厅、民政厅、司法厅、财政厅、住房和城乡建设厅、文化和旅游厅、卫健委、市场监督管理局 9 部门联合印发《关于推进粤港澳大湾区职称评价和职业资格认可的实施方案》。广东省还从制度上持续推动医师、教师、律师、建筑规划师、专利代理师、注册会计师等多个行业港澳专业人才在大湾区内地便利化执业。该方案从构建全面开放的粤港澳大湾区职称评价体系、推进粤港澳大湾区各领域职业资格认可、促进港澳人才在大湾区内地便利执业、完善粤港澳大湾区人才评价融合发展机制四方面，推进粤港澳大湾区职称评价和职业资格认可，促进粤港澳大湾区人才自由流动。该方案坚持以"分类有序、突出重点、先易后难"作为基本原则，提出建立不同领域、不同职业、不同层次的资格认可机制，先期选择市场成熟度较高、社会需求量较大和社会重点关注的专业领域，成熟一个推动一个，以单边认可带动双向互认。

（八）做好资源整合与资金筹措工作，推进资源平台建设

由于粤港澳三地在基本制度、观念意识等方面存在较大差异，教育资源整合度不高，因此需要在中央政府的协调下，加大三地优质资源整合力度，从人力、资金、设备、图书资料等方面提供全面支持。经费是可持续的，随着教育交流与合作的深入，各种经费、资源将源源不断地推动三地的教育发展。同时，调动政府和民间资金支持教育的交流与合作。

广东省财政厅通过"五个支持"，以高站位落实大战略，积极推动大湾区要素自由流动。第一，支持"人才集聚"。放宽境外人士在内地居住时间的认定；对境外高端紧缺人才个人所得税税负差额予以补贴等。2019年，财政部明确出入境往返当日不计入境内居住天数，境外人士全年境内居住不超过183天，可就其取得的全部境外所得，免缴个人所得税，免税条件比原来更为宽松。第二，支持"资金过境"。2019年1月，广东省人民政府印发《关于进一步促进科技创新的若干政策措施》，明确建立省财政科研资金跨境使用机制。省财政建立科研绿色拨付通道，对符合条件的科研经费，通过国库集中支付的方式予以拨付。2019年7月30日，顺利拨付香港科技大学省级科研资金316.96万元，成为首例港澳高校参与省级科研资金科技计划的成功案例。第三，支持"债券联动"。实现额度倾斜、合作创新、品种创新、认购创新等。2018年首次引入澳门金融机构作为境外投资者分销认购粤港澳大湾区土地储备专项债券50亿元。2019年特别选取广州、佛山优质的专项债券项目，试点柜台发行大湾区生态环保建设专项债券22.5亿元，发行量和个人认购金额均居全国各试点地区第一位。第四，支持"平台互通"。2019年，广东省财政安排战略性新兴产业领域核心关键技术攻关23.2亿元，支持重大平台与基地、实验室建设等14.62亿元，支持大型创新平台建设等5.8亿元，支持粤港澳联合实验室和协同创新平台建设1亿元等。第五，支持"民生共享"。成立"粤港澳会计师事务所合作联盟"，让港澳会计师事务所来粤办事更方便、来粤合作更顺畅、来粤发展空间更广阔。① 2019年，进一步鼓励对不具有中国注册会计师执业资格的港澳会计专业人士，根据会计师事务所的内部协议，成为从事特定业务或执行某些管理职能的合伙人，并在珠三角九市执业发展。

① GBA湾区资讯站. 广东财政"五个支持"全力推进粤港澳大湾区建设［EB/OL］.（2019-08-28）［2022-01-25］. https://mp.weixin.qq.com/s/3rV8sI0rDFoTpifrZ5PPyA.

第二节　粤港澳教育交流与合作机制的创新

机遇、协同、创新、共享、跨界、多元化、国际化是粤港澳大湾区发展的关键词，创新驱动是粤港澳大湾区发展的主导因素，湾区最典型的特征是创新。教育要为粤港澳大湾区的定位服务，要推动粤港澳大湾区在教育交流与合作机制的创新中不断发展。

一、粤港澳教育交流与合作理念的创新

粤港澳大湾区建设，教育合作提供最强动力。经过改革开放 40 多年的发展，广东、香港和澳门教育合作形成的"湾派教育"，已经站在了一个新的历史起点。粤港澳三地禀赋各异，发展模式不尽相同，粤港澳大湾区国家战略的实施打开了教育领域更广阔的空间，赋予教育领域互动开放的新契机。探索粤港澳教育合作的"湾区路径"，三地的各种教育要素相结合并辐射到外部，广东加快建设教育强省，并将带动中国教育的高质量发展。

理念是行动的先导。如果粤港澳三地不站在"本家"的立场，确立"命运共同体"和"合作最大化"的理念，交往的过程就会成为"计算"或"算计"的过程；如果粤港澳三地仅站在"自家"的立场，强求对方接纳自己的想法，交往的过程就会变成"争执"或"提防"的过程，这都不可能推动三地教育的务实合作。三地教育界在合作理念革新方面应达成以下共识。

（一）确立"大湾区意识"，树立"粤港澳大湾区"整体观念

树立"粤港澳大湾区"整体观念，从早期的粤港澳区域经济合作到现在的粤港澳大湾区国家战略，将粤港澳合作的视野扩展到教育、文化、旅游、社会保障等各个领域，反映了粤港澳三地关系已由原来的互为外部合作对象切换到致力于整体发展和协同发展上来。在"一国两制"和"9＋2主体"下，尽管粤港澳三地制度不同，但教育合作作为国家内部事务是整体性的，没有妨碍教育合作的"楚河""汉界"。粤港澳三地在国际的球场上，或者不需要一位球王，但需要形成一支球队。整体性不是指粤港澳三

地"铁板一块",而是发挥三地的各自优势,尤其是在教育上的比较优势,通过优化组合让整体功能发挥到最大。大湾区作为一个概念,将粤港澳三地教育作为一个整体"板块"的优势彰显于世界。①

树立"粤港澳大湾区"整体观念,让粤港澳三地真正"同声同气",粤港澳大湾区教育合作发展应当着眼于融合性发展路径。这是基于粤港澳三地教育共识、共存、共荣、共生的生存与发展思想,着眼于大湾区教育命运共同体的建设。大湾区教育的融合性意味着粤港澳三地的教育事业发展不仅需要摆脱过往着眼于自身利益、各自为营的发展特征,而且要着眼于国家战略、打造国际一流湾区的全面合作发展,通过确立"湾区意识",寻求粤港澳三地教育优势互补的利益共同点,搭建大湾区教育融合平台,形成整体性的利益共同体、发展共同体,最终成为教育命运共同体,助推粤港澳大湾区区域社会的全面建设。

具体而言,粤港澳大湾区教育合作发展的融合性可体现在以下三方面:一是交互性,是指教育在融合"场域"关系中各教育发展主体在获取资源、发展自我的同时,更关注共同体建设,即兼顾多个主体的利益,强化优势互补,做到交互关系建构的合理化、增值化。在基础教育领域,发挥"粤港澳大湾区中小学校长联合会"作用,形成沟通有序、协作有效的成长共同体;在高等教育领域,如粤港澳高校合作办学,联合共建优势学科、实验室和研究中心。还可充分发挥粤港澳高校联盟的作用,三地高校探索开展相互承认特定课程学分、实施更灵活的交换生安排、推动科研成果分享转化等方面的合作交流。二是开放性,指多样化的主体参与教育,如除粤港澳大湾区内教育资源融合汇集外,对国内外优质且互补性强的教育资源的引入也十分重要。如近几年深圳在培养创新型人才方面主动而为、积极探路,筹建了一批特色学院,此类学院主要致力于培养深圳紧缺的高端创新型人才,吸引国内外一流高校资源来到深圳,依照"小而精"的原则办学。三是共治性,是指建立政府主导、社会参与、依法办学的教育融合发展的现代治理体系,如联合成立具有权威性、专业性的粤港澳大湾区教育合作发展治理委员会,其成员包括大湾区各地区政府、学校和社会等各方力量。粤港澳大湾区教育的合作发展从协同到融合,致力于把教育建设

---

① 曲中林. 粤港澳教育合作的湾区路径 [J]. 教育理论与实践, 2021, 41 (10): 25 – 29.

成发展的共同体，最终成为命运的共同体。这是粤港澳大湾区教育合作发展的新阶段，也是其建设的全新境界和理想目标。①

（二）重新定义地位平等②

合作主体地位平等是各方建立合作关系的重要原则。平等有两种，一种是基于对等的形式平等，如合作相关方实力相当、社会地位与社会影响相当、社会属性相当、合作收支相当等；另一种是基于尊重的实质平等，即不存歧视，出于自愿，共同合作，为各自的发展而耕耘，为对方的发展而付出，在合作的框架下，相互尊重而不拘泥于形式，不要求凡事对等。粤港澳教育合作应该重新定义地位平等的原则，抛弃形式主义，建立"基于尊重的实质平等"的理念，才有可能避免无谓的羁绊，实现合作的深化。

在高校平等合作方面，在坚持依法依规的前提下，应给予香港高校、澳门高校以及珠三角九市所在高校在合作伙伴、学科专业设置以及办学模式等方面更多的选择，发挥高校办学主体作用。例如，赋予港澳高校在课程设置、教师招聘方面较大自主权，放宽合作办学高校校长遴选的限制性条件；尝试建立负面清单制度；允许探索港澳高校在珠三角九市设立分校，以利于整体引进港澳高校先进的办学理念、管理模式和质量保障体系；尝试香港、澳门高校与珠三角九市政府探索"高校＋政府"的合作办学新模式；鼓励结合世界名校、港澳高校，与珠三角九市高校或政府开展"一对多""多对多"合作办学等。③

（三）许可教育合作事务的非对称性

基于实质平等的理念，在商讨具体合作事项时，应该许可非对称性规定的存在。比如，学者交换和学生交换只需强调平等互惠的原则即可，而无须死抠双方各派多少名教师或学生。又如，学术访问合作中，单项合作的意义一般是互访，以体现对称性，但在总体合作的框架下，既可以是互访，也可以是单访，不一定非要强调"互派"，即使在包含几项总体合作的框架下，也未必都要保持绝对的对称。

---

① 卢晓中. 推动粤港澳大湾区教育合作发展的思考 [J]. 中国高教研究，2019（5）：54-57.

② 肖建彬，刘焱鸿. 粤台师范类院校合作的发展路径研究 [J]. 广东第二师范学院学报，2015，35（4）：1-5.

③ 林金辉，姚烟霞. 粤港澳大湾区建设　教育如何先行 [N]. 光明日报，2019-09-24.

　　许可合作事务的非对称性在粤港澳大湾区教育的合作发展应呈现为一种多元、包容的合作样态，即教育合作发展必须遵循求同存异的原则，尤其要注重保护大湾区的多样性和鼓励大湾区各区域张扬个性。教育合作发展固然需要求"同"，即着力寻求大湾区各方一些共同的核心价值及核心利益，这是合作发展的重要基础。但"异"又是大湾区的一种客观形态，这种"异"并不是一种对立，而更多地体现为一种多样性。面对大湾区教育这样一种客观形态，适当存"异"对于推动教育合作发展来说是一种智慧、一种策略，更是一种胸怀、一种真诚、一种尊重，这对于大湾区教育的合作发展和共同体建设尤为重要。只有适当地存"异"，才能促使大湾区教育合作发展减少阻抗而得以顺利推进；只有适当地存"异"，大湾区教育的优势互补才有可能发生，发展共同体、命运共同体才有可能真正形成。这也正如费孝通先生所说的"各美其美，美人之美，美美与共，天下大同"。特别是存"异"也能为大湾区的创新提供适宜的人文环境，使得多样性真正成为粤港澳大湾区教育合作发展及其共同体建设的"正资产"，这对于"创新湾区"建设具有极其重大的意义。在这样一种多元、包容的合作样态中，粤港澳大湾区教育合作发展的整体有序与其内部的丰富多彩相映成趣，最终形成一种和而不同的"马赛克"式的大湾区教育合作发展的新图景。①

（四）注重合作的深度和广度②

　　教育合作实际上包含了人才培养、科学研究、社会服务、文化传承与创新四大职能，就人才培养的合作而言，由浅入深可有多个合作层次：观摩培养、参与培养、委托培养、协同培养，以协同培养的合作程度为最深。注重合作的深度就是应该不断提升合作的层次，即进行深度合作。注重合作的广度有两层意思：一是越来越多人和机构参与到合作事务中；二是合作的领域由一个拓展到多个乃至全领域，就一个机构（如大学）来说，既可以在一个职能领域开展合作，也可以在多个职能领域开展合作，后者就是合作广度的拓宽。教育合作如果没有深度的挖掘和广度的拓展，也就谈不上"深化"。

---

① 卢晓中. 推动粤港澳大湾区教育合作发展的思考［J］. 中国高教研究，2019（5）：54－57.

② 肖建彬，刘焱鸿. 粤台师范类院校合作的发展路径研究［J］. 广东第二师范学院学报，2015，35（4）：1－5.

推进粤港澳大湾区建设，应对教育合作进行更深更广的领域挖掘。而事实上，粤港澳大湾区教育合作在深度和广度上挖掘得还不够，存在一定的条块分割、领域阻断等问题。针对这些问题，一是要走出短期性、事项性的合作层面。如就人才培养合作而言，应在观摩培养、参与培养、委托培养、协同培养等方面，让越来越多人和机构参与到人才培养的合作事务中，不断提升合作的层次，实现更有深度的人才协同培养。二是在多个地域开展教育协同合作。如珠江口西岸产业发展重点是先进装备制造业，可积极推进广东由制造业大省向制造业强省的转变。而珠江口西岸城市的高校较少，对先进装备制造业所需的技能型人才培养不足，这就需要与"广州—深圳—香港—澳门"科技创新走廊带及珠江口东岸的优质高等教育资源合作培养人才，推动高等教育机构"自下而上"的协同，这对于深化大湾区教育合作发展具有更为重要的现实意义。三是打破地域阻断，推动全域网络教育资源的协同创新。共同开发大湾区教育网络资源和课程，建设多层次、多形式的教育和学习中心，打造天网、地网、人网三网融合，依托信息网络教育方式与资源保障实现三地跨地域学习交流、培养培训和研究合作，实现优质教育资源的合作共享，开放优质教育"共享圈"，打造大湾区教育合作"新样板"。①

二、加强粤港澳大湾区教育交流与合作的顶层设计

粤港澳大湾区战略构想是力争打造出一个层次更为立体、规模更为宏大的经济形态，属于一种高度融合的治理范畴，也是一种区域整体规划的全新发展理念和思维。在这一战略构想下，升级后的粤港澳关系将进一步完善互利共赢的合作机制，且依旧会在各子系统内部进行多层次和多维度的互动。区域发展战略目标的变更必然会导致不同要素之间的重新组合，但它并非只是区域合作的简单升级，而是需要以新的平台去构筑。因此，粤港澳大湾区教育或将面临一场新的"革命"，需要整合粤港澳区域教育资源以补齐三地教育的短板，提升整体质量。②

---

① 曲中林. 粤港澳教育合作的湾区路径 [J]. 教育理论与实践，2021，41（10）：25 – 29.
② 卓泽林，杨体荣. 粤港澳大湾区高校集群建设的发展导向及其路径 [J]. 教育发展研究，2019，39（11）：16 – 23，39.

首先，要加强粤港澳大湾区教育合作发展的顶层设计与战略谋划。粤港澳三地在政治制度、经济制度、法律制度和行政管理体制等诸多方面都存在一定差异，在客观上三地教育有很多差别。粤港澳大湾区教育合作发展应当着眼于长远全局，迫切需要顶层设计和战略谋划。应加强粤港澳三地高层磋商，加强政策沟通与协调；共同制订深化大湾区教育合作的时间表和路线图，推动务实合作过程，打造高水平合作的范例，发挥示范辐射作用；建设大湾区教育合作共管机制和风险共担机制，筛查、摸清教育合作过程中的主要风险点，对风险进行科学评估，维护国家主权，防控政治风险、法律风险、财务风险等。尤其应注意在教育合作协议中，体现风险防控管理措施，对风险发生及可能后果进行法律责任的界定和落实。①

其次，要做好大湾区教育"政策基建"。② 深化教育"政策基建"不仅是粤港澳大湾区落实打造教育人才高地的迫切要求，也是突破粤港澳三地教育合作发展制度壁垒的必要举措。因此，完善城际教育政策协调议事机制，设立教育政策协调委员会、联席会议机制，及时解决粤港澳教育合作发展面临的新问题，就显得极为紧迫。③ 将粤港澳大湾区内的优质教育资源结合起来有效运用，是落实打造教育人才高地政策的重要措施。大湾区内的教育实力有较大增长和合作空间，因此中央和粤港澳三地政府有必要就相关共同财政承担和互通互认等达成更多政策协议，为三地学者提供更多的合作便利。如建设粤港澳大湾区，既要全面均衡，也要注意突出打造国际科创中心等重点，使相关政策既符合实际，又有助粤港澳三地深化合作。随着粤港澳三地经济发展的高度融合，三地政府有必要共同研究大湾区未来的产业布局及人才培养方向（尤其是职业教育），做好人口及教育资源等规划工作。

最后，要着力于粤港澳大湾区教育合作发展的可持续性和长效性。粤港澳大湾区建设是千秋功业，教育又是百年大计。这便要求大湾区教育必须摒弃过去那些短视、自我的立场和做法，按照合作发展这一路向从长计

① 林金辉，姚烟霞. 粤港澳大湾区建设 教育如何先行［N］. 光明日报，2019 - 09 - 24.

② 周文港. 做好大湾区教育"政策基建"［N］. 光明日报，2019 - 03 - 11.

③ 卓泽林. 粤港澳大湾区教育合作发展的价值与策略［J］. 华南师范大学学报（社会科学版），2020（2）：71 - 80，190.

议，超前规划。同时，大湾区教育又须重视教育的全局发展，一方面，从教育自身而言，推进高等教育、职业教育和基础教育等各级各类教育的协调发展；另一方面，大湾区教育合作发展的全局性，不仅要思考教育自身的全面和系统发展，而且更要突出教育在大湾区全局的建设与发展中的重要战略地位与作用。[①] 如在粤港澳大湾区教育合作中应加强港澳学生学业文化适应机制建设。由于内地与港澳在教育体制和理念上存在差异，港澳学生在入读内地学校后面临着对课程设置、教学内容、教学方式与校园文化的适应问题。因此，加强港澳学生在内地的学业和文化适应机制建设，是长期性的工作，其不仅是推动粤港澳大湾区教育合作发展的基石，也是促进粤港澳大湾区教育合作深入发展的必要条件。对港澳学生而言，在内地的求学经历不仅是完成学业的过程，也是他们形成对祖国归属感的重要契机。

三、推进全方位的区域协同创新

经过这些年国家在粤港澳三地的基础交通设施持续建设，随着港珠澳大桥和广深高铁等联通三地交通基础设施大项目的全面落实，粤港澳三地已经实现了大湾区"一小时学术圈"，有力地促进粤港澳三地教育交流合作。

（一）赋能大湾区发展，推进区域教育协同创新

粤港澳教育合作以往更多的是各方立足于自身的利益，寻求对方的支持和帮助，这也是导致合作成效不彰且难以持续的重要因素之一。而粤港澳大湾区建设的重要意义就在于促进大湾区各方通过深度合作达成优势互补，优化、整合教育资源，共同发展，从而取得最优的合作成效，在这个合作过程中参与各方都是受益者，这也是"湾区意识"的核心。粤港澳三地教育应清晰各自的优势和不足：如香港高等教育的国际化程度高，世界一流大学较多、整体水平较高，但科研成果的转化偏弱，科教融合、产教融合受到局限；澳门高等教育尽管体量较小、整体实力偏弱，但有一些适

---

① 卢晓中. 推动粤港澳大湾区教育合作发展的思考 [J]. 中国高教研究，2019（5）：54－57.

应区域需求的特色学科发展较好，澳门高等教育的"龙头"澳门大学正呈现出良好的发展势头；广东高等教育的体量较大，层次类型较全，与产学研的关系比较密切，可拓展的市场空间较大，但整体水平有待提升，国际合作交流有待加强。大湾区教育合作发展在当前及今后一个时期倾力于协同推动，对于各方优势的有效互补显得十分重要。当前粤港澳大湾区教育合作发展的协同亟须自上而下的推动，即通过政府主导的"自上而下"的协同来提升大湾区教育合作发展的质量和水平。值得注意的是，在推动"自上而下"协同的同时，也不可忽视来自教育机构等基层"自下而上"的协同，以及两者的相互呼应，尤其要主动促进两者的相互转化与协同，从而形成"自上而下""自下而上"的协同效应，同谋共划，协同发展。[①]

（二）构建高层次及多层次的教育协调机制[②]

从一体化发展的视角探索粤港澳大湾区港、穗、深、澳四个核心城市的教育，以增创大湾区内部城市的协调优势及区域教育间的互补、叠加优势。这一问题涉及中心城市及教育定位，相关部门应尽快组织专家对此进行系统研究。由于当今世界科技、文化快速发展，积极推进作为国家战略的粤港澳大湾区发展规划，以便使粤港澳大湾区建设能更好地契合发展大势，充分发挥三地的积极作用，适应发展环境的变化。

"一国两制"以及珠三角内部各地开放层次差异性大等多种"制度及体制功能性区域"的区域特征，使粤港澳大湾区教育系统建设的推进涉及的问题颇为复杂，任何单一层级的政府都难以独立面对并解决。为此，构建高层次及多层次的教育协调机制显得十分重要。当前，已从国家层面成立由国家级领导人任组长、粤港澳三地行政首长和国务院各部委负责人为成员的粤港澳大湾区规划与建设领导小组，以便国家对涉及广东与港澳之间在推进区域经济合作方面的问题，进行指导、协调及管理。与此同时，要优化粤港澳三方现有的合作机制，即将现分属于粤港及粤澳的高层会晤、联席会议制度、专责小组等粤港及粤澳合作统筹机构整合成粤港澳合作联席会议及工作机构，按照粤港、粤澳合作框架协议要求适时举行粤港澳高

① 卢晓中. 推动粤港澳大湾区教育合作发展的思考［J］. 中国高教研究，2019（5）：54－57.

② 蒋达勇. 粤澳教师教育合作：历史回顾与发展前瞻——关于推进粤澳教师教育深度合作的构想［J］. 高教探索，2013（2）：123－128.

层会晤，研究重大合作事项，达成战略性共识、形成合作纲领性文件、指导和推动合作的开展，以促使这一机制更具整体性。

（三）由"点"到"面"的全域合作、全域辐射

要打破"藩篱"，构建实质性的、具有多元化的教育同步发展命运共同体，实现粤港澳三地由"点"到"面"的全域合作，优质教育资源辐射引领全域快速发展，在高等教育领域尤为重要。早期粤港澳高等教育合作仅限于区域内少数城市的少数高校，由于广州的高等教育资源较为集中，故早期合作主要围绕广州与香港、澳门的部分高校展开，形成了以中心城市为核心的个体间合作格局。随着大湾区城市群的全面发展，深圳、珠海等城市毗邻港澳的地缘优势逐渐显现，佛山、东莞等地也积极参与区域内的高等教育整合，全域化逐渐成为高等教育合作机制与制度建立过程中重要的发展趋势。经教育部审批和复核的广东与港澳 7 个合作办学项目中，就有 6 个位于深圳市，1 个位于珠海市。广州与佛山已签订同城化建设教育合作协议，提出两地高校跨区域定向互招学生、共建共用实验室及共建产学研合作示范基地等合作举措；东莞与中山大学、香港科技大学等高校合作，积极推进科技产业园区建设，等等。大湾区高等教育合作的辐射范围逐渐扩大，合作发展的全域化特征逐渐明显。

四、寻求教育合作的关键点

在粤港澳大湾区教育交流与合作中，应不断优化布局结构，在区域、城市或教育领域间寻求教育合作的重点、关键点，提升教育合作质量效益。

（一）城市教育"点"对"点"合作①

《粤港澳大湾区发展规划纲要》提出，要推动建设国际水平的"广州—深圳—香港—澳门"科技创新走廊，建设教育与人才高地。提高粤港澳城市之间的协同效率，提升协同力，粤港澳大湾区城市互联互通，以本城为中心构建湾区教育更大规模的互联发展，尤其是与香港、澳门深度合作核心区，让各种教育要素在大湾区各城市、各学校间真正自由流动起来，充分激活大湾区教育的活力。纵观世界三大湾区，其城市之间都形成了高

---

① 曲中林. 粤港澳教育合作的湾区路径［J］. 教育理论与实践，2021，41（10）：25 – 29.

度协同化的分工模式，注重"城"与"城"之间合作，提高了区域竞争力。粤港澳大湾区"9+2"城市群间教育合作是内因和外因共同作用的结果，这种合作未必是平行的，合作的"度"是有差异的，每个城市以自身的价值取向、互惠交往规则的偏好，基于比较优势有所取舍和选择，展开"点"对"点"的教育合作。

1. 深圳与香港

在香港与内地教育交流与合作实践中，近水楼台的深圳受益良多。高速发展的深圳要打造民生幸福标杆，其中在教育上要实现"幼有善育、学有优教"，深圳教育的部分优势已经彰显。近年来，随着《珠江三角洲地区改革发展规划纲要（2008—2020）》《粤港合作框架协议》《粤港澳大湾区发展规划纲要》《中共中央、国务院关于支持深圳建设中国特色社会主义先行示范区的意见》等一系列重要文件的出台，深港教育交流合作不断加强，向着"全方位、高水平、深层次"的方向发展。

落实深港教育合作，发挥深港在大湾区教育发展的关键作用，以支持深圳建设中国特色社会主义先行示范区为牵引，深港教育合作要在粤港澳教育合作中履行先行先试职责，全面激发大湾区、先行示范区利好叠加的"双区驱动效应"，推动大湾区教育高质量发展。在基础教育领域的合作方面，主要体现为两地学校结为姊妹学校，并举办一些暑期夏令营或短期的交流活动；在高等教育方面，深圳高校已超15所，包括中山大学深圳校区、哈尔滨工业大学（深圳）等老牌大学的新校区，也有南方科技大学、深圳大学、香港中文大学（深圳）等一批实力不俗的新兴高校。深港两地的合作更加深入和全面，香港有不少高校到深圳进行合作办学，并且深圳的高校也吸纳了很多香港的人才，如南方科技大学有很多专职的研究员和教师来自香港；此外，很多香港高校和企业进驻深圳高新区的虚拟大学园，依托虚拟大学园开展课题研究，做一些产学研合作方面的工作，并取得了显著成效。

2. 珠海与澳门

《粤港澳大湾区发展规划纲要》把澳门列为大湾区发展建设的中心城市，并且有49项内容直接与澳门有关。虽然澳门在湾区"9+2"城市中的人口和土地面积都是最少的，但其有着辐射带动和核心引擎的地位，通过毗邻城市珠海，充分发挥"珠海因素"，共同开展更多有深度、有温度的教育合作，产生四两拨千斤的作用，为粤港澳大湾区教育的制度创新和项目落地做出了贡献。

通过珠澳学生研学实践、建立姊妹学校、教育主管机构的频繁交流，珠澳两地教育交流日渐密切，规模逐步扩大，层次逐步提升，领域不断拓展，教育合作迈出新步伐。2019 年 12 月，珠海市教育局与澳门教育暨青年局签订了《珠澳教育合作与交流协议》，明确建立更加务实的工作机制和定期会晤磋商制度，推动珠澳两地教育教学交流与合作。《珠海市全面深化改革 2020 年工作要点》着力推进"1 + 1 + 10"方面 46 项改革举措，涵盖珠澳深度合作开发横琴。

在高等教育方面，澳门高等教育发展以制度完善、规模普及、"横琴决策"为标志在延续和变革中不断提升。澳门教育及青年发展局相关负责人称，澳门各高等院校将继续借合作区的资源优势，开展产学研合作及科技创新人才培育。例如，珠海澳大科技研究院正在推进及已完成的项目接近 300 个；珠澳各级教育与青年机构的合作，亦为澳门高校、青年学生的双向交流，助力澳门青年融入国家发展大局，提供了发展空间；广州中医药大学第二附属医院与中国香港浸会大学和澳门大学合作开展学生联合培养项目，三方联合开展了多个科研项目；澳门大学进驻横琴岛，设立"横琴高教特区"。珠海有高校 12 所（包括在建高校），珠海借助澳门优质国际高等教育资源，打造优质的国际学校以满足发展需求。创新澳门与珠海点对点的合作模式，发挥高校的集聚—溢出效应，促进珠澳的共同发展。

在基础教育方面，珠澳继续深化对接。以姊妹学校为纽带，推动两地学校在学校管理、教育教学、文化建设等层面开展全方位交流合作，有效推动办学主体优势互补、共同发展，有力促进师生深度交流、增进友谊。如联合澳门教育及青年发展局开展 2023 年"珠澳千名学子两地研学行"等活动，着力培育和增进港澳青少年的民族自豪感和认同感。①

3. 广州与港澳

改革开放以来，广州与香港、澳门三地的合作日益紧密。2011 年，广州与香港、澳门成立了穗港、穗澳合作专责小组，探讨合作模式，确定合

---

① 吴爽. 建设粤港澳大湾区的教育新高地：珠海市教育局局长习恩民谈区域教育发展 [J]. 教育家，2023（44）：4 - 6.

作领域，签署合作协议及合作意向书，推动穗港澳的协同发展。在与香港、澳门教育合作中，广州坚持"湾区所向、港澳所需、广州所能"的要求，一路向海，与香港、澳门共建共享，为与香港、澳门教育合作发展提供优质环境、便利服务和有力保障。

在广东高校版图中，广州占了"半壁江山"。作为高校重镇，广州高校数量多，拥有中山大学、暨南大学、华南师范大学等部属、省属高校，广东入选"双一流"的8所大学，有7所在广州。依托高校资源优势，加上广州大学城、广州科技教育城、广东省职业教育城的集聚效应，广州都市圈打造高等教育高地的速度不断加快。广东已建成4所内地与香港合作大学，包括北京师范大学－香港浸会大学联合国际学院、香港中文大学（深圳）、香港科技大学（广州）、香港城市大学（东莞），此外，还有深圳北理莫斯科大学、广东以色列理工学院。

在具体实施中，穗港澳教育合作项目不断落地。在高等教育领域，中山大学率先倡议，并与香港中文大学和澳门大学共同发起成立"粤港澳高校联盟"，汇聚粤港澳三地28所高校，携手打造"粤港澳一小时学术圈"；香港理工大学与广州医科大学签订友好合作备忘录，探索合作新思路，持续深化合作，为高校的合作发展提供更多的支持；香港科技大学（广州）落户广州市南沙区。在基础教育领域，广州市多所中小学开设港澳子弟班，为港澳籍适龄学童在粤就读提供多元化且有质量的基础教育公共服务，三地进一步深度融合基础教育，广州的学校也去港澳办学，进一步强化粤港澳三地学生、老师、学校、教育理念的交流。

（二）构建粤港澳大湾区教育法规保障机制关键点

寻求教育法治共识标准，尽快建立粤港澳教育法规体系的相互支援与保障机制，加强政府之间的协作，为三地教育紧密合作提供强有力的法律保障。为此，粤港澳大湾区教育协同发展也需要建立实体性协调机构以推进有效合作。粤港澳大湾区教育合作，借鉴世界三大湾区的教育合作经验恐难以生效，且现有体制性壁垒较多，彼此边界难以打开，仅仅依靠框架性合作协议，合作活力难以释放。如粤港澳大湾区高等教育合作，在一国之内仍然使用中外合作办学条例去管理，实属不妥。就联合培养研究生而论，求学者必须按照规定的时间长度入境港澳才能获得学位，这不仅增加了求学者往返港澳的经济成本，也变相地提高了学习时间成本，同时难以有效整合三地教师资源。因此，有必要尽快成立由三地政府教育主管、教育专业协会和民间教育团体代表组成的粤港澳教育协调发展小组，建立多渠道、多层次、制度化的大湾区教育合作协调机制，协商破解粤港澳大湾区教育发展关键性壁垒问题，稳步推进教育持续合作。①

（三）推进教育领域多点合作

基础教育方面，应注重培育国家认同理念，引导港澳教材增添更多中国国家元素，取消港澳教师到内地任职资格限制，鼓励三地中小学校长任职式交流，支持港澳居民子女与内地居民子女享受同等教育权利，在内地创设更多国际学校。高中教育方面，可鼓励三地青年自由选择就读院校，对港澳学生提供与内地学生相同的政策优惠。职业教育方面，支持各类实训基地合作共建、学生互派交流，鼓励港澳青年在内地生活就业。高等教育方面，以设置助学金等方式吸引更多港澳人才来内地接受教育，打造粤港澳各类高校联盟，支持人才互用、项目共担等类别的深度合作。如 2019年 7 月 15 日香港青少年军事夏令营开营，600 名青少年学员在驻香港部队度过了难忘的军营时光。此届军事夏令营中，青少年学员接受了体能训练、单个军人队列动作、激光模拟对抗等多项军事科目训练，参加了徒步行军、专题讲座、观看《致敬祖国》文艺演出等活动，并分别赴昂船洲军营和石岗军营参观学习。香港特区行政长官林郑月娥在军事夏令营结业典礼时表示，在"一国两制"的独特优势下，香港正受惠于国家高速发展所带来的种种机遇，港生应放远目光，留心国家各方面发展，未来为香港、国家和世界做出贡献。②

（四）把创新高等教育合作作为重点

要通过创新高等教育合作，吸引港澳青年主动融入国家发展大局；依托各类高校联盟，开放各自强势学科与专业，形成教育资源共享态势；促进三地高校学生更广泛流动，打造最具创造力的区域一体化教育高地；联手共建大湾区各类实验室等科技创新平台，面向全球引进高层次科技创新人才，使全球智力为大湾区所用。

---

① 李臣之. 粤港澳大湾区教育的开放与合作 ［J］. 现代教育论丛，2019（1）：2 - 5，19 - 20.

② 香港课程网. 第 15 届香港青少年军事夏令营结业 ［EB/OL］.（2019 - 07 - 29）［2022 - 01 - 25］. https://mp. weixin. qq. com/s/yFOKUbXA_wUjaHf_whF - Hw.

具体来看，当前和未来应重点关注以下两项工作：

第一，学分转换。高校之间进行实质性合作，认可学生在其他大学获得的学分，要以学习成果作为衡量的标准，只有以之为标准，才能知道学生学了什么，掌握了什么知识。由于制度不同，粤港澳三地教育体制、高等教育发展水平不一样，课程设置、教学内容与教材存在巨大差异，并且这些差异不是很快就能够消除的。纵观国外的经验，当前，欧洲的学分互认体系已被广泛接受。《博洛尼亚宣言》中提出要建立欧洲学分转换体系，以促进学生在欧洲范围内的自由流动。在流动学习期间，学生将获得经欧洲学分转换体系认证的学分和等级，这些学分和等级可以使学生在流动期间就读学校的成绩获得母校的认可。

第二，文凭及学位的相互认证。粤港澳三地要致力于建立文凭与学位相互认证的机制，扫清三地高等教育双向交流的障碍，全方位促进三地教育交流与合作，建立一个符合中华文化圈特点的高等教育体系。建议可以借鉴欧盟在"博洛尼亚进程"中的做法，在学分转换的过程中，学生课程学习以"学分"作为衡量的标准，学分的计算综合考虑了学生上课、实验、论文撰写、实习实训中的时间，学生通过考核评价后获得相应的学分，意味着一门课程的结束。在"博洛尼亚进程"中的国家与高校取得的学分，能够按照相应的比例进行转换，从而方便学生在不同国家、不同高校之间的自由流动。内地高校与港澳高校在教学管理中也可以建立类似的学分转换系统，三地的学生修习学分的学校可以不止一所，只要学生按照要求修习一定的学分，就能够获得学历学位，真正实现学习的相互贯通、相互转换、相互承认。还可以颁发联合学历学位（如博士生联合学位），实现人才培养的深层次合作。

五、教育交流与合作运行机制与保障措施

促进粤港澳大湾区教育融合发展，解决当前粤港澳教育合作中存在的诸多体制机制障碍，必须不断加强体制机制的创新，在遵守"一国两制"和《中华人民共和国教育法》等相关法律规定的前提下，立足于大湾区教育合作的特殊性，制定相关政策措施，给予大湾区教育合作"先行先试"的特殊灵活积极支持政策，在实践中不断完善大湾区教育合作的全链条法

律支撑体系，为大湾区教育合作提供良好的法治环境。广东省推进粤港澳大湾区建设领导小组印发《广东省推进粤港澳大湾区建设三年行动计划（2018—2020 年）》在"保障措施"中提出加强组织协调、加强政策支持、构建推进实施体系、防范化解风险、鼓励社会参与等。

（一）构建粤港澳大湾区教育合作发展的现代治理机制

粤港澳大湾区的一个突出特点是"一个国家、两种制度、三个关税区、四个中心城市"，这便决定了大湾区教育合作发展的治理机制也必有其特殊性，亟须建立起符合大湾区特质的现代治理机制，如以契约精神引领体制创新。契约是人类在相互交往中产生的，是商品经济的必然产物，而契约精神是商品经济发展到一定程度形成的一系列原则和规范所凝聚而成的精神，其中契约自由原则、平等原则、诚信原则、权利原则是其核心内涵，这些契约原则和精神在湾区教育合作发展及其现代治理机制的创建中同样也是需要遵循的。又如建立风险防范机制，大湾区教育合作发展的各利益主体可能面临来自共同体内部和外部的各类风险（如协议不完备风险和知识产权风险等），这就有必要通过建立风险防范和管理机制，强化对各行为主体的硬约束和软约束，确保大湾区教育合作发展的顺利推进。再如强化知识产权的保护机制，依托粤港、粤澳及泛珠三角区域知识产权合作机制，全面加强大湾区在知识产权保护、专业人才培养等领域的合作。这也将大大改善大湾区的创新环境，激发教育创新活力，助推活力大湾区建设。①

特别强调的是，粤港澳大湾区教育合作发展的现代治理机制的创建，应当以相关法律法规的建立与完善为前提和基础，遵守"一国两制三法域"制度是粤港澳大湾区建设与其他湾区建设的主要区别。从法律渊源的角度说，粤港澳合作的法律基础既不完全是国内法，也不是国际法或条约，而是包括港澳基本法、世界贸易组织框架制度、CEPA，以及被严格定义为行政协议的《粤港合作框架协议》和《粤澳合作框架协议》在内的复合性规则体系。对于教育而言，在这一大的法律制度框架下同样面临错综复杂的法律问题。因此，如何推动教育法律合作，对于大湾区教育建设和法治湾区建设来说，是一项十分繁重和紧迫的工作。

---

① 卢晓中. 推动粤港澳大湾区教育合作发展的思考［J］. 中国高教研究，2019（5）：54–57.

构建有效的多层治理结构，提升粤港澳区域教育合作效率。区域教育合作参与的主体越多、主体间的差异越大，合作的难度就越大。随着粤港澳三地合作的进一步发展，粤港澳大湾区的建设，必然要求粤港澳三地建立有效的多层治理结构。为了建立有效的多层治理结构，提升区域教育事务合作效率，首先应在国务院下设粤港澳区域合作常设协调机构，专门协调跨境涉及的政治、法律、教育、文化等大范围的事务协调。其次，创新粤港联席会议制度，增加会议次数及涉及的地方政府数。最后，推动民间组织参与区域教育治理，发挥民间合作机制作用，促进教育及社会融合。[①]

（二）建立常态协进的合作机制[②]

粤港澳教育合作机制的建立可以简化为"谁来做""怎么做"和"做后怎么办"三个问题。因此，当前亟须做好以下几件事。

1. 设立教育合作专责机构

成立粤港澳大湾区教育工作专责工作联合领导小组（或委员会），做好顶层设计，系统统筹抓好粤港澳大湾区教育交流合作工作。

2. 举办分类的教育合作洽谈会

洽谈会是推动合作的有效机制。借鉴产业与经贸界的经验，粤港澳可从高校入手，依据不同层级、类别高校的发展需求，按需定制，以类建目，以教育合作洽谈会的形式推动粤港澳教育合作。该事项可由教育合作专责小组或各类别教育联盟来主办。

3. 定期举办教育合作联展，推广合作成果

通过推广合作成果来推动合作深化是一条重要机制。粤港澳建立以教育合作为大前提的合作联展，包括但不限于：双联学制、跨境就学、合作办学、学生权益保障、课程教材研发、教学品质保证、招生宣传、收费奖助、远程教学、职训认证等重要议题。例如，在教育部的大力支持下，继续加大力度开展面向港澳青少年学生的"千人计划"内地实习活动，增加港澳大中学（包括职业技术学校）学生到内地企业，尤其是优秀创新企业的实习机会，使港澳青少年学生了解祖国的进步和改革开放以来所取得的

---

① 欧时新. 粤港澳大湾区城市群合作能力问题研究 [D]. 广州：广东外语外贸大学，2018.

② 肖建彬，刘焱鸿. 粤台师范类院校合作的发展路径研究 [J]. 广东第二师范学院学报，2015，35（4）：1-5.

巨大成就，激发港澳青少年学生为祖国服务的使命感和责任感，同时也为港澳青少年未来到大湾区就业、创业、生活搭台。

4. 学校层面的粤港澳教育交流与合作机制

在基础教育层面，突破边界束缚，释放基础教育发展潜能。粤港澳大湾区教育融合不是要消除差异，也不是追求办学条件、师资的统一，而是应该寻找一些共同的气质，在各自办学的历史和条件基础上去追求自身的发展目标，然后在这个过程中，互相借鉴、互相学习、互相取长补短。尽管学校课程是有边界的，但粤港澳大湾区的自然特性更有开放的基因，要努力打开基础教育内外部的边界，实现基础教育跨课、跨校、跨境的融合。为此，大湾区内要联动培养教师队伍，推动基础教育培训课、学术知识共享。①

在高校合作层面，粤港澳高校往往通过签订校际交流与合作协议来促进双方高校间学术交流、实现合作办学、打造合作科研平台。粤港澳达成的协议可分为包含多方面合作内容的合作框架协议和全面合作协议，以及专门针对某类合作活动所达成的协议，如合作成立研究中心、合作共建实验室等方面的合作科研协议。港澳高校也通过与广东地区市级地方政府签订协议来促使跨境产学研合作活动的诞生和发展。

5. 政府层面的粤港澳教育交流与合作机制

在中央政府层面的机制上，由于无论在香港、澳门回归之前还是之后都是实行与内地不同的社会制度，因此，除做出特别规定外，内地与港澳的教育合作往往参照中央政府制定的关于教育对外交流与合作的法律政策规定执行。具体包括：关于内地高校招收港澳学生的政策规定、关于港澳高校到内地招生的规定、关于内地高校人员赴港澳交流的政策规定、关于中外合作办学的相关政策规定。

在广东省政府层面的机制上，对粤港澳教育合作持积极鼓励的态度，这一态度在其制定的相关教育和科技类政策法规文本中得以充分体现。2018 年 5 月 24 日，广东省委副书记、省长马兴瑞在会见粤港澳大湾区企业家联盟时表示，希望粤港澳大湾区企业家联盟发挥桥梁纽带作用，积极参

① 韦英哲，郑玫涵. 突破边界束缚，释放基础教育发展潜能 [J]. 广东教育（综合版），2018（8）：23.

与粤港澳大湾区建设，共享粤港澳大湾区建设带来的重大机遇，携手共建国际一流湾区和世界级城市群。① 相应地，香港和澳门特区政府也纷纷对粤港澳大湾区的建设表示大力支持，表示香港和澳门会主动融入国家发展大局。②

6. 社会层面的粤港澳教育交流与合作机制

广东省粤港澳合作促进会于 2009 年 9 月在广州成立。广东省粤港澳合作促进会是为加强粤港澳三地民间合作而成立的团体，该会集中了粤港澳关心和支持三地合作的知名人士和各界代表，将推动三地民间合作从分散、局部、自发的合作阶段向全方位、多层次、多形式的合作阶段转变。2021年 9 月，广东省粤港澳合作促进会常务副会长杨道匡在谈到横琴合作区建设时认为，粤海同心，横琴合作区的税收优惠、医疗、住房、教育等多项政策将有力吸引澳门居民就业创业，推动粤澳社会民生合作。这些政策重点立足粤澳合作、服务澳门居民，同时也面向更广大地区。横琴合作区逐步建立和完善更加优质的民生服务体系、更加国际化的营商环境，将吸引更多高层次人才聚集，为粤港澳大湾区建设充满活力的世界级城市群提供更丰富的人才支持。③

六、积极探索建立国际教育示范区

当今世界正处在大发展大变革大调整时期，全球及区域经济、社会相互依存、相互渗透程度不断加深，新一轮科技革命和产业变革正在孕育兴起，全球及区域人才、智力、科技等要素必定高度聚集和深度融合。党的十九大报告支持香港、澳门融入国家发展大局，提出把粤港澳大湾区打造成国际一流湾区，建设世界级城市群的决策部署。《粤港澳大湾区发展规划纲要》提出，粤港澳大湾区要打造教育和人才高地，支持大湾区建设国

---

① 广东省人民政府. 马兴瑞会见粤港澳大湾区企业家联盟［EB/OL］.（2018－05－25）［2022－01－25］. http://www. gd. gov. cn/gdywdt/gdyw/content/post_ 100691. html.

② 海外网. 林郑月娥：粤港澳大湾区发展规划明年初将正式出台［EB/OL］.（2018－12－15）［2022－01－25］. https://m. huanqiu. com/r/MV8wXzEzODEyOTk5XzEyNjJfMTU0NDg1M TU2MA.

③ 陈晓，李各力. 广东省政协常委、粤港澳合作促进会常务副会长杨道匡谈横琴合作区建设：新兴产业聚人气拓宽合作新空间［N］. 南方日报，2021－09－16.

际教育示范区。粤港澳大湾区的战略目标之一是打造国际一流湾区和世界级城市群，以及国际科技创新中心。粤港澳三地必须抓住当前的发展机遇，携手合作、优势互补，把粤港澳大湾区打造成世界区域性教育发展示范区，推动粤港澳大湾区建设和发展。

第一，展望粤港澳大湾区大战略，将以建设国际教育示范区为引领，进一步优化大湾区高等教育布局结构，分类建设高水平大学。建设国际教育示范区是《粤港澳大湾区发展规划纲要》提出的重大工作部署，按照国际教育示范区的建设蓝图，着力推动高等教育空间布局与世界级城市群总体布局相呼应，构建珠三角和香港、澳门高校集群，将广州、深圳、香港、澳门建设成世界一流高等教育中心城市群，将珠海、佛山、东莞建设成国内区域一流高等教育中心城市群，融合区域内大科学装置、重点科研创新平台、高端科研创新团队，培养大批拔尖创新人才，产出一批国际领先的重大原创性成果，实施特色高校提升计划，培养适应现代产业需求的高素质应用型人才。

第二，打造国际教育示范区需要创新高校合作办学模式，汇聚世界优质高等教育资源，对接世界科技革命和产业变革，分类推进高校建设发展，培养拔尖一流人才和产出重大成果。要以新机制高起点在粤港澳大湾区创建高校，探索建立开放办学、以研究生培养为主的高水平研究型大学；支持大湾区高校在招生考试、课程体系、教学模式、评估标准等方面开展新的探索实践。重点推进一批港澳高校到大湾区办学，设立建设一批高水平应用技术大学。在国家发展进入新时代的背景下，更应彰显制度自信，支持粤港澳三地创新高校办学方式，鼓励港澳高校在内地设立分校，单独或联合内地高校培养人才。支持三地高校共建科研设施，联合开展科技攻关。支持大湾区持续引进世界知名大学和特色学科。重点支持建设大湾区大学。在中央政府支持下，粤港澳三地政府和大学合作创建一所新型联合大学——大湾区大学，以全球招聘与粤港澳三地高校派出的方式组建高水平、国际化的师资队伍，打造一所紧密联结粤港澳三地的国际顶尖大学。作为粤港澳高等教育融合发展的平台与枢纽，与世界一流大学开展教育、科研和成果转化的合作，推动加盟大学与粤港澳高科技企业建立战略联盟的实体联合研发机构，实现大学、企业、市场、资本的有效对接和良性互动。①

第三，打造国际教育示范区需要招揽一批国际高端人才。既然要做世界一流湾区，要与三大国际湾区比较，就必然要在世界范围内招揽人才。对普通人才来讲，收入最重要，其次是生活便利；对高端人才而言，还要看营商环境、社会氛围、生态环境、国际交往条件。应支持粤港澳大湾区建立国家级人力资源服务产业园，建立紧缺人才清单制度，定期发布紧缺人才需求，拓宽国际人才招揽渠道。完善外籍高层次人才认定标准，畅通人才申请永久居留的市场化渠道，为外籍高层次人才在华工作、生活提供更多便利。

第四，打造国际教育示范区，助力粤港澳大湾区国际科技创新中心建设。要充分发挥粤港澳高校优势，形成合力，融合发展，共同构建以市场为导向、产学研结合的开放型创新体系，为建设国际科技创新中心提供有力的支撑。集聚大湾区行政、高校、企业和社会力量，以一定实体校园和运行机构为依托，建立跨区域、多校园、学科交叉的科研合作平台。大力打造前沿科学中心、基础研究与应用基础研究平台、重大协同创新平台。落实广东省科技计划项目向港澳开放的政策，支持港澳高校牵头或独立申报广东省科技计划项目，建立广东省财政科研资金跨境使用机制，允许项目资金直接拨付至港澳两地牵头或参与单位。着力推动创新人才往来畅通、科研设备通关便利、科研资金跨境使用、创新资源信息同步、科研基础设施与仪器设备开放共享，构建"一小时学术圈"，同时创新高校科研成果转化和产业化机制，集结相关力量在大湾区建设若干高校科技成果转移转化示范基地，畅通港澳高校来粤开展科技成果转移转化渠道，鼓励高校通过许可、转让、作价入股等形式加快科技成果转化和产业化。

---

①　陈子季. 推动粤港澳大湾区高等教育融合发展［N］. 学习时报，2019 - 03 - 01.

参考文献

一、期刊论文类

[1] 李臣之. 粤港澳大湾区教育的开放与合作 [J]. 现代教育论丛，2019 (1)：2 – 5，19 – 20.

[2] 周红，张祥云. 粤港澳台高校德育发展趋势展望 [J]. 江苏高教，2001 (1)：108 – 111.

[3] 李睿. 国际著名"湾区"发展经验及启示 [J]. 港口经济，2015 (9)：5 – 8.

[4] 刘力，白渭淋. 区域经济一体化与行政区经济的空间效应研究：基于"泛珠三角"区域合作与广东"双转移"的政策协同效应 [J]. 经济地理，2010，30 (11)：1773 – 1778.

[5] 毕斗斗，方远平. 世界先进海港城市的发展经验及启示 [J]. 国际经贸探索，2009，25 (5)：35 – 40.

[6] 陈德宁，郑天祥，邓春英. 粤港澳共建环珠江口"湾区"经济研究 [J]. 经济地理，2010，30 (10)：1589 – 1594.

[7] 陈朝萌. 粤港澳大湾区港口群定位格局实证分析 [J]. 深圳大学学报（人文社会科学版），2016，33 (4)：32 – 35，41.

[8] 李建辉，李智英. 港澳台地区义务教育均衡发展及其对祖国大陆的启示 [J]. 教育评论，2015 (2)：141 – 144.

[9] 李芝兰，杨振杰. 香港基础教育：从基本均衡到多样性 [J]. 中国党政干部论坛，2013 (8)：77 – 79.

[10] 丁笑炯. 那些 PISA 中高表现地区之中国港澳台 [J]. 上海教育·环球教育时讯，2013 (12)：68 – 69.

[11] 胡少伟. 香港教育改革政策的经验 [J]. 世界教育信息，2012，25 (1)：30 – 33，37.

[12] 罗明东. 教育地理学的研究内容与学科体系 [J]. 云南师范大学学报（教育科学版），2001 (5)：21 – 24.

[13] 郭声健. 谱写粤港澳音乐教育交流合作新篇章："第一届粤港澳三地中小学音乐教育论坛"综述 [J]. 人民音乐，2011 (9)：70 – 71.

[14] 韦英哲，粤教研. 粤港澳大湾区中小学校长联合会成立 [J]. 广东教育（综合版），2020 (12)：13.

[15] 徐瑶，廖茂忠. 创建粤港高等教育合作试验新区的思考 [J]. 高教探索，2015 (5)：35 – 38.

［16］韦英哲. 把大湾区教育办成世界一流教育：第六届中国南方教育高峰年会召开［J］. 广东教育（综合版），2018（8）：17－18.

［17］王璐. 粤港高校合作办学的历史沿革［J］. 广州广播电视大学学报，2014，14（2）：42－46，108.

［18］李晶. 改革开放四十年来粤港澳高等教育合作的回顾与前瞻［J］. 现代教育论丛，2019（5）：42－48.

［19］王璐. 粤港高校合作办学动力机制分析［J］. 广东第二师范学院学报，2015，35（4）：6－11.

［20］何星亮. 中西文化的差异性与互补性［J］. 思想战线，2011，37（1）：98－105.

［21］刘杏玲，吴满意. 区域一体化过程中的文化认同研究综述［J］. 电子科技大学学报（社科版），2008（1）：68－71，107.

［22］施雨丹. 基于主动公民观的香港公民教育发展：国家认同的视角［J］. 华南师范大学学报（社会科学版），2011（1）：109－113，159.

［23］王璐. 国外跨境教育研究十年［J］. 现代教育管理，2014（12）：118－123.

［24］周宇洁. 悲的尽处是"无间"：电影《无间道》艺术美赏析［J］. 安徽文学（下半月），2008（7）：92.

［25］邓伟胜. 香港青少年国民身份认同研究［J］. 广东教育（教研版），2008（12）：97－99.

［26］徐映奇. 香港文化回归问题与内地文化统战对策［J］. 广州社会主义学院学报，2008（2）：31－35.

［27］全国教育科学规划领导小组办公室. "粤港澳高等教育合作机制研究"成果报告［J］. 大学（学术版），2012（4）：78，79－83.

［28］国务院研究室课题组. 推进粤港教育合作发展：建立粤港澳更紧密合作框架研究报告之八［J］. 中共珠海市委党校珠海市行政学院学报，2012（1）：50－53.

［29］安冬平. 粤港澳大湾区职业教育合作发展的理论逻辑构建［J］. 职教论坛，2019（9）：147－151.

［30］马早明. 协同创新30年：粤港澳教师教育合作的回顾与前瞻［J］. 华南师范大学学报（社会科学版），2014（6）：62－67，162.

［31］冯增俊，周红莉，邹一戈. 新时期粤澳高等教育交流与合作战略思路及对策［J］. 现代大学教育，2011（2）：102－106.

［32］王璐，曹云亮. 广东高等教育"十一五"规划发展的特点及问题分析［J］. 高教探索，2006（2）：49.

［33］刘钢，陈丽君，雷强. 粤澳教育交流与合作探讨［J］. 世界教育信息，2002（8）：9－12.

［34］余育文. 粤澳高等教育交流与合作探析［J］. 世界教育信息，2013，26（16）：70－72.

［35］陈志峰，马冀，周祝瑛. 澳门高等教育发展成效探究［J］. 高教探索，2019（5）：55－62.

[36] 庞川,林广志,胡雅婷. 回归以来澳门高等教育发展的成就与经验 [J]. 华南师范大学学报（社会科学版）,2019 (5)：5-11,189.

[37] 赵联飞,陈志峰. 澳门中小学国情国史及爱国爱澳教育研究 [J]. 中国青年社会科学,2018,37 (6)：126-135.

[38] 韦英哲,郑玫涵. 突破边界束缚,释放基础教育发展潜能 [J]. 广东教育（综合版）,2018 (8)：23.

[39] 陈海明,曾韬. 粤澳区域中旅游专业课程设置的比较研究 [J]. 民族高等教育研究,2015,3 (3)：31-37.

[40] 唐灿灿. 澳门旅游高等教育合作办学机制研究 [J]. 科技和产业,2015,15 (3)：19-23.

[41] 黄其新. CEPA下澳门与内地旅游会展教育合作机制建设研究 [J]. 青岛酒店管理职业技术学院学报,2010,2 (1)：59-61.

[42] 李树英,李刚. 澳门教师教育的历史沿革与未来路向 [J]. 现代教育论丛,2021 (1)：52-59.

[43] 蒋达勇. 粤澳教师教育合作：历史回顾与发展前瞻——关于推进粤澳教师教育深度合作的构想 [J]. 高教探索,2013 (2)：123-128.

[44] 张红峰. 澳门教师教育的发展历程研究 [J]. 教师教育研究,2015,27 (1)：52-59.

[45] 冯增俊. 论澳门教育的交流与合作 [J]. 华南师范大学学报（社会科学版）,1999 (6)：22-29.

[46] 卢晓中. 推动粤港澳大湾区教育合作发展的思考 [J]. 中国高教研究,2019 (5)：54-57.

[47] 慕亚平,刘琪. 推进粤港两地教育交流与合作的法律问题 [J]. 中国校外教育,2011 (22)：21-22.

[48] 王璐. 粤港高校合作办学的困境与两难 [J]. 现代教育论丛,2014 (3)：43-46.

[49] 邱红艳. 粤港澳大湾区建设人才高地的形势和对策 [J]. 人才资源开发,2021 (20)：6-7.

[50] 欧小军. "一国两制"背景下粤港澳大湾区高水平大学集群发展研究 [J]. 现代教育管理,2018 (9)：17-22.

[51] 陆祉亦. 粤港澳大湾区职业教育协同发展的机遇挑战及策略研究 [J]. 太原城市职业技术学院学报,2019 (3)：4-7.

[52] 李丹,高芳. 高等教育服务粤港澳大湾区建设的思考 [J]. 学习与探索,2019 (2)：158-162.

[53] 钟嘉仪. 协同创新发展,探索高等教育合作路径 [J]. 广东教育（综合版）,2018 (8)：20-21.

[54] 覃玉荣. 中国 – 东盟跨境民族文化产业发展与合作：基于文化距离的探究 [J]. 广西社会科学，2012 (11)：168 – 171.

[55] 黎熙元. 香港：多种文化并存的社会 [J]. 中山大学学报（社会科学版），1997 (3)：13 – 17.

[56] 周毅之. 从香港文化的发展历程看香港文化与内地文化的关系 [J]. 广东社会科学，1997 (2)：20 – 24.

[57] 任思儒，李郇，陈婷婷. 改革开放以来粤港澳经济关系的回顾与展望 [J]. 国际城市规划，2017，32 (3)：21 – 27.

[58] 徐江. 香港与珠江三角洲空间关系的转变 [J]. 国际城市规划，2008 (1)：70 – 78.

[59] 杨英，秦浩明. 粤港澳深度融合制度创新的典型区域研究：横琴、前海、南沙制度创新比较 [J]. 科技进步与对策，2014，31 (1)：39 – 43.

[60] 谢宝剑. "一国两制" 背景下的粤港澳社会融合研究 [J]. 中山大学学报（社会科学版），2012，52 (5)：194 – 200.

[61] 朱建成. 粤港澳高等教育一体化是区域经济一体化的发展趋势 [J]. 广东工业大学学报（社会科学版），2010，10 (2)：15 – 19.

[62] 周红莉，冯增俊. 回归十年来澳门教育发展的回顾与前瞻 [J]. 比较教育研究，2009，31 (11)：17 – 20.

[63] 林荣策. 港澳高等教育的比较与发展探析 [J]. 黑龙江教育学院学报，2008 (11)：40 – 43.

[64] 袁宏舟. 浅析香港在粤港澳大湾区建设中的作用 [J]. 宏观经济管理，2018 (2)：56 – 60.

[65] 谢宝剑，胡洁怡. 港澳青年在粤港澳大湾区发展研究 [J]. 青年探索，2019 (1)：5 – 14.

[66] 蔡赤萌. 粤港澳大湾区城市群建设的战略意义和现实挑战 [J]. 广东社会科学，2017 (4)：5 – 14，254.

[67] 张军，吴桂英，张吉鹏. 中国省际物质资本存量估算：1952—2000 [J]. 经济研究，2004 (10)：35 – 44.

[68] 施雨丹. 比较视角下粤港澳大湾区教师教育发展探析 [J]. 广东技术师范大学学报，2020，41 (1)：25 – 31，41.

[69] 黄宗仪. 全球城市区域治理之外香港的跨境身份论述与再现 [J]. 地理学报，2008 (52)：1 – 30.

[70] 马向明，陈洋. 粤港澳大湾区：新阶段与新挑战 [J]. 热带地理，2017，37 (6)：762 – 774.

[71] 曲中林. 粤港澳教育合作的湾区路径 [J]. 教育理论与实践，2021，41 (10)：25 – 29.

[72] 刘盾，魏东初. 要义求索、现状剖析、未来建构：粤港澳大湾区高校合作办学新探 [J]. 江苏高教，2020 (2)：55 – 60.

［73］卓泽林. 粤港澳大湾区教育合作发展的价值与策略［J］. 华南师范大学学报（社会科学版），2020（2）：71-80，190.

［74］卓泽林，杨体荣. 粤港澳大湾区高校集群建设的发展导向及其路径［J］. 教育发展研究，2019，39（11）：16-23，39.

［75］霍启刚. 促进粤港澳大湾区青少年融合发展［J］. 中国政协，2019（5）：80-81.

［76］肖建彬，刘焱鸿. 粤台师范类院校合作的发展路径研究［J］. 广东第二师范学院学报，2015，35（4）：1-5.

二、学位论文类

［1］马忠新. 我国湾区经济对外开放度的比较研究［D］. 深圳：深圳大学，2017.

［2］欧时新. 粤港澳大湾区城市群合作能力问题研究［D］. 广州：广东外语外贸大学，2018.

［3］陈沁. 粤港澳大湾区构建中的养老保障政策协调研究：基于积极老龄化视角的思考［D］. 广州：广州大学，2019.

［4］邱诗武. 珠江三角洲区域行政协同机制构建探究［D］. 广州：广州大学，2012.

［5］陈沁. 粤港澳大湾区构建中的养老保障政策协调研究［D］. 广州：广州大学，2019.

［6］宫广宇. 粤港澳大湾区高校专利合作网络研究［D］. 广州：广州大学，2019.

［7］马海洋. 粤港澳大湾区民办教育举办者素养的调查研究［D］. 武汉：华中师范大学，2019.

［8］王小彬. "一带一路"建设中推进粤港澳区域经济一体化问题研究［D］. 长春：吉林大学，2018.

［9］何小松. 中国内地与香港高等教育合作机制研究［D］. 广州：华南理工大学，2012.

［10］罗智中. 粤港澳区域经济合作的成功经验及瓶颈问题研究［D］. 长春：吉林大学，2013.

［11］雷颖剑. 粤港澳区域公共管理合作研究［D］. 广州：华南理工大学，2012.

［12］周韬. 粤港澳高等教育合作中的政府公共服务问题研究：从广东省高校参与合作实践视角［D］. 广州：华南理工大学，2021.

三、报纸文献

［1］陈伟. 湾区建设，教育合作提供最强动力［N］. 光明日报，2019-06-18.

［2］贺蓓. 5年增加22.2万，广东各级各类学校专任教师达137.7万［N］. 南方都市报，2018-11-21.

［3］人民日报（海外版）编辑部. 中外合作办学基本情况［N］. 人民日报（海外版），2004-02-03.

［4］练玉春. 澳门教育：持续进步　发展有道［N］. 光明日报，2010-05-05.

［5］汪明. 积极拓展粤港澳大湾区教育合作［N］. 光明日报, 2019 - 03 - 11.

［6］周文港. 香港高校要发挥"走出去, 引进来"的独特作用［N］. 光明日报, 2019 -
06 - 18.

［7］苏碧霞, 顾一丹. 粤港通力合作, 打造南方教育高地: 专访广东省教育厅厅长罗伟其
［N］. 香港文汇报, 2011 - 03 - 10.

［8］黄颖川. 粤港职业教育, 合作潜力无限［N］. 南方日报, 2011 - 08 - 24.

［9］杨健明. 粤港教育培训合作, 打造珠三角竞争优势［N］. 亚太经济时报, 2005 -
06 - 24.

［10］吴哲, 黎泽国. 高等教育合作研讨会在港举行, 专家建议成立粤港高等教育联盟
［N］. 南方日报, 2014 - 06 - 28.

［11］林继, 岳宗. 推动粤港高校交流合作［N］. 南方日报, 2015 - 11 - 03.

［12］泛珠合作网. 粤澳签教育交流合作意向书　两地缔结姊妹学校［N］. 澳门日报,
2005 - 06 - 28.

［13］林金辉, 姚烟霞. 粤港澳大湾区建设　教育如何先行［N］. 光明日报, 2019 -
09 - 24.

［14］刘胜, 申明浩. 打造粤港澳大湾区教育和人才高地［N］. 中国社会科学报, 2019 -
09 - 19.

［15］陈晓, 李各力. 广东省政协常委、粤港澳合作促进会常务副会长杨道匡谈横琴合作
区建设: 新兴产业聚人气拓宽合作新空间［N］. 南方日报, 2021 - 09 - 16.

四、著作文献

［1］建设国际一流湾区打造"一带一路"建设重要支点研究课题组. 把教育合作作为建设
粤港澳大湾区的优先领域［M］//中国国际经济交流中心. 中国智库经济观察
(2017). 北京: 社会科学文献出版社, 2018.

［2］哈肯. 协同学导论［M］. 张纪岳, 郭治安, 译. 西安: 西北大学出版社, 1981.

［3］季明明. 中国教育行政全书［M］. 北京: 经济日报出版社, 1997.

［4］张泰岭, 吴福光. 粤港澳高等教育交流与合作探讨［M］. 广州: 广东高等教育出版
社, 1997.

［5］罗素. 中国问题［M］. 秦悦, 译. 北京: 学林出版社, 1996.

［6］布赞, 利特尔. 世界历史中的国际体系: 国际关系研究的再构建［M］. 刘德斌, 译.
北京: 高等教育出版社, 2004.

［7］杨军. 区域中国: 中国区域发展历程［M］. 长春: 长春出版社, 2007.

［8］何志平, 陈云根. 文化政策与香港传承［M］. 北京: 中华书局, 2008.

［9］沃克. 震撼世界的六年: 戈尔巴乔夫的改革怎样葬送了苏联［M］. 张金鉴, 译. 北
京: 改革出版社, 1999.

［10］ 王家英，尹宝珊. 对中国的"重新想象"：回归后身份认同的延续与变化［M］. 香港：香港中文大学香港亚太研究所，2004.

［11］ 郭少棠. 育才创新路：香港十年教育回望［M］. 香港：香港教育局，2008.

［12］ 强海燕，柯森. 粤港澳教师教育研究［M］. 广州：广东人民出版社，2012.

［13］ 冯增俊. 走向新纪元的粤港澳台教育［M］. 北京：人民教育出版社，2003.

［14］ 冯增俊. 澳门教育概论［M］. 广州：广东教育出版社，1999.

［15］ 王耀辉. 2017 中国区域国际人才竞争力报告［M］. 北京：社会科学文献出版社，2017.

［16］ 黄永智. 粤港经贸合作新机遇：简析《内地与香港关于建立更紧密经贸关系的安排》［M］. 广州：中山大学出版社，2003.

五、电子文献

［1］ 胡瑶. 澳门与珠海将共建粤港澳大湾区旅游教育合作中心［EB/OL］.（2019 – 10 – 17）［2022 – 01 – 25］. http：//travel. people. com. cn/n1/2019/1017/c41570 – 31404478. html.

［2］ 广东教育. 开学啦！来看看首批港澳子弟班学生的"开学第一课"［EB/OL］.（2019 – 09 – 03）［2021 – 03 – 28］. https：//mp. weixin. qq. com/s/ojoYqIcABnIYcflneMShzA.

［3］ 广东华侨中学. 学年伊始，千里鹏程始展翼；尽善自我，万象更新自奋蹄！［EB/OL］.（2019 – 09 – 03）［2021 – 03 – 28］. https：//mp. weixin. qq. com/s/FS0gMnPP57IxdEkA4_nYVw.

［4］ 国际在线. 广州举办首届"粤港澳大湾区学生体育节"［EB/OL］.（2018 – 11 – 24）［2021 – 03 – 28］. https：//baijiahao. baidu. com/s?id = 1618008013283932561.

［5］ 广东教育. 第二届粤港澳大湾区学校美术与设计作品展暨第四届广东省高校设计作品学院奖双年展开幕［EB/OL］.（2019 – 10 – 16）［2021 – 03 – 28］. https：//mp. weixin. qq. com/s/1CvP_CrWrhMGMH – HJwszrA.

［6］ 深圳新闻网. 2019 年深港澳中小学生读书随笔大赛举行颁奖典礼［EB/OL］.（2019 – 11 – 23）［2021 – 03 – 28］. http：//www. sznews. com/news/content/2019 – 11/23/content_22652674. htm.

［7］ 广东教育杂志社. 2019 粤港澳大湾区中小学校长论坛在深圳举行 聚谈新时代教育现代化与大湾区中小学校长的使命与责任［EB/OL］.（2019 – 11 – 26）［2021 – 03 – 28］. https：//mp. weixin. qq. com/s/XWzjGqEhZD0MkVlCPJFjbg.

［8］ 佛山在线. 首届粤港澳课程与教学发展研讨会在南海举行［EB/OL］.（2019 – 12 – 03）［2021 – 03 – 28］. http：//www. fsonline. com. cn/p/270873. html.

［9］ 暨南大学新闻网. 粤港澳大湾区创新合作交流会：专业人才资格认可研讨会成功举办［EB/OL］.（2020 – 07 – 01）［2021 – 03 – 28］. https：//news. jnu. edu. cn/xysx/yxsd/2020/07/01/11143346805. html.

［10］ 中华人民共和国教育部. 教育部等五部门印发《关于进一步加强和规范教育收费管理的

意见》的通知［EB/OL］．（2020 - 08 - 31）［2021 - 03 - 28］．http://www. moe. gov. cn/src-site/A05/s7503/202008/t20200827_480721. html?from = timeline&isappinstalled =0

［11］广州日报客户端. 总投资约100亿元，预计2023年招生! 湾区大学首次对外招聘专才开展筹建工作［EB/OL］．（2020 - 09 - 22）［2021 - 03 - 28］．https://www. gzdaily. cn/amucsite/web/index. html#/detail/1381587.

［12］中国日报网. 2020年粤港澳大湾区大学生就业实习双选会在珠海开幕［EB/OL］． （2020 - 10 - 10）［2023 - 12 - 16］．https://caijing. chinadaily. com. cn/a/202010/12/ WS5f83cb51a3101e7ce9728a12. html.

［13］观察者网. 大湾区推16项惠港新措施，港人买房、教育享内地居民待遇［EB/OL］． （2019 - 11 - 07）［2021 - 04 - 02］．https://www. guancha. cn/politics/2019_11_07_ 524321. shtml.

［14］GBA湾区资讯站. 广东这个中学18个班专门招收粤港澳大湾区生源［EB/OL］．（2019 - 11 - 07）［2021 - 04 - 02］．https://mp. weixin. qq. com/s/Jn81ikDZy4serc9tkdNPRw.

［15］张雅诗. 香港青少年内地交流活动与时俱进［EB/OL］．（2019 - 06 - 04）［2021 - 04 - 02］．http://paper. people. com. cn/rmrbhwb/html/2019 - 06/04/content_1928482. htm.

［16］GBA湾区资讯站. 惠港16条 | 港澳子弟可望随迁湾区就近入学［EB/OL］．（2019 - 11 - 16）［2021 - 04 - 02］．https://mp. weixin. qq. com/s/ - - MnwSg45z6vioFQJNExcA.

［17］香港特区政府粤港澳大湾区速递. 是它! 又一所香港高校落户大湾区［EB/OL］． （2020 - 04 - 22）［2021 - 04 - 02］．https://mp. weixin. qq. com/s/kEUrFsP_ByWa94Ho EQiG8g.

［18］澳门高等教育局. 高等教育统计数据：各年度教职员及学生人数［EB/OL］．（2019 - 06 - 12） ［2021 - 04 - 02］．htttps // www. dses. gov. mo/about/lib/p1.

［19］人民网—人民日报海外版. 澳门高校出招吸引内地生源［EB/OL］．（2016 - 03 - 28） ［2022 - 01 - 25］．http://hm. people. com. cn/n1/2016/0328/c42272 - 28230350. html.

［20］澳门中联办. 澳门高等教育界积极参与大湾区合作［EB/OL］．（2019 - 04 - 26） ［2022 - 01 - 25］．http//www. zlb. gov. cn/2019 - 04 - 26/ c_1210119797. htm.

［21］澳门大学. 产学研重大合作! 澳大、华发共建联合实验室. ［EB/OL］．（2019 - 10 - 25） ［2022 - 01 - 25］．https://mp. weixin. qq. com/s/ - Rq6A_mPUH8rpikCpb91vg.

［22］大湾区发布. 澳门举行高等教育展 93所内地高校参展［EB/OL］．（2019 - 10 - 26） ［2022 - 01 - 25］．https://mp. weixin. qq. com/s/4888rzpgWfrl9aIPvpyv_A.

［23］南方网. 科大讯飞牵手澳门濠江中学，打造粤港澳大湾区智慧教育［EB/OL］．（2019 - 10 - 17）［2022 - 01 - 25］．https://edu. southcn. com/node_26799a7394/131a8bf888. shtml.

［24］澳门大学. 培养大湾区人才! 澳大在珠海开设持续进修课程［EB/OL］．（2019 - 11 - 22）［2022 - 01 - 25］．https://mp. weixin. qq. com/s/dKyZf3wB6R - PU58ZS2gtUA.

［25］澳门大学. 各地专家聚澳大探讨大湾区旅游及酒店发展［EB/OL］．（2019 - 11 - 21）

［2022 － 01 － 25］. https：//mp. weixin. qq. com/s/J_ IKnNk9tz216Oug1_pGgA.

［26］ GBA 湾区资讯站. 横琴再划一平方公里助澳门发展，横琴新口岸启用时间是…… ［EB/OL］.
（2019 － 10 － 19）［2022 － 01 － 25］. https：//mp. weixin. qq. com/s/Lmes_mkh5xkGQWpaZqhvoQ.

［27］ 姚瑶. 33 年培养 5 000 多名澳门教师，华师这样把课上到澳门去 ［EB/OL］. （2018 － 11 － 06）
［2022 － 01 － 25］. https：//static. nfapp. southcn. com/content/201811/06/c1634833. html?
colID = 3829.

［28］ 程玉珂. 43 所高校研究生共话粤港澳大湾区未来 ［EB/OL］. （2019 － 11 － 10）［2022 －
01 － 25］. https：//mp. weixin. qq. com/s/GjzyDm1e3aYIO － rkL － _SEQ.

［29］ 华南师范大学文学院. 2019 港澳与内地中学生语言文化交流夏令营和华南片区中华
经典诵写讲师资培训班完满结束 ［EB/OL］. （2019 － 08 － 24）［2022 － 01 － 25］. ht-
tp：//wxy. scnu. edu. cn/xinwenzhongxin/2019/0824/2005. html.

［30］ 芥末堆看教育. 打造"教育硅谷"，粤港澳大湾区教育硅谷研究院将在珠海成立
［EB/OL］. （2019 － 11 － 22）［2022 － 01 － 25］. https：//baijiahao. baidu. com/s? id =
1650888391320202464&wfr = spider&for = pc.

［31］ 广东教育. 盛事绚丽绽放 活力健体相伴｜第二届粤港澳大湾区学生体育节隆重开幕
［EB/OL］. （2019 － 11 － 13）［2022 － 01 － 25］. https：//mp. weixin. qq. com/s/QZ3LzM3zdZS2
Wc5JNlx0uQ.

［32］ GBA 湾区资讯站. 广东财政"五个支持"全力推进粤港澳大湾区建设 ［EB/OL］.
（2019 － 08 － 28）［2022 － 01 － 25］. https：//mp. weixin. qq. com/s/3rV8sI0rDFoTpifrZ5PPyA.

［33］ 香港课程网. 第 15 届香港青少年军事夏令营结业 ［EB/OL］. （2019 － 07 － 29）［2022 －
01 － 25］. https：//mp. weixin. qq. com/s/yFOKUbXA_wUjaHf_whF － Hw.

［34］ 广东省人民政府. 马兴瑞会见粤港澳大湾区企业家联盟 ［EB/OL］. （2018 － 05 － 25）
［2022 － 01 － 25］. http：//www. gd. gov. cn/gdywdt/gdyw/content/post_100691. html.

［35］ 林郑月娥：粤港澳大湾区发展规划明年初将正式出台 ［EB/OL］. （2018 － 12 － 25）［2022 －
01 － 25］. https：//m. huanqiu. com/ r/MV8wXzEzODEyOTk5XzEyNjJfMTU0NDg1M TU2MA.

六、外文文献

［1］ OSBORNE R D. Cross-border higher education collaboration in europe：lessons for the 'two
Irelands' ［J］. European journal of education, 2006 （1）：36 － 39.

［2］ MARTIN M, et al. The cross-border challenge of higher education：comparing experiences
［R］//Chile, Oman, Philippines （South Africa）, Crossborder higher education：regulation,
quality assurance and impact. International Institute for Educational Planning, 2007：1 － 3.

［3］ LEE D J. The effect of cultural distance on the relation exchange between exporters and importers：
the case of Australian exporters ［J］. Journal of global marketing, 1998, 11 （4）：7 － 22.

后　记

　　从发展趋势看，广东与港澳教育在不断深化区域协同，进行全方位的教育合作。如果用一个相对简单的概念来描述新的历史条件下粤港澳三地在教育领域基于双向交流、优势互补的广泛、持续、深度合作，本书认为，"区域协同"是一个比较理想的选择。具体来说，这种不同区域之间在教育领域的协同，是一种基于粤港澳大湾区战略发展需要的全方位合作。它瞄准教育发展提升这一核心任务，针对三地教育发展的需求，充分发挥三地的独特优势，着力构建教育合作平台与联动机制，探索建立开放灵活的"湾区教育"合作体系，探索粤港澳合作的"湾区路径"，致力于打造一个开放多元、区域特色鲜明的高水平国际教育平台，更好地满足粤港澳大湾区民众对优质教育的需求，同时也为国家深化教育发展、提高中国教育的国际影响力积累经验、探索道路。

　　本书是 2019 年广东省重点学科科研项目"粤港澳大湾区建设背景下的粤港澳教育交流与合作研究"（项目编号：2019ZDXK004）的研究成果。

　　基于现有学者关于粤港澳教育交流与合作的一些零散理论研究，本书从更系统、更全面的角度，进行理论与实践的综合研究，着眼于发展研究。本书的写作得到了各方的支持和鼓励，尤其借鉴了广东教育学会粤港澳大湾区教育协同发展专业委员会理事长卢晓中教授主编的《大湾区教育直通车—教育咨询—每周一报》中的部分资料，同时，也借鉴了许多专家、学者的学术资料和研究成果。对此，在本书出版之际，一并表示衷心感谢。

作　者

2024 年 4 月